KB004471

창의적 그룹으로 문제를 해결하고
세상을 바꾸기 위한 개인 가이드

Original Title : Building Powerful Community Organizations
By Long Haul Press and Michael Jacoby Brown ⓒ 2006
All rights reserved.
No part of this book may be reproduced or transmitted in any form or by any
means electronic or mechanical including photocopying, reprinting, or on any
information storage or retrieval system, without permission in writing from Long
Haul Press.
KOREAN language edition ⓒ 2019 by Chaksup Books
KOREAN language edition arranged with Long Haul Press through POP
Agency, Korea.

이 책의 한국어판 저작권은 팝 에이전시(POP AGENCY)를 통한 저작권사와의 독점 계
약으로 책숲이 소유합니다. 신 저작권법에 의하여 한국 내에서 보호를 받는 저작물이므
로 무단전재와 무단복제를 금합니다.

커뮤니티 조직의 기술

창의적 그룹으로 문제를 해결하고 세상을 바꾸기 위한 개인 가이드

마이클 자코비 브라운 지음

위성남 옮김

A Personal Guide
to Creating Groups
that Can Solve Problems
and Change the World

책숲

목차

연습하기

사례 연구

빠른 팁

스토리

머리말

변화를 바라는 모든 이를 위하여

이 책은 세상을 바꾸고자 하나 혼자서 할 수 없다는 걸 알고 있는 이들을 위하여 썼다.

개선을 위해서는 문제에 가장 가까이 있는 사람들과 주변 세계에 관심 있는 사람들의 적극적인 참여가 필요하다. 또한 그룹의 일원이 되어 힘과 미래 전망, 조직 감각을 갖는 것이 필요하다. 이 책은 커뮤니티 조직을 새로 만들거나 강화하는 데 있어 실용적이면서 단계별로 안내한다.

이전에 어떤 조직에 가입한 적이 없었을지라도, 가령 동네에서, 지역의 학교에서, 교회에서, 직장에서 어떤 문제의 조짐이 보였다며, 여러분은 아마 새로운 조직(group)을 구상했을 수도 있다.

당신은 보다 성과적이길 바라는 조직의 자원봉사자나 스태프일 수도 있다. 아마 그 조직은 수년간 있었을 것이다. 신입 회원은 늘지 않고, 기존 회원은 피곤하다. 새로운 수혈이 필요하지만 그것을 어디서, 어떻게 얻어야 하는지를 잘 모른다.

당신은 아마 공공 서비스에 대해 진지한 공무원일 수도 있다. 지역 사회 개발, 공중보건, 안전, 교통…, 또는 사람들의 삶을 변화시키는 어떤 분야에 관여하고 있을 수도 있다.

당신이 누구든 간에, 주변 세계가 자신이 생각하는 것과 달라서 그에 대해 뭔가 하고 싶어 하는 사람이다. 아이디어가 어떻든지, 문제가 무

엇이든지, 당신은 새로운 조직을 시작하거나 오래된 것을 고치기로 마음
먹었다.

문제를 찾는 게 문제 자체는 아니다

때로는 문제를 선택하기도 한다. 그것은 어쩌면 지역에 있는 학교가
천천히 쇠락해 가는 사안일 수도 있다. 학교 규모는 매년 더 커지는데,
좋은 교사들이 떠나고 있다. 어쩌면 지역사회에 마약이 점차 퍼져 나가
고 있어 이제 더 이상 눈을 감고 있을 수만도 없을지 모른다. 때로는 기
존 조직이 새로운 위협을 인지한다. 당신 앞에 모든 카드가 쌓여 있는 것
처럼 보이고, 여전히 행동해야 할 일이 많다. 어쩌면 선출직 공무원들에
게 실망할 수도 있다. 수년간 같은 사람이었고 아무도 듣거나, 무언가 할
수 있다고 보이지 않는다. 새로운 사람, 어쩌면 당신이 나서야 할 때라고
생각할 수도 있다. 그러나 혼자서 그 일을 할 수 없다는 것도 잘 안다.

때로는 문제가 당신을 선택한다

가끔 문제가 당신의 문 앞에 들이닥치기도 한다.

그래서 어떻게 해야 하나?

어떻게 시작할까? 먼저 뭘 할까? 그 후엔 뭘 할까? 또 그 후엔 뭘
할까? 어떻게 지속시킬까? 홀로 감당해서 소진돼 버리는 것을 어떻게 피
할 수 있나?

이러한 생각들이 자신의 마음에 가득하다면, 실제로 조직(그룹)을
만들어서 진정 성공시키고자 한다면, 이 책은 바로 당신을 위한 것이다.

이 책은 효과적인 행동을 위해서 사람을 모으는 방법을 보여준다. 미국 전역의 조직자(organizer)와 개인이 강력한 조직을 구축하는 데 성

집 지키기

보스턴의 로우어 록스베리–사우스엔드에 있는 주택단지 캠필드가든 (Camfield Gardens)은 미국 주택도시개발부(HUD)가 소유하고 있었다. 1992년 어느 날 아침, 거주자 중 한 명이 건물 현관문에 붙어 있는 계고장을 발견했다. "HUD는 이 개발지를 매각합니다."
거주자들은 걱정했다. 집을 잃는 걸까? 미쳐버릴 지경이었다. 이 단지는 젠트리피케이션 현상이 급속하게 발생하고 있는 보스턴의 사우스엔드 지구에서 가까웠다. 그동안 소수 주민을 추방해 왔던 보스턴의 오랜 역사에 또 다른 장을 추가하는 것처럼 보였다.
그들은 조직이 없었다. 단 1명의 거주자가 학교에서 비서로 일하고 있었고, 5자녀를 둔 어떤 엄마만이 지역 HUD 사무소 직원을 알고 있었다. 고장 난 온수기 히터가 양탄자를 망가뜨렸을 때, HUD 사무소 직원의 도움으로 변상을 받을 수 있었다. 그녀는 그 HUD 직원에게 전화를 했다. 그는 HOPE 프로그램, 즉 새로운 거주자–소유권 이니셔티브에 대해 이야기해 주었다. 그후 그녀는 '캠필드세입자협회'를 조직했다.
이후 10년 동안, 캠필드세입자협회는 세입자 및 공무원과 수백 차례 회의를 통해 연방정부, 주정부 및 시 공무원들과 원하는 대로 협상할 수 있는 힘을 가진 조직으로 성장했다. 그들은 함께 싸웠다. 캠필드가든을 철거하고 처음부터 재건축하기로 했다. 수년간의 조직화가 있었고, 이제는 거주자들이 개발을 주도하고 있다.

공적으로 사용했던 모델과 방법을 알려주고, 교훈을 찾을 수 있다.

효과적인 조직을 구축하려면 아주 구체적인 단계와 절차가 필요하다. 이 책에서 그러한 지식을 펼쳐놓을 것이다. 또한 효과적인 조직을 구축하려면 '우리' 자신을 알고, 왜 하고, 무엇을 하는지를 알아야 한다. 그 일은 공공적이고 정치적이면서, 또한 극히 개인적이다. 끊임없이 주변 세계를 변화시키고 있는 경제적, 사회적, 정치적 힘에 대해 이해할 필요가 있으며, 자신의 경험과 지역사회를 이해할 필요가 있다.

목차를 보거나 내용을 살짝 들여다보면서 조직을 구성하는 단계에 대한 개요를 훑어보길 바란다. 그러나 속지 마라. 상황이 똑같을 수는 없다. 조직은 위젯 프로그램이 아니다. 커뮤니티 조직을 구축하는 데에 기계적으로 대입할 수 있는 것은 없다. 효과적인 조직은 열정과 끈기, 이 작업을 수행하는 이유에 대한 개인적인 신념을 바탕으로 만들어진다.

이 책은 자신의 길을 만들어가는 과정을 안내한다. 개인적으로 참고할 사항과 기준을 알려주는 종이책 멘토가 될 것이다. 단계별 지침은 당신이 기초를 세울 수 있도록 안내할 것이다. 이야기는 활동의 복잡성을 보여준다. 그것은 영감을 주고, 동기를 부여하고, 당신을 학습시킬 것이다.

주의 : 이 책은 지침 매뉴얼이 아니라 워크북이다. 연습 문제는 창의적이고 효과적으로 대응할 수 있는 방법을 찾는 데 도움이 된다. 커뮤니티 조직을 만들고 발전시키는 데 있어서 가장 중요한 것은 자기 자신의 방식을 만드는 것이다.

역자 서문

커뮤니티 조직의 기술

"조직? 무서워요!"

그렇다. '조직'이란 낱말은 언제나 낯설고 무서우며, 다소 고리타분하다. 권위주의 시대에서부터 이어진 편견일 것이다. 관(행정)이 아닌 민(민간)이 독자적으로 하는 행위는 불온시되었고, 심지어 감시의 대상이 되었다. 그래서 조직이란 말을 들으면 운동권 조직이거나 반대로 관변 조직을 떠올리게 된다. 그럼에도 우리의 일상생활은 모두 조직(organization)과 관련되어 있다. 조직과 관련되지 않은 일상생활은 상상할 수 없으며, 근본적으로 보면 조직 없이는 생존과 생활 자체가 불가능해진다. 돈을 벌기 위해서는 기업 조직에 속하거나, 누군가와 관계를 맺거나 소통할 수 있는 최소한의 능력을 요구한다.

다른 측면에서 보면 일상의 즐거움은 사람들 사이의 즐거움을 의미하고, 생활의 스트레스는 사람들 사이에서 발생하는 갈등일 경우가 많다. 좋은 일이 생기면 누군가에게 자랑하고 싶고, 억울한 일이 생기면 누군가에게 호소하고자 한다. 모두 다른 사람과의 관계성을 의미하며, 이러한 관계는 모두 조직적인 것이다. 그럼에도 대부분은 조직에 대해 잘 모른다. 이를 따로 배워야 한다고 생각해 본 적이 없기 때문이다.

사회적 인간

21세기 인공지능 시대에도 조직이나 조직적 관계가 여전히 유효할까? 사람들 사이의 커뮤니케이션 매체가 달라졌어도, 관계를 맺는 원리는 달라지지 않는다. 그것은 달라지기 거의 불가능하다. 수만 년 전 현생 인류가 지구상에 등장한 이래로, 신석기라는 기술혁명 이래로, 인간은 진화의 과정 속에서 조직화(organizing)의 능력을 DNA에 내장하였다. 다른 동물에 비해 인간의 비대한 뇌는 관계(relationship)를 맺는 능력과 연관되어 있다. 언어 능력, 타인의 감정을 알아채고 반응하는 능력, 상상하고 계획하는 능력, 아주 작은 동아리 수준의 모임에서 국가라는 거대한 조직체계를 만들 줄 아는 능력까지 모두 여기에 포함된다. 사회란 관계를 맺는 능력, 조직을 하는 능력을 바탕으로 한 인간이 만든 환경을 의미한다.

경영 조직론은 있어도, 커뮤니티 조직론은 없더라!

이 책은 조직방법론에 관한 것이다. 그것도 커뮤니티 조직을 하는 기술(skill)에 대한 것이다. 시중에 있는 조직론 관련 책들은 거의 대부분이 기업(경영)조직론 분야이며, 비영리 조직과 주민 조직에 관련된 책은 찾아보기가 어렵다. 이는 한국 사회운동에서 주민 조직과 관련된 분야에 대한 경험이나 논의가 거의 없었기 때문이다. 예를 들면, 마을공동체에 대한 개념적 정리조차도 잘 이루어지고 있지 못하다. 마을의 개념을 전근대적 농경사회의 풍경 속에서 찾으려 한다든지, 오늘날 도시 주민의 다양성과 복잡성에 대한 관찰과 연구에 대해서는 별 관심이 없다든지, 마을공동체 활동을 행정의 보조금 지원 사업을 수행하는 정도로 이해한다든지 하는 현상이 나타난다. 다소 심각하다고 볼 수 있다.

주민/시민 조직을 쉬운 말로 표현하면 그냥 커뮤니티 조직이다. 커뮤니티 조직이란 당사자들이 멤버십을 가지고 체계적으로 활동하는 모든 조직체를 말한다. 마을공동체는 주민들의 커뮤니티이다. 커뮤니티는 지역 전체를 포괄하는 게 아니라 관계를 맺고 있는 관계자들(당사자들)의 그룹일 뿐이다. 그 규모는 수십 명에서 수백, 수천 명에 이르기까지 다양하다. 동일한 생활문화를 공유하는 그룹, 친환경 생활재를 공동구매하고 공동소비하는 생활협동조합, 엄마들끼리의 공동육아모임, 남성들의 조기축구회 모임, 1인 가구들의 생활 교류 모임, 온라인 동호회 모임 등 이 형태들 모두가 커뮤니티이다.

일본의 마치즈쿠리(마을만들기, まちづくり)는 주민 커뮤니티 활동이 아니라 행정기관 또는 민간단체가 수행하는 주민참여형 지역사회개발사업을 의미한다. 그 과정에서 주민 커뮤니티가 부수적으로 활성화되기도 하는 경우가 있을 뿐이다. 본질적 성격은 주민이 참여하는 공공정책인 것이다. 이 과정 속에는 주민참여를 촉진하는 이른바 퍼실리테이션(Facilitation) 기법은 존재하지만, 커뮤니티 조직론은 존재하지 않는다. 이 지점을 헷갈리면 곤란하다.

반면 미국의 커뮤니티운동(또는 풀뿌리운동)은 분명히 주민들의 커뮤니티 조직을 활성화시키고자 하는 주민 조직 운동이 맞다. 그것도 문제에 가장 가까이 있는 사람들, 즉 당사자들이 조직을 만들고, 그 조직을 중심으로 제기된 문제를 해결한다는 미국 사회의 오랜 풀뿌리 문화의 전통이 바탕에 깔려 있다. 물론 미국에서도 행정이 주도하는 도시재생 등 지역사회 개발사업이 많다. 한국에서 많이 알려진 로체스터 시나 어바인 시 등

몇몇 도시에서는 선출직 공무원인 시장이나 시의원이 혁신적인 정책을 시행하여, 성공을 거두기도 했다. 즉, 주민들의 커뮤니티 조직화 운동과 행정의 주민참여 정책 분야와는 분명하게 구분을 해야 한다.

시민 이니셔티브

지방자치체의 시민참여를 요구하는 혁신정책은 "시민이 주도하고 (Initiative), 국가가 지원하는 사회"를 구호로 내세운다. 이러한 정책을 성공시키는 핵심 조건은 여러 사회구성원들이 연결되어 있는 문제해결망으로서의 새로운 유형의 사회적 연대를 구성하는 데에 있다. 혁신정책은 분명 선거를 통해 행정권력을 장악한 선출직 공무원의 시정정책이라는 점이 본질이다. 한국의 여러 혁신정책 또한 마찬가지이다. 그러나 시민 이니셔티브는 주민 조직화를 통해 형성되는 것이지, 퍼실리테이션(Facilitation, 다양한 의견을 가진 사람들이 절차를 통해 집단적으로 의사결정을 하는 과정)을 통해 형성되는 게 아니라는 점이 매우 중요하다. 행정의 성공이 곧 주민의 성공은 아니다! 이것은 영역이 서로 다르다. 이 말은 행정에서 기획된 정책은 나쁘고, 민간의 자발적 운동은 좋다는 게 아니라, 둘 사이의 차이점을 구분해야 한다는 의미이다. 도시재생(기획과정에서 주민참여가 필수적임), 마을공동체, 사회적경제, 협치(광역에서 기초지자체 차원으로까지 확대됨), 주민자치회(주민총회를 통해 마을계획을 확정) 시행 등은 모두 혁신적인 행정정책 영역에 속한다. 이러한 정책을 원활하게 수행하기 위해서 해당 분야의 중간 지원조직을 설치하고, 행정조직 내에 이를 담당하는 부서를 설치하는 것은 당연하다. 그러나 이것으로 모든 문제가 해결된 것으로 오해하면 안 된다. 커뮤니티 조직은 주민 활동과 관련된 것으로서 행정 영

역과는 무관하다. 즉, 이 말은 자신이 서 있는 위치(viewpoint)가 다르다
는 점이고 이에 따라 접근 방식도 달라진다는 것이다. 오늘날 민간영역
의 활동가들은 이렇듯 서로 다른 차원의 영역을 헷갈리면서, 혼란을 겪
고 있다.

시민 참여

　"민중이 그들의 시민권을 포기하는 것은, 혹은 대도시의 시민이 참
여하고자 하는 의지가 있음에도 불구하고 참여의 방법을 갖지 못하는 것
은 심각한 상황이라고 할 만하다."(『급진주의자를 위한 규칙』, 사울 알린스키)
핵심은 시민 참여이다. 시민 참여는 자치의 근간을 이루고 있다. "개개인
의 시민들이 자기 자신들을 통치하는 행위에 규칙적으로 참여하지 않는
다면, 자치는 불가능하다"고 토크빌은 언급한다. 시민 참여란 여러 장소
와 방향에서 이루어진다. 무브온(MoveOn.com)은 500~600만 명의 회원
을 가진 미국 최대의 시민정치 참여조직이다. 1998년부터 시작했으며, 현
재에도 여전히 매우 강한 정치적 영향력을 행사하고 있다. 그것을 가능하
게 한 힘(power)은 평범한 일상 시민들이 광범위하게 정치에 참여하는 데
에 있다. 이러한 현상은 2000년대에 접어들면서 전 세계적인 현상이 되고
있고, 그 배경에는 커뮤니케이션 수단의 비약적인 발전이 있다. 한국에서
도 거의 유사한 현상이 발생하고 있다. 이는 '당사자운동', '당사자정치'라
는 개념으로 수렴될 것으로 보인다.

　또 한편으로 행정정책의 변화를 들 수 있다. 근대 국가는 강력한 권
위주의를 바탕으로 비대한 행정 집행력을 강화시켜왔다. 전반적인 성장
드라이브가 가능했을 때는 이러한 모델이 효능성(efficacy)을 발휘하기도

했지만, '성장이 곧 발전'이라는 공식이 더 이상 적용되지 않게 됨으로써 오히려 비대한 행정력의 비효율성이 드러나기 시작하였다. 행정 효율성을 드높이기 위해서 시민들의 참여를 요구하였고, 협력적 거버넌스라는 개념을 공식적으로 도입하기에 이르렀다. 오늘날 행정 혁신은 본질에 있어서 협치를 강화하는 것을 큰 방향으로 잡고 있다. 그렇기 때문에 행정의 정책 수립이나 집행 과정에서 시민의 참여를 점차 구조화하고 있는 것이다.

시민 참여를 보장하는 제도화의 과정도 만족스럽지는 못하지만 꾸준히 이루어지고 있다. 정보공개법, 주민발의제, 주민투표제, 주민소환제, 참여예산제 등은 모두 이에 해당한다. 특히 2000년도부터 시행되었던 주민자치위원회 제도를 최근에는 주민자치회로 확대 개편하기 시작했다. 이러한 제도의 개편은 시민 참여를 확장하는 기회를 제공할 것으로 기대한다.

마지막으로 시민/주민들이 직접 자신의 그룹/조직을 만드는 과정에까지 이르러야 한다. 2010년대의 마을공동체운동은 행정정책으로까지 확장되었던 긍정적 측면은 있으나, 그것 때문에 오히려 주민 주도성의 확장에 방해를 받는 측면도 부인할 수 없다. 주민운동은 풀뿌리운동이다. 풀뿌리운동에 대해 행정의 지원을 받을 수는 있으나, 행정의 정책이 이를 주도해서는 곤란하다. 반대로 풀뿌리운동은 주민(또는 커뮤니티) 조직화 활동이 핵심이다. 마을공동체를 활성화시키는 것은 커뮤니티 조직화를 직접적으로 실천해야 가능한 일이다. 문제는 우리는 커뮤니티를 만드는 조직화 훈련을 받은 적이 없다는 점이다. 커뮤니티 조직화는 의지와 열정만으로 가능한 게 아니라, 체계적인 훈련과 학습을 통해 전문성을 습득해야 가능하다.

회원 조직들의 지속가능성

2000년대에 이르러서 대중 조직으로 성공한 사례가 생협(생활협동조합)이 있다. 개별법(소비자생활협동조합법. 1999년 2월 제정)을 가지고 있는 생협은 20년 동안 비약적으로 성장을 했고, 전국에 수백만 명의 조합원을 자랑하게 되었다. 이를 회원 조직이라 하는데, 모든 회원 조직은 세대 간 리더십의 이전이 생존의 핵심 사항이 된다. 모든 조직은 기존의 가치를 유지하면서도 새로운 신입 세대의 요구를 반영해야 하는 두 가지 요구를 해결해야 한다. 사실 모든 조직이 이러한 기본적 모순 구조를 잘 관리하는 것이 생존 비법이기는 하다. 따라서 조직관리는 MBA 과정에만 존재하는 게 아니라, 모든 회원 조직들에게도 적용되어야 하며, 특히 비영리조직 분야의 조직 관리를 더욱더 계발해야 한다.

조직 활동은 전문적 영역

조직은 사람이 만든다. 그것도 전문적인 활동가가 만든다. 그 과정에서 활동가들의 전문성이 제고되어야 한다. 주민조직화는 마음만 먹으면 누구나 할 수 있지만, 그 방법을 배워야 한다. 조직화는 전문적인 영역이기 때문이다. 그러한 전문성은 학습을 통해 계발할 수 있다.

사실 이 책은 전설적 조직가 사울 알린스키의 조직방법론을 계승하고 있는 미국식 풀뿌리운동 조직방법론에 관한 것이다. 왜 미국식인가? 그것은 풀뿌리운동의 역사와 경험이 매우 풍부하기 때문이며, 그 사실보다 더 중요한 것은 그러한 경험을 체계적으로 정리해서 트레이닝을 통해 조직자를 양성하고 있다는 점이다. 이 책은 '내가 활동가라면'이라는 전제를 두고서, 커뮤니티 조직화의 A부터 Z까지를 다루고 있다. 그냥 가볍게 읽고 넘기는 책이 아니라, 밑줄을 그어가면서 꼼꼼하게 공부를 해야 하는 책이다. 그야말로 커뮤니티를 어떻게 만들 수 있는지에 관한 기술적 방법론을 알려준다.

이 책을 발견하고 번역하기까지 5개월이 걸렸다. 전문 번역가가 아님에도 감히 번역 작업을 하게 되었던 것은 절박함(Urgency!) 때문이었다. 수년 동안의 지역활동에 대한 반성과 성찰이 책상에 엉덩이를 붙이게 만들었고, 영어를 잘해서가 아니라 국어를 잘해서 이 결과를 만들어내게 되었다. 당연히 번역의 오류가 있을 것으로 보이나, 단지 커다란 오류가 아니길 바랄 뿐이다.

2019년 10월 갈숲

1부

조직화의 기술

커뮤니티 조직이란?

커뮤니티를 한마디로 정의하기 어렵지만, 여러분이 커뮤니티에 속해 있다면 그냥 알 수 있다. 당신은 혼자가 아니며, 자신보다 더 커다란 어떤 것의 일부라는 것을 느낀다. 그러나 커뮤니티에 속해 있어도, 여러분은 여전히 자기 자신이다. 커뮤니티가 당신을 집어삼키지는 않는다. 오히려 당신을 일으켜 세울 것이다. 커뮤니티는 당신의 전부가 아니며, 또 당신도 커뮤니티의 전부가 아니다. 모두 똑같이 좋아하지는 않을지라도 커뮤니티에는 좋아하는 사람이 있다. 당신이 필요로 할 때 사람들은 당신을 위해 거기에 있으며, 그들이 당신을 필요로 할 때 당신 역시 그곳에 있을 것이다.

커뮤니티 조직은 다양한 형태, 규모, 종류가 있다. 모든 커뮤니티 조직은 복잡성과 희망, 꿈, 그리고 거기에 참여하는 사람들의 비전을 포함하고 있다. 커뮤니티 조직은 다르게 보일 수 있지만 공통점이 최소한 두 가지는 있다.

1. 멤버들 간의 공동체 의식을 고취하기 위해 노력한다.
2. 혼자서는 할 수 없는 일을 할 수 있도록 사람들을 조직한다.

현실의 문제와 현실적 힘(또는 힘의 결여)의 세계에서, 커뮤니티 조직은 결과를 얻고 문제를 해결하는 방법이다. 커뮤니티 그룹은 사람들이 자신의 삶에 영향을 미치는 조건을 변화시키도록 조직한다. 혼자서는 큰 기관의 변화를 비틀어 짜낼 힘이 없다. 커뮤니티 조직은 힘의 균형을 재정비하여, 사람들을 공통 관심사를 중심으로 커다란 블록에 모이게 함으로써 '사람을 위한 힘'을 만들어낸다. 개인이 스스로 할 수 없는 것을 성취하고, 개인의 생활과 사람들의 삶을 향상시키는 데 도움을 준다.

정의(Justice)에 대한 열정

이 책에 펼쳐놓은 이론과 기술은 정치적 스펙트럼을 뛰어넘어 다양한 조직들이 효과적으로 사용할 수 있다. 이러한 기술과 전략을 활용하여 우리 사회에서 평등한 기회와 정의를 향상시킬 수 있으면 좋겠다. 민주주의에 대한 열정, 서로를 돌보는 것, 그리고 우리 사회를 보다 공평하게 만드는 것에 대한 열정은 이 활동을 이끄는 핵심 가치이며 강력한 커뮤니티 조직을 만드는 방도이다.

각 개인들을 하나의 커뮤니티 조직으로 변화시키는 정확한 연금술은 이해하기 어렵지만 직관력, 좋은 타이밍 감각, 전략 및 관계, 건강한 대담성, 리더십, 끈기, 인내, 열정, 헌신, 용기를 요구하는 것임은 분명하다. 일반적으로 한 사람이 모든 자질을 다 갖추고 있지는 않다. 오히려 그것이 조직을 만드는 이유이다. 계속 덧붙여지는 실수 목록이 필요하다. 사람은 길을 따라 가면서 실수를 저지르는데, 그것은 예상되는 일이다. 실수로부터 배우는 것이다.

또한 강력한 커뮤니티 조직을 만드는 데 도움이 되는 구체적인 단계와 전략을 사용할 수 있다. 다음 몇 장을 읽고 강력하고 효과적인 커뮤니티 조직을 만드는 과정에 푹 빠져보시라. 이 장에서는 커뮤니티 조직자(organizer)뿐 아니라 커뮤니티 빌더(builder, 구축자)[1]가 될 수 있도록 안내할 것이다.

---

1 조직자(organizer)는 사람을 이러저러한 목적으로 묶어세우는 사람을 의미하고, 빌더(builder, 구축자)는 단체나 기업, 활동 등을 기획, 설계하여 만드는 사람, 즉 창업자를 의미한다.(역자)

1장

커뮤니티 조직화의 개념

커뮤니티 조직화(organizing)가
무엇인지 이미 알고 있다면 이
장을 건너뛰어도 된다. 어쨌든
읽는 것만으로도 뭔가를 배울
수 있다.

커뮤니티 조직화는
기술이 필요하다

세상을 변화시키는 조직의 힘(power)을 키우는 커뮤니티 조직화는 예술이자 과학이다. 가장 깊은 감각으로 자기이익(self-interest)을 이해하고, 사람들과의 관계를 구축하고, 세상을 변화시키고자 한다.

친밀한 관계를 성공적으로 발전시키거나 또는 아이들을 키우는 것(여러분은 이 주제에 관한 수백 권의 책을 찾을 수 있을 것이다!)과 같이 사람들의 모임을 효과적인 커뮤니티 조직으로 전환하는 것은 동시에 많은 디테일과 역동성에 대한 기술(skill)과 주의를 가져야 한다. 또한 자기 자신과 커뮤니티에 대한 지식이 필요하다. 조직 운영 방법과 사람들이 가입하는 이유, 구조를 만드는 방법, 이끌어내는 방법, 비용 지불 방법, 회비와 목적(goal), 규칙을 세우는 방법, 가치(value)를 개발하는 방법, 사람들을 행동으로 움직이는 방법을 이해해야 한다. 성공적인 그룹은 단단한 내부 관리, 훌륭한 모임 과정, 안정적인 자금조달, 효과적인 의사소통, 멤버들 사이의 신뢰와 공동체 의식을 필요로 한다.

친밀한 개인 또는 가족 관계와 마찬가지로, 그룹은 내부 역학에 의해 방해 받고 심지어 파괴될 수도 있다. 가족의 규모보다 사람들이 훨씬 많기 때문에 불균형, 불일치, 자기 파괴의 가능성이 더 커진다.

정부와 기업에 관한 이야기가 있는 것처럼, 가난한 비영리 단체에 대한 공포스러운 이야기도 많다. 부실한 재정, 열악한 의사소통, 스태프와 회원들 간의 뒤틀림이 있다. 권위주의적인 관리자, 부적절한 자원, 과도하게 일하는 스태프, 과소평가된 자원봉사자가 있다. 일부 조직에서는 일주일에 80시간씩 일하라고 압력을 가한다. 회의가 너무 오래, 자주 진행된다. 부패한 리더와 무능한 리더, 불투명한 재정 관리와 악화, 모든 인간과 집단이 쉽게 병에 감염된다.

그럼에도 정의, 민주주의, 공동체의식 및 효과적인 문제 해결을

스토리

나와 아빠

어렸을 때, 상업 예술가인 아빠를 따라 아빠가 일한 보수를 받기 위해 어떤 집에 갔다.

아주 커다란 집이었다. 우리는 너무 육중해서 사람을 위축시키는 현관에 서서 주인을 기다렸다. 마침내 문이 열리고 주인이 나오더니 출입구에 서서 아빠에게 돈을 줄 수 없다고 했다. 이런 상황에서 나는 거대한 주택을 보면서 이 남자가 어떻게 부자가 되었을까를 생각했다. 그렇게나 큰 집을 가졌다니! 우리는 그 부자에게서 돈을 받지 못한 채 무기력하게, 침묵 속에서 집으로 돌아왔다. 아빠 혼자서 할 수 있는 일이 없는 것 같았다. 그래서 뭔가 하고 싶었다. 아빠는 이미 그 남자를 위해 일을 했었다. 그 남자가 아빠에게 돈을 지불할 수 있게 하는 힘을 갖고 싶었다.

위한 조직이 필요하다. 인간은 항상 집단으로 살았다. 조직은 인간 복지에 대한 거의 모든 중요한 기여를 성취했다. 리더는 중요한 역할을 담당하지만 조직도 그러하다. 우리는 조지 워싱턴이 영국을 패배시키기 위해 델라웨어를 건넜다는 것을 알지만, 그가 혼자서 그렇게 하지 않았다는 것도 안다. 링컨이 노예를 해방했을지 모르지만 그도 혼자서 하지는 않았고 많은 도움을 받았다.

조직은 시민권, 여성의 권리, 노동조건, 환경 및 보건 분야를 향상시키는 데 성공했다. 조직은 재향군인, 어린이 및 장애인을 포함한 사람들의 집단 치료를 개선했다. 사람들은 학교, 동네, 놀이터, 예술 교육, 기업 윤리 및 공공(개인) 생활의 다른 많은 영역을 개선하기 위해 서로 연대했다.

미국의 특별함 중 하나는 문제를 해결하기 위해 언제나 풀뿌리 조직(grassroots group)을 형성했다는 데 있다. 토크빌[2](Alexis de Tocqueville)은 1800년대 초반 여행을 하면서, 유럽인들과는 달리 미국인들은 자신의 문제를 다루는 커뮤니티 조직을 만든다고 기록했다. 토크빌이 뭔가를 알아냈음이 틀림없다. 그의 책『미국의 민주주의(Democracy in America)』는 쓰인 지 거의 200년이 지난 지금도 여전히 출간되고 있다.

헛간 세우기

미국인들은 오랫동안 개인주의와 공동체라는 서로 불일치하는 두 가지 신념을 고수해왔다. 한편에선 '자수성가한 사람'에게 영광을 돌리고, 다른 편에선 작은 마을과 동네에서의 공동체 의식을 이상화한다. 그래서 이웃들이 서로를 돕는 장소(place)들을 갈망한다. 예를 들어 퀼팅 비[3](퀼트를 하는 여성들의 사교 모임), 헛간 세우기[4](헛간 준공식), 오래된 동네 술집이나 식당 등이다. 이 두 가지 주제는 미국 역사를 관통하여 오늘날에도 우리의 사고와 문화, 정치에 계속 영향을 미치고 있다.

조직을 통해 많은 분야에서 개선을 이루었지만, 도전해야 할 과제의 수와 규모는 줄어들지 않는 것으로 보인다. 독성 화학 물질과 지구 온난화는 환경을 위협한다. 많은 학교가 성공하지 못하고 있다. 보건의료 시스템은 고비용 저효율이다. 취약한 시민들을 위한 기본 서비스가 사라지고 있다. 도로는 차로 막혀 있다. 일자리가 증발하거나 남은 일자리는 스트레스를 많이 받는다. 고등교육은 너무 비싸다. 성 차별, 인종 차별, 폭력, 반유대주의, 동성애 혐오 그리고 많은 다른 병이 우리를 괴롭히고 있다.

정부와 기업 모두 이러한 문제를 해결할 수는 없다. 기업은 고객을 위해 매일 경쟁해야 한다. 비용을 절감하고 수익을 창출하고 비즈니스를 유지하기 위해 효율성을 향상시켜야 한다. 기업은 국가 안보, 치안, 환경보호, 공교육, 도로, 물 공급, 안전한 음식과 의약품 또는 필요한 다른 것들을 제공하지 않을 것이다. 정부가 모든 문제를 해결할 수는 없다. 공무원은 종종 세부 사항에서 너무 멀어서 효과적이지 못하다. 때로 권위 있는 사람들은 사람들이 직면한 문제를 고민하지도, 이해하지도 못한다.

당사자 직접 참여가
핵심이다

집단 역학 : 사람들의 참여가 필요한 이유

문제를 해결하고 삶을 개선하려면 문제의 영향을 가장 많이 받는 사람들의 적극적인 참여가 필요하다.

집단 역학(group dynamics, 集團力學) 분야의 최초 이론가인 쿠르트 레빈[5](Kurt Lewin)은 1930년대에 이것을 알아냈다. **"변화가 효과적이려면, 어떤 문제에 가장 가까이 있는 사람들이 그 변화에 참여해야 한다."** 인간 행동에 대한 레빈의 발견은 우리가 변화를 일으키는 커뮤니티 조직을 만들어야 하는 이유를 지적하고 있다. 문제에 가장 가까이 있는 사람들의 적극적인 참여가 굳이 필요 없다면, 좋은 정책이나 좋은 아이디어의 보급만으로도 이미 충분히 개선되었을 것이다. 하지만 그렇지 않잖나. 사회적 개선이나 변화를 가져 오는 데는 올바른 정보만으로는 충분하지가 않다.

레빈은 60년 전에 이 이론을 발전시켰다. 제2차 세계대전 중 아이오와에서 인류학자인 마거릿 미드(Margaret Mead, 1901~1978)와의 공동 작업을 통해, 배급된 육류의 소비를 줄이는 최선의 방법을 찾기 위한 실험을 계획했다. 레빈은 처음에는 '문지기'(레빈의 조건)를 배치해서 고기 선택을 통제했다. 당시에 음식을 얻고 가족을 위해 식사를 준비할 책임은 주부들이 가지고 있었다. 그 결과 비배급 고기를 사거나 준비하는 것에 대한 거부감이 줄어들었다. 레빈은 다시 두 그룹의 주부들을 대상으로 실험을 했다. 한 그룹은 비배급 고기를 먹는 것의 이점을 설명하는 영양전문가 강연 그룹이고, 또 다른 그룹에서는 여성들이 비배급 고기를 어떻게 준비할 수 있는지에 대해 그룹 토론을 활성화하여 그들이 좋은 식사를 준비할 수 있도록 했다. 토론그룹의 구성원들은 영양 강연을 받은 그룹보다 소비 행동을 더 많이 바꾸었다. 결론은 분명했다. **사람들의 행동을 바꾸려면 행동을 바꾸려는 사람들의 적극적인 참여가 필요하다는 점이다.**

이 이론은 수년 동안의 현장 경험에 의해 입증되었다. 조직 컨설턴트 마빈 와이스보드는 다음과 같이 관찰했다.

"같은 패턴이 계속 반복된 100년 동안의 경험을 통해, 어떠한 개선 프로젝트도 그 사회적 결과를 예측할 수 있다. 직접 영향을 받는 사람들의 참여가 적을수록, 실현 가능한 솔루션이 될 가능성도 적다."

- 마빈 와이스보드, 『Productive Workplaces』(1987년)

개선 프로젝트에 가장 영향을 많이 받는 사람들의 적극적인 참여가 필요한 경우, 그들을 참여시키는 데 무엇이 필요할까? 강력한 그룹(group)이 필요하다.

강력한 그룹을 얻으려면 무엇이 필요할까? 사람들의 의견과 관심사를 표현할 정도의 강력한 그룹을 개발하는 것은 기술(skill)이 필요하다. 레빈과 미드의 간단한 실험에서도 주부들은 숙련된 그룹

퍼실리테이터(facilitator, 촉진자)의 필요성에 동의했다. 참가자를 모집하고 그룹의 목적을 설명하는 것은 기술이 필요하다. 여성들이 자신의 행동 변화를 위한 전략을 수립할 때 스스로 판단했다고 느끼도록 회의를 용이하게 하는 기술이 필요하다.

'그룹과 개인은 다르게 행동한다'는 것을 레빈이 처음으로 인식했다. 그룹은 개별 구성원의 합계 이상이다. 그는 1939년에 쓴 논문에서 '집단 역학'(group dynamics)이라는 용어를 처음 사용했다. 조직의 생애가 있다는 것을 알았고 조직이 작동하는 방식을 연구했다. 이 이론은 커뮤니티 조직을 구축하는 방법, 이론 및 예술의 핵심이다. 조직을 만드는 사람들은 그룹을 특별한 존재로 이해하고 운영해야 한다. 그것은 독특한 발달 과정과 성장, 유지 및 건강에 대한 자기 규칙을 가진 존재이다.

쿠르트 레빈의 전기 작가 알프레드 마로우(Alfred Marrow)는 레빈의 집단 역학 이론을 이렇게 요약했다.

> "그의 이론의 요지는 다음과 같다. 그룹에 가입한 사람은 그로 인해 크게 바뀐다. 멤버들과의 관계는 그와 동료들 모두를 변화시킨다. 끌어당기는 힘이 강한 그룹은 멤버들에게 큰 영향을 행사한다. 그것이 약한 그룹은 힘을 형성하기에 충분하지 않다. … [레빈의] 공식은 간단하다. : "전체는 각 부분의 합과 다르다. 전체는 그 자신의 명확한 속성을 가지고 있다."
> - 알프레드 마로우, 「The Practical Theorist」(1969년)

집단 역학에 대해 내가 처음으로 깨달았던 때는 고등학생 시절이었다. "끌어당기는 힘이 강한 그룹이 멤버들에게 큰 영향을 미치는" 방법에 대해 배웠다.

참여는 조직을 통해 가능하다

우리 사회의 힘의 차이를 고려할 때, 사람들은 조직이 제공하는 증폭된 목소리가 없으면 자신을 드러낼 수가 없다. 돈이 없는 사람들은 메시지를 내보내기 위한 광고를 구매할 수 없다. 명성, 부, 권력이 없는 대부분의 사람들은 TV 토크쇼에 출연하지 못한다. 공직에 선출되기도 매우 어렵다. 많은 사람들이 저녁 모임에 참석하는

스토리

그룹이 얼마나 빨리 힘을 만드는가? 또는 잃는가?

고교 동아리에 가입한 뒤 흑인과 백인에게 얻어터진 녀석을 보았다. 나도 동아리에 가입하고 싶었지만 두들겨 맞고 싶진 않았다. 그래서 몇몇 친구들과 함께 우리 자신의 동아리를 만들고 '시그마 타우'라고 불렀다. 스포츠 용품점에서 인쇄된 시그마 타우 스웨터를 구입했고, 곧바로 우리를 위해 후배들을 가입시켰다. 축구팀 주장인 나보다 1살 어린 후배가 내 명령을 무시했을 때, 그룹의 힘에 대해서 가르쳤다. 우리는 즉각 명령을 내렸다. 우리는 애들을 힘으로 제압하는 것 이상으로 친구를 원했다. 그리고 그룹이 어떻게 강력해지고, 얼마나 빨리 권위를 행사할 수 있는지를 깨달았다. 또한 그룹이 얼마나 빨리 약해지는지도 배웠다. 졸업을 하자마자, 심지어 스웨터를 미처 벗기도 전에, 동아리 따위는 사라졌다.

것은 무리다. 일상생활의 긴급한 민원이 발생할지라도, 그들의 삶에 영향을 미치는 조건에 대해 정부의 의사결정권자와 협상하는 것은 고사하고 담당자에게 편지를 쓸 수조차 거의 없다. 때로는 긴 근무 시간과 통근 시간 때문에, 투표가 우리 삶에 영향을 미치는 조건에 대해 행동을 취하는 데 가장 효과적인 방법이라는 걸 알지만, 선거 당일 투표를 하러 갈 시간조차 만들 수 없다.

다양한 사회문제에 가장 가깝고 가장 영향을 미치는 사람들, 진정으로 전문가라고 하는 사람들은 이러한 목소리는 거의 듣지 않는다. 그들을 대변할 조직이 없기 때문이다. 스스로 돕기를 원하는 사람들은 변화를 만들기 위해 설 곳이 없다. 그래서 새로운 커뮤니티 조직을 만들거나 때로는 오래된 조직을 강화하는 데 주의를 기울여야 한다. 힘과 권력을 가진 사람들(정부 관료나 대기업 소유주 등)에게 영향력을 행사할 수 있도록 조직된 그룹 안으로 개별 목소리를 결합시켜야 하는 것이다.

문제 해결을 위한 지속적인 조직이 필요하다

커뮤니티 그룹은 직면한 문제를 해결하는 데 필요한 정보를 제공할 수 있다. 개인적으로 아무리 똑똑하고 경험이 풍부하더라도 어려운 사회적 문제를 혼자서 해결할 수는 없다. 어느 누구도 혼자서 모든 측면을 살필 수 없으며, 행동 가능한 모든 결과를 상상할 수 없다. 문제를 해결할 수 있는 힘과 자원을 가진 많은 사람들의 에너지와 지능을 집중적으로 다루는 지속적인 조직이 필요하다.

문제에 가장 가까이 있는 사람이 해결책을 찾는다

캠필드가든 지역의 주택이 철거되고 재건축될 당시, 그것을 연방정부 주택
도시개발부(HUD)에서 소유하고 있었다. HUD와 세입자는 재개발시 주 주택
금융공사(HFA)와 협약을 했다. 세 가족을 제외한 모든 가족은 재개발이 이
루어질 수 있도록 이전했다. 남아있는 세 가족은 시 주택당국과 임대 계약
을 맺었다. 그 후 연방 및 주정부는 세 가족이 이주할 수 있도록 임대 계약
을 해지해야 하는데 그 방법을 찾지 못했다. 캠필드세입자협회는 이 문제
를 해결하기 위해 모든 관계자와의 회의를 요청했다. HUD, 주택금융공사
(HFA), 시청, 시장 비서실, 주택당국의 대표자들, 나를 포함하여 세입자들
과 그들의 고문들도 참석했다.

행정 공무원 중 아무도 그 방법을 찾지 못했다. 그 순간, HUD 공무원(나는
이 사람을 선출하지 않았다)은 세 가족을 이주시키려면 의회 법이 필요할
것이라고 했다.

세입자협회 대표는 화가 났다. 그 대표는 이미 부지 밖으로 이주를 했으나
세 가족은 공사가 마무리될 때까지 공사현장에서 살아야 했다. 세입자대표
는 오랫동안 거기 살았었기 때문에 임차에 대해서 많이 알고 있었다. 그래
서 간단한 해결책을 내놓았다. "다른 기관이 임대를 인수하게 하세요. 의회
법안은 필요하지 않아요."

문제에 가까이 있는 사람은 해결책을 생각해내는 반면, 다른 사람들은 문
제에 가까이 있지 않기 때문에 그렇게 하지 못했다.

나는 이 회의를 10,000달러 회의라고 한다. 나를 포함한 참가자들의 회의
수당을 모두 합하면 10,000달러였기 때문이다. 아이러니하게도, 회의수당을
받지 않은 한 사람이 답을 가지고 있었다.

세입자협회가 모든 공무원을 한 방에 모이게 하는 힘을 가지고 있었기 때
문에 문제는 해결되었다. 어느 누구도 그에 대해 딴죽을 걸 수 없었다. 그
힘을 갖기까지 수년간의 노력이 필요했다.

그 조직이 없었다면 세 가족이 이주하는 데 얼마나 오랜 시간이 걸렸을지
누가 알겠는가!

다양성이
공동체를 보장한다

사회나 경제, 보건, 교육 및 기타 여러 개선을 이루는 것 외에
도, 조직은 우리 삶 속에서 소속감(sense of community, 공동체의식)
과 의미를 부여한다. 신도회, 참전용사단체, 농민공제조합, 사친회
(PTAs), 시민단체 및 기타 많은 커뮤니티 조직들은 파편화되고 힘든
세상에서 많은 사람들에게 소속감, 친교 및 커뮤니티를 제공했다.

많은 사람들이 살아가면서 더 큰 의미와 공동체를 찾고 있다.
정부나 기업 및 기타 기관들은 이러한 소속감이나 돌봄을 제공하지
않는다. 가족의 생일이나 졸업, 성인식, 결혼식, 집들이 그리고 죽음
과 같은 우리의 생애주기를 기념하면서 함께 기도하고, 함께 서있는
사람들을 커뮤니티 그룹에서 찾을 수 있다. 커뮤니티 그룹은 치어스
바(Cheers bar)처럼 "모두가 당신의 이름을 알고 있는" 장소를 만들
수도 있다. 그곳에서는 우리가 아플 때 의사에게 데려다 주거나, 식
사를 제공하는 사람을 찾거나, 장을 보러가거나, 저녁을 먹으러 나
가 있는 동안 아이들을 부탁할 수 있는, 생활에서 여러 자질구레한

일들을 할 수 있다. 그것은 세상을 더 친근하고 인간적이며 풍요롭고 따뜻하게 만든다.

조직이 무엇이건 간에, 즉 신도회, 동네 주민단체, 학교 개선을 위해 일하는 커뮤니티 그룹, 국가 정책을 변경하는 주 전체나 전국 단체 등 어떠한 것이든 조직을 구축하는 데 필요한 집단 역학 및 기술의 많은 부분은 동일하다. 크고 작은 모든 그룹은 자기 성장에 주의를 기울여야 한다.

조직적 생명보험으로서 커뮤니티

커뮤니티는 단지 좋은 것이기 때문이 아니라, 그 자체로 중요하다. 이것은 미래에 대한 최상의 조직적 안전장치이기도 하다. 전술이나 이슈에 대한 논쟁이 발생할 때, 개인의 결정이나 관계를 대신하는 포괄적인 공동체 의식이 조직을 보호한다.

의견 차이는 멤버십을 잃어버리게 하고, 조직을 쪼그라지게 하고, 약해지게 하며, 효과성을 떨어뜨린다. 그리고 확실하게 다툼이 발생한다. 예측할 수 있는 일이다. 우린 대부분 자기 자신의 의견을 소중하게 생각한다. 이슈나 문제에 대해 열정적으로 느끼는 사람은 문제를 해결하는 방법에 대해 강한 감정과 의견을 갖는 경향이 있다. 이것이 바로 조직자가 초기에 관계를 구축하고 조직 확대 과정에서 결속력과 커뮤니티를 육성하는 데 많은 시간을 투자하는 이유이다. 사실 조직의 목적에 반대하는 외부 사람들이 입힌 타격보다 내부의 의견 불일치에서 조직이 무너져 내리는 것이 더 많다.

사람들이 직면한 문제에 대해 관심이나 이해관계로만 연결되어 있을 때, 특정한 문제가 해결되면 조직은 쉽게 무너져 내릴 수 있다. 그 다음에 제기되는 이슈를 다룰 때 이 기존 멤버들은 별 도움이 되지 않을 것이다. 또한 커뮤니티는 멤버들에게 어떤 특정 이슈보다 더 크고 오래가는 것을 제공한다. 커뮤니티는 회원들을 함께 묶는 접착제 기능을 할 수 있다.

누가 할 것인가? – 리더와 조직

특정 사람들이 커뮤니티 그룹을 조직한다. 조직자, 리더, 코디네이터, 디렉터, 퍼실리테이터라고 부를 수도 있지만, 중요한 건 그들이 하는 일이다. 커뮤니티 그룹은 사람들을 구성하고 이끌어가는 데에 대한 이해력과 기술을 적용할 수 있다.

조직자 : TV에서 보는 것과는 다르다!

조직자의 역할은 널리 이해되거나 인정되지 않았다. 변호사, 의사, 경찰에 대한 TV 프로그램은 있지만, 조직자에 대해서는 없다. 그러나 변호사, 의사, 경찰이 모든 문제를 해결할 수는 없다. 그들은 범죄를 해결할 수 있고, 피를 흘릴 때 우리를 구할 수 있으며, 나쁜 사람들을 멀리 쫓아버릴 수는 있다. 그러나 지역사회를 개발하거나 시민들의 요구 또는 직장 문제를 해결할 수는 없다.

사람들은 조직화에 대해 잘 알지 못한다. 어떤 사람은 조직화 작업이 자연발생적으로 쉽게 이루어진다고 여긴다. 또 다른 사람은 이 일이 설명할 수 없을 정도로 매우 복잡하다고 여긴다. 하지만 조직화는 자연발생적이지도 않지만, 설명할 수 없을 정도로 복잡하지도 않다.

조직자의 두 역할

조직자는 조직을 만들고, 리더를 발굴한다.

조직자는 사람들을 모아 그룹 활동을 수행하게 한다. 그들은 그룹 그 자체를 하나의 실체로 여긴다. 재정, 스태프, 구조, 규칙, 사무실 공간, 정관, 전략, 행동, 계획, 훈련 등을 잘하기 위해 그룹이 필요로 하는 모든 것을 생각한다. 이 작업 중 일부는 회계, 컴퓨터 네트워킹, 공모사업 신청 또는 보도자료 작성, 전단지 디자인과 같은 기술적 재능(자신이나 남들이 가지고 있는)을 필요로 할 수 있다. 그러나 조직화는 기본적으로 그러한 기술에만 초점을 맞추지 않는다.

둘째 조직자는 조직을 강화하기 위해 사람들의 기술과 리더십을 계발한다. 리더[6]는 사람들에게 영향을 미치는 사람을 말한다. 리더는 사람들을 바꾸는 사람이다. 사람들은 그 말을 듣고 그들의 안내를 따라간다. 리더는 또한 조직의 일을 한다. 조직에 대해 책임을 진다. 사람들을 회의에 초대하고 그들의 업무를 완료하도록 이끈다.

조직을 새로이 만드는 데는 팀으로 일할 수 있는 다양한 기술과 관점을 가진 리더들의 그룹이 필요하다. 조직자의 일은 단순한 것처럼 보인다. 하지만 목적은 분명하다.

1. 리더 육성
2. 조직 구축

목적을 고수하는 것이 그리 간단한 건 아니다. 일을 잘하는 것은 더더욱 어렵다. 폭 넓은 기술을 가져야 한다. 그러나 아무도 그 모든 걸 다 가지고 있지는 않다.

조직자가 하는 일

조직화 정의 한 가지

조직화 = 혼자서 할 수 없는 일을 사람들과 협력하여 하는 것

조직자(organizer)가 하는 일

조직자는 목적을 가진 커뮤니티를 구축한다.

조직자는 사람들이 자신의 문제를 해결할 수 있는

수단(지속적인 그룹)을 제공한다.

　　　조직자는 언제나 커뮤니티를 구축하는 방법, 사람들이 서로를 더 잘 알 수 있는 방법, 사람들이 직접 대면으로 함께 모이는 방법을 모색한다. 그것은 축하 파티, 동네의 지역 모임 또는 누군가의 거실이나 교회 지하실에서의 모임일 수 있다. 조직자는 모임을 만들어 사람들 스스로 문제를 해결할 수 있게 한다. 공동의 관심사를 공유하는 사람들을 함께 방에 모으는 것은 그 인원이 단지 4~5명이더라도 상황을 개선하기 위한 행동 계획을 만들어 낼 수 있다.

사례 연구

조직 만들기

사람들이 걱정하는 것부터 시작하기

조직을 시작하는 방법에는 여러 가지가 있다. 일부는 커뮤니티 사람들과 관련된 특정 문제로 시작한다. 이 문제는 특정 그룹, 이웃 또는 직장에 영향을 미칠 수 있다. 교통 정체, 지역학교 폐교, 도로의 유독 폐기물 더미의 위협, 지역 공장의 오염, 지역 기업의 위협적인 판매일 수도 있다. 따라서 이런 문제들의 영향을 가장 많이 받는 사람들이 가장 관련이 크며 즉각적인 해결을 원하는 사람들이 주도권을 잡고 일할 가능성이 가장 높다. 이것은 잠재적 회원들의 관심을 끄는 빠른 방법이기도 하다. 어떤 사람들이 조직을 이끄는 데 필요한 열정을 가지고 있는지를 그 반응으로 알 수 있다.

서로 알기

잊지 마라. 정말로 좋은 사람들은 이웃을 더 잘 알고자 한다. 가끔 조직자의 일이란 게 공통점이 있는 사람들을 같은 방에서 서로 만나게 하는 것이기도 하다. 커뮤니티 조직에 있는 사람들은 실제 이슈나 문제를 해결할 뿐만 아니라 이웃이나 다른 멤버들과 교류하는 것을 좋아하기도 한다.

사람들이 서로를 알 수 있는 방법을 제공함으로써 조직을 구축하는 것이 가능하다. 이것은 다른 사람을 알거나 관계를 맺는 데 가장 관심이 있는 사람들, 자신의 직계 가족보다 더 큰 무언가에 '소속'되는 것에 관심이 있는 사람들을 끌어들일 수 있다.

스토리

교통문제와 블록 파티

일반적인 동네 문제

몇 년 전, 나는 주 전역에 작은 '동네그룹'을 만들려고 시도하는 커뮤니티 조직에 속한 조직자였다. 한 골목에서 문을 두드렸을 때, 어린 자녀를 둔 학부모님들은 도로의 위험한 교통 상황에 대한 우려를 표명했다. 이 도로는 통상 도시를 가로지르는 고속도로의 우회로로 이용되고 있었다.

첫 번째 행동 : 블록 파티

새로운 사람들이 이 동네로 이사를 많이 왔고 그 대부분이 이웃을 알지 못했다. 우리가 해야 할 일은 서로에게 이웃을 소개하는 것이라고 여겼다. 그래서 시위원회(시정부)에 블록파티을 위해 길을 막아 줄 것을 요청하기로 했다. 이 자리에서 도시락을 즐기며, 도로에서 게임을 하기도 하고, 서로 인사를 나누며 알아가고, 교통문제를 다루는 방법에 대해 비공식적으로 이야기하자는 것이었다. 몇몇 사람들이 이 아이디어에 관심을 갖고 적극적으로 참여했다.

초기의 초점은 간단했다. 사람들이 서로를 더 잘 알 수 있는 방법을 제공하는 것이다. 그들이 서로를 알아야만 공통적인 문제에 관해 이야기하기 시작할 것이었다. 이러한 사회적 환경에서 서로를 알아간다면, 혼자서 속도를 높이는 것보다 더 많은 이야기를 하게 될 것이다. 각자는 더 많은 방법으로 서로를 알게 될 것이다. 이러한 유대는 조직을 유지하기 위한 중요한 '접착제'가 된다.

공식적 행동

나는 한 학부모와 함께 시위원회 정기 회의에 갔다. 차례를 기다렸고 드디어 차례가 오자, 우리는 어느 날 오후 한나절 동안 도로를 폐쇄해 줄 것을 정중하게 요청했다. 승인을 쉽게 해줄 것으로 기대하고 있었다. 그러나 위원회는 한 마디로 "안 돼요!"라고 했다. 경찰국장은 바쁜 도로를 절대로 막지 않을 것이라고 했다. 절대라니! 이것이 바쁜 도로였다고! 도로 통제는 지역 전체에 문제를 발생할 것이라니!

지금 무엇을 해야 하나? 다음에 어떻게 할 것인지를 생각하기 위해 우리는 동네로 돌아왔다. 도로를 통제하는 것을 사소한 일로 생각했는데, 그렇지 않았던 것이다.

그래서 더 많은 사람들과 함께 시청으로 다시 갔다. 동네 사람들이 경찰국장과 직접 이야기했다. 몇 달 동안 지속되었다. 때는 초여름이었고 이 문제가 풀릴 때는 눈이 내릴 것이라고 생각했다.

위원회의 관심과 동의를 얻는 데 많은 사람들이 필요했다

동네 사람 두 명이 지역 시의원을 만났다. 앞뒤로 많은 이야기가 있었다. 동네 주민들이 왜 도로 통제를 원했는지를 시의원에게 설명했다. 시의원은 시의회 본회의에서 어떻게 움직였는지를 설명했다. 마침내 동네 주민들은 시청을 다시 찾아갔고, 다음 위원회 회의에는 훨씬 더 큰 파견단이 참석했다. 이번에는 사람들이 자녀와 많은 가족을 데려왔다. 위원회 회의장은 결코 가득 찬 적이 없었다. 위원들은 그런 것을 본 적이 없었다. 그 동안 한두 명의 사람들이 참석하는 회의에만 익숙했었다. 일반적으로 그때는 모두 혼자서 대화를 나눴다. 이 문제에 관해 많은 사람들이 얼마나 많은 관심을 갖고 있었는지를 표명하고, 심의를 위해 위원회에서 나왔다. 위원회는 거리를 막기로 동의했다.

블록 파티
경찰차가 나타나 트렁크에서 도로 통제 도구를 꺼내 거리를 막기 시작했을 때, 나는 그걸 도저히 믿을 수 없었다. 이처럼 쉬운 일을 위해 수 개월간 회의를 했다니! 그러나 사람들이 따뜻한 요리, 테이블, 음료 및 게임 도구들을 가지고 도로로 쏟아져 나오기 시작했을 때, 그보다 더 가치 있는 것은 없을 듯 보였다. 음악이 있었고, 배구 네트가 거리를 가로 질러 설치됐다.

말로 표현할 수 없을 정도로 분주했던 도로가 통제되었다. 물론 끔찍한 일도 일어나지 않았다. 주요 교통 정체는 보고되지 않았고, 많은 이웃 사람들이 서로를 알게 되었다.

보다 완벽한 세상의 비전
'시청과 싸울 수 없다'는 느낌을 어떻게 극복할까? 그러한 감정을 극복하는 것이 조직자가 해야 할 중요한 일이다.

블록 파티가 이것을 해냈다. 블록 파티를 통해 우리는 세 가지의 가치 있는 목표를 이루어냈다.

사람들은 이웃을 알아가기 시작했다. 사람들은 자신의 힘을 느끼기 시작했다. 조직하기 전에는 자동차를 멈추거나 느리게 할 힘이 없다고 여겼다. 하지만 적어도 일시적으로 도로를 통제했다. 지역 모임이 교통 체증 없이도 어떻게 될지를 보여주었다.

블록 파티는 이웃 사람들이 거리에서 커뮤니티를 만들 수 있는 기회를 제공하는 간단한 행사였다. 아마도 사람들 없이도, 더 적은 이웃이 참여했어도 새로운 교통 표지판을 설치할 수 있었을 것이다. 그러나 블록 파티는사람들이 서로 만날 수 있는 기회를 주었다. 처음으로 자기 커뮤니티의 발전

과정에 참여하고, 음식을 나누고, 게임을 하고, 자신의 아이디어를 공유하는 사례를 만들어냈다.

그룹을 갖는 것

'조직화!' 사람들과 함께 일을 하는 데 있어 스스로는 할 수 없는 사람들이 거리를 막았다. 시위원회 회의에 한두 명이 찾아가서 길을 막아달라고 요청했지만 아무 일도 일어나지 않았다. 그러나 매주 점점 숫자가 늘면서 계속 요청했으므로, 시위원회는 길을 막기로 한 것이다. 이후에 몇 번 더 과속운전자가 있었고, 경찰은 과속운전에 더 많은 관심을 기울이기 시작했다.

조직자를 갖는 것

경찰관이 순찰차 트렁크에서 도로통제 도구를 꺼내는 것을 지켜볼 때의 그 느낌을 나는 결코 잊지 못할 것이다. 많은 사람들이 그 일을 성사시키기 위해 함께 몰두했다. 그러기 위해서는 그들을 따라다니며 설득하고, 할 수 있다고 제안하며, 계속 뜻을 굽히지 않도록 격려하는 조직자가 필요하다는 것을 알았다.

그리고 모든 사람들이 집에서 나오고, 심지어 내가 알지도 못하는 사람들이 만든 냄비 요리를 보았을 때, 조직이 이룰 수 있는 것을 살짝 엿볼 수 있었다. 서로 만나고, 서로 대화를 나누고, 서로의 자녀를 돌보고, 사람들의 이야기를 듣고, 이웃이 누구인지를 알기 위해 사람들을 모으는 것, 그것은 강력한 출발이었다.

이를 이루기 위해서 누군가는 조직자가 되어야 했다. 이런 경우 나는 주 전역의 커뮤니티 조직의 스태프였지만, 또한 자원봉사자였을 수도 있다. 많은 훌륭한 조직자는 자원봉사자이다. "그들이 할 수 없다"고 말하는 것을 실제로 할 수 있게 한다고 생각하는 사람일 수 있다. 일을 성취하도록 만들기 위해 기꺼이 그 일을 맡는 누군가일 수 있다. 큰 문제는 아니다. 이 거리를 막고 집집마다 조금씩 음식을 싸 와서 블록 파티를 한다는 것 자체가 세상을 확실히 변화시키는 사건은 아니다. 그러나 이것은 단지 시작이었다. 강력하고 지속적인 조직을 구축하기 시작한 것이다.

이 방법은 배우기 어렵거나 신비한 것이 아니다. 아마도 "아무것도 할 수 없다"는 사람들의 패배감을 극복하는 기술과 함께 인내심이 주요 요소일 것이다.

그룹을 어디로 이끌고 갈까?

블록 파티에 안주했다면 조직이 그다지 커지지 않았을 것이다. 조직자의 임무는 앞서 미리 생각하는 것이다. 이 블록 파티를 지속적인 조직으로 어떻게 연결할 수 있을까? 지속적인 조직을 만들기 위해 구조, 특정 멤버, 규칙, 재원, 리더십, 의사결정 프로세스, 미션 및 계획 등 어떤 것들이 필요한가? 이러한 사람들은 누구인가? 이 사람들이 다음 주 혹은 내년에 할 일은 무엇인가? 함께 해결해야 할, 지금 직면한 다른 문제는 무엇인가? 어떻게 하면 문제 해결에 대해 계속 생각할 수 있도록 접촉을 유지할 수 있을까?

누가 새로 발견한 지인들과 연락을 유지할 것인가? (블록 파티나 회의 등을 진행할 때, 가장 중요한 원칙은 조직자는 방명록을 확보해야 한다는 것이다. 방명록에는 항상 이름, 주소, 소속 단체, 직장·집 전화번호, 이메일 주소를 입력할 수 있도록 공간이 충분해야 한다.)

이후 어떻게 소통을 진행하나? 전화 연락망이 있는가? 다른 정기 모임이 있을까? 연례적 지역 모임은? 조직에서 다루는 다른 이슈는 어떻게 하나?

조직자는 그룹 전체를 생각한다.

파티가 진행되는 동안 조직자는 이 모든 것에 대해 생각하고 있다. 누가 누구를 알고 있는지를 살펴보고 있다. 사람들은 누구의 말을 들을까? 누가 다른 이웃들의 존경을 받고 있지? 누가 열심히 일하지? 쓰레기를 치우기 위해 뒤에 남는 사람은 누굴까? 누가 그 일을 끝낼 수 있다고 확신할까? 이런 사람들은 리더가 될 가능성이 높다. 저런 사람들은 리더로 생각될 가능성이 높지 않을 수도 있다.

책임을 지는 사람이 조직자가 주목하고 있는 사람이며, 더 많은 일을 하기
위해 나중에 다시 방문할 것이며, 점차로 조직에 대해 책임을 지게 될 것이
다. 다음에는 쿠키를 가져오거나, 집에서 회의를 개최하거나 회의 진행을
하며, 시청을 방문하여 기록을 찾아보거나, 다른 몇몇 사람에게 다음 번 모
임에 참석하라고 독려할 수도 있다. 조직자는 사람들이 할 수 있는 특정의
일을 생각할 것이다.

---

2 알렉시스 드 토크빌(1805~1859). 프랑스 정치철학자, 외교관. 1831년에 미국 여행을 했으며,
  여행 메모를 모아 1835년에 『미국의 민주주의』를 출간했다. 『앙시앙레짐과 프랑스혁명(1856)』
  도 있다.(역자)
3 퀼트 조각을 모아서 함께 이불을 완성하는 여성들의 전통적 모임. 결혼식 등 특별한 행사를 기
  념하기 위해 진행한 커뮤니티 이벤트였다.(역자)
4 18~19세기에 미국 농촌지역에서 흔하게 진행되었던 일종의 헛간 상량식 행사. 농촌에서 헛간
  은 중요했으며, 혼자서 지을 수 없기 때문에 품앗이 방식으로 이웃들의 노동력에 의지하여 함
  께 지었다.(역자)
5 1890~1947년. 독일계 미국인 심리학자. 집단 역학과 조직 개발과 같은 개념을 도입한 사회심
  리학의 개척자(역자)
6 'Leader'를 지도자라 하지 않고, 그냥 '리더'로 표현했다. 조직론에서의 Leader는 일반적인 지
  도자와는 의미가 다르다. Leader는 조직 내에서 책임감을 가지고, 보다 능동적으로 활동을
  하는 모든 사람을 말한다. 특정한 권위를 가진, 지위에 있는 '지도자'와는 다른 뉘앙스를 가진
  다.(역자)

2장

단계별 커뮤니티 조직 만들기

한걸음씩, 길고 긴 행진
이길 수 있어, 이길 수 있지
많은 돌로 아치를 이루는 거야
혼자가 아니야, 혼자가 아니지
조합으로 무엇이든 할 수 있어
여전히 이룰 수 있어
물레방아로 맷돌을 돌리듯이
혼자가 아니야, 혼자가 아니지.

  − 늙은 조합원의 노래

전체 단계 :
아이디어 도착

　　조직을 만드는 것은 집을 짓는 것과 같다. 집을 지을 때 평평한 사각형의 기초에서 시작하면 지붕을 올릴 때 문제가 줄어든다. 벽이 수직이고 정사각형이면 더 쉽게 석고판을 세울 수 있다. 나중에 실수를 수정할 수는 있지만, 처음에 제대로 한다면 시간과 비용을 효율적으로 쓸 수 있다. 성공적인 조직을 만드는 것도 이와 비슷하다.

　　이 장에서는 커뮤니티 조직 만들기에 대해 생각하는 한 가지 방법을 제시한다. 물론 이것만이 유일한 방법은 아니다. 이 장에는 단계, 팁, 아이디어, 스토리, 사례 연구, 연습이 포함되어 있다. 자신과 커뮤니티에 대해 알고 있는 것과 함께 효과적인 조직을 만드는 데에 도움을 준다. 단계는 특정 순서로 제공된다. 조직에 따라 다른 순서가 더 적합하다는 것을 알 수도 있다. 이 단계는 엄격한 계층 구조가 아닌 일반적인 가이드다. 자신의 커뮤니티 및 이슈에 대한 지식을 가지고 유연하게 사용하면 된다. "시작하지 않으면, 오래 걸린다."라는 말을 명심하자.

기본 단계 : 개요

　　이 기본 단계는 새로운 조직을 시작하거나, 이미 있는 조직을 강화하는 데 적용할 수 있다.

`1 아이디어 도착` 여러분은 뭔가 수정이 필요하다고 생각한다. 때로는 문제나 새로운 상황에 직면했을 때 그것에 대해 뭔가를 해야 한다. 해야 할 일의 아이디어를 가지고 있고, 그것을 혼자서 할 수 없다는 것도 알고 있다.

`2 비전 개발하기` 이것은 결국 가고 싶은 곳의 그림과 세상을 어떻게 바라는지를 그리는 것이다.

`3 동기 찾기` 자기 이야기하기 : 당신이 이 일을 하는 이유를 이해한다. 개인의 역사, 가족 배경, 경험에 대한 것들이 이 일을 하게 움직였을까?

`4 다른 사람의 생각 듣기` 이것을 때로 "부엌이나 커피숍을 통한 긴 행진"이라고도 한다. 아이디어를 개발하기 위해 누구의 말을 들어야 할까? 당신의 아이디어나 이슈에 대해 다른 사람들은 어떻게 생각하는지를 들어야 한다. 사람들이 문제나 당신의 아이디어를 공유하는가? 그들의 도움을 받을 수는 있는가?

`5 자신의 아이디어를 글로 써보기` 문제가 무엇인가? 자신의 해결책은 무엇인가? 글로 쓰인 비전은 널리 명확하게 알려진다. 또한 자신의 아이디어에 정당성을 부여한다.

`6 후원회 개발` 사람들의 지원과 약속을 서면으로 얻어야 한다.

7 코어(핵심) 그룹 구성하기 비전을 공유하는 10~15명의 사람이 필요하며, 그 조직이 현장에 뿌리내리기 위해 노력할 것이다.

8 미션 초안 작성하기, 목적과 목표 확인하기 이제 자신이 원하는 것을 명확히 해야 한다.

9 구조 개발하기 올바른 기반과 프레임워크로 조직을 구축해야 시간이 지남에 따라 제자리를 잡는다.

10 힘 기르기 원하는 것을 성취하기 위해 무엇을 취할 것인가? 힘은 조직된 돈, 서로 강한 유대관계를 맺고 있는 조직된 사람, 그룹이 이루고자 하는 세부사항에 대한 좋은 정보이다. 그리고 가장 중요한 점은 사람들을 행동으로 옮기고 원하는 것을 요구하는 능력에서 비롯된다. 힘은 자원을 동원하는 것이다. 사람들 모집, 리더 계발, 정보 수집, 원하는 것을 성취하는 데 필요한 돈을 모으는 것이다.

11 전략 이해 전략은 전체적 경로이다. 그것은 자신의 일반 계획과 그것의 배후에 깔려 있는 가정(假定, assumption)들을 이해하는 데 도움이 된다.

12 행동, 평가, 되돌아보기 행동, 일 처리, 평가, 반성, 학습하는 것은 훌륭한 일이다.

기본 7단계

1단계 : 아이디어 도착

> 죽어서 창조주 앞에 서게 되었을 때,
> 신은 내게 "너는 왜 모세가 아니었느냐?"라고 묻진 않으리라.
> 묻는다면, 나는 "왜 당신은 주샤가 아니었습니까?"라고 물으리라.
> — 애니폴의 랍비 주샤(Zusya, 18세기)

첫 번째 단계는 아이디어이다. 그것은 불현듯 떠오를 수 있다. 세상을 더 좋게 만드는 방법에 대한 아이디어일 수도 있다. 어쩌면 무시할 수 없을 정도로 세상의 무언가를 바꿀 수도 있다. 때때로 아이디어가 자신을 붙잡기도 한다. 이제 뭘 해야 하나?

어쩌면 아이가 학교에서 잘 지내지 못하는 것일 수도 있다. 책은 오래되었고 교실 벽의 페인트가 벗겨지고 있다. 어쩌면 자기 이웃을 알지 못하는 것에 지쳐있을 수 있다. 사람들은 자기 집에 틀어박혀 나오질 않는다. "이 사람들은 누구일까?"라고 궁금해 할 것이다. 아마도 그들 중 하나는 5살배기 우리 아이의 베이비시터이거나 당신의 새 친구일 수 있다. 여러분이 자랄 때는 세상이 이렇지 않았다. 사람들은 이웃을 알고 있었다.

어쩌면 교회가 사람들을 돌보는 커뮤니티가 될 수 있을 것이다.

다른 사람들도 이것을 원할 수도 있다고 여긴다. 여러분의 마을이나 도시에서 학교와 공공안전을 천천히 무너뜨리는 예산 삭감에 직면할 수 있다. 사랑하는 사람들 사이에서 질병이 퍼질 수도 있다. 어쩌면 아이를 입양하면서 입양 시스템을 고칠 필요가 있다고 생각할 수 있다. 근처에 있는 공장의 오염이나 버스의 매연, 직장에서의 해고, 병원 폐쇄, 근처에 몰래 매장된 유독 폐기물이 있을 수 있다.

　어쩌면 날마다 반복되는 교통 체증에 지쳐서 A지점에서 B지점으로 사람들을 이동시키는 더 좋은 방법이 있다고 생각할지도 모른다. 동료나 이웃, 또는 소그룹과 이야기하고 있을 수 있으며, 모두들 똑같은 문제가 있음을 발견할 수 있다. 그에 대해 뭔가를 하기 위해 서로 협력하기로 결정할 수도 있다. 어쩌면 작은 자원봉사자 그룹이 있고 스태프나 더 많은 회원이 있으면, 훨씬 더 많은 일을 할 수 있다는 것을 알고 있을 것이다. 아니면 삶이 더 좋고, 밝으며, 달라질 수 있다는 느낌을 가질 수도 있다. 아침에 일어나서 일하러 가고, 집으로 운전하고, TV를 보고, 주말에 쇼핑을 하고, 월요일에 이 모든 걸 다시 시작하는 것보다 인생에는 더 많은 것들이 있다.

　아이디어가 머릿속에 떠올랐다. 그것을 떨쳐버릴 수가 없다. 소리 내어 말하기가 어려울 수도 있다. 우리 중 많은 사람들은 이러한 생각을 가슴 속 깊이 간직하라고 한다. 아이디어를 광고할 수도 없다. 그것이 실현되도록 노력할 수도 없다. 그러나 그 선물을 기부하지 않는다면, 우리 자신의 일부를 잃어버리고 또한 우리 커뮤니티는 상실감을 겪게 된다.

　아이디어가 문 앞까지 걸어 왔는데, 지금 당장 무엇을 할 것인가?

2단계 : 비전 개발하기

어디로 가야할지를 모르는데,

언제 도착할지를 알 수 있을까?

- 속담

비전이란 무엇인가?

아이디어를 얻었으면, 어디로 가고 싶은지에 대한 비전 설명이
필요하다. 비전은 사람을 고무시키고 동기를 부여한다. 강력한 조직
을 구축하려면 책임감을 지닌 자원 활동가가 필요하므로 모든 일을
자신이 홀로 떠맡으면 안 된다.

공유된 비전(shared vision)을 만들려면, 자신이 가고 있는 곳
(where)과 이유(why)를 분명히 해야 한다. 사람들은 더 나은 미래를
위한 희망을 가지고 있다. 그 희망을 제공하기 위해서는 더 나은 미
래가 어떻게 보이는지에 대한 그림을 그려야 한다. 이것은 사람들에
대한 일이기 때문에 재미있을 것이다. 모든 나쁜 일이 일어났어도
사람들은 더 나은 삶을 위한 희망을 잃지 않는다. 때로는 부모가 자
녀에게 느끼는 사랑과 자녀가 간직하는 희망으로 인해 자녀에게 더
좋은 일이 되기도 한다. 때로 그 희망은 가족의 이야기 또는 개인적
인 경험에서 나온다. 비전은 그 희망을 일깨운다. 비전은 사람들이
지치거나 낙담할 때 힘을 내도록 격려한다.

비전을 말로 표현해야 한다. 그리거나 색칠할 수도 있다. 더 나
은 학교를 상상한다면, 주차장에 있는 새로운 놀이터 사진이나 그림

이 말로 하는 것보다 더 나을 수 있다. 비전이 이웃을 서로 아는 동네로 만드는 것이라면, 거리 전시회의 그림이 말보다 더 잘 표현할 수 있다.

장기적 비전을 숨기지 마세요!

장기적 비전을 가지고 있어서 더 큰 조직을 만들려는 의도를 가지고 있다면(당연히 그와 관련하여 잘못된 점이 없다고 치고), 초기의 핵심 멤버들에게 시작할 때부터 이것을 알게 해야 한다. 설사 그것이 이제 시작하는 작은 것이라 할지라도. 장기적 비전에 대해 솔직하게 말하게 되면, 일부는 놀라서 떠날 수도 있다는 사실을 알고 있어야 한다. 사람들은 희망과 함께 상황이 나아질 수 없다는 체념을 쌍둥이처럼 가지고 있기도 한다. 이건 정직하면서도 현실적이어야 하는 매우 까다로운 균형 잡기이다. 언제나 작동하는 간단한 공식 따위는 없다. 조작이나 기교가 통하지 않는다.

우리들은 조직의 장기 비전에 대해 솔직하지 못했다. 주민들은 우리 그룹이 동네의 교통문제를 해결하려 한다고 생각했다. 더 이상은 관심이 없었다. 그것이 이야기한 것의 전부였다.

이처럼 작은 개선점(횡단보도 및 교통안전 표지판)을 이루어내면 그룹을 만드는 데 도움은 된다. 변화를 만드는데 그룹이 효과적일 수 있음을 보여주기 때문이다. 동시에 장기적인 희망 지점을 숨기면 안 된다. 정직해야 하고, 사람들이 기꺼이 자신의 문제를 다루게 하고, 기꺼이 더 많은 일을 하도록 촉진해야 한다. 비결은 근본적인

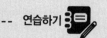

비전 연습하기

자신의 비전을 말로 표현하기

당신의 비전은 무엇인가? 비전은 자신이 가고 싶은 곳에 대한 그림(picture)이다. 지침으로 삼을 만한 것 하나를 만들어보자. 빈칸을 채워라.

"나는 _____

_____ 하는 모임을 본다."

"나는 _____

_____ 하는 학교(또는 학교 시스템)을 본다."

"나는 _____

_____ 에 있는 이웃을 본다."

"나는 _____

_____ (자신과 관련하여 일어난 일을 설명)에서

_____ (자신이 본 것이나 사람을 설명) _____ 하는 그룹을 본다."

"나는 _____

_____ 하는 거리를 본다."

"나는 _____

_____ 에서 _____ (무엇을 바꾸려 하든지 간에 빈칸에 채워진)

_____ 을 본다."

비전을 주시하면서, 생활을 더 좋게 만드는 일상적인 작은 개선을 통해 희망을 천천히 구축하는 것이다. 이것은 자신의 비전을 분명히 하는 과정에 도움이 될 수 있다. 장기적인 비전만으로 사람들에게 동기 부여할 수 있는 건 아니지만, 여러분의 그룹은 큰 그림(big picture)을 알 필요가 있다.

스토리

이야기 전체를 하지 않으면, 사람들은 함께하지 않는다

1970년대 후반, 나는 주 전역의 풀뿌리 커뮤니티 단체인 버몬트연합(Vermont Alliance)의 조직 스태프로 일했었다. 그때 조직이 어디로 가야하는지에 대한 장기적인 비전을 가지고 있었다. 그것은 주 전체의 저소득층 거주자들 그룹일 수 있다고 생각했고, 공공요금 인하, 공정 세율 등 많은 저소득층 주민과 관련한 이슈를 다루면서 일하고자 했다.

우리의 방법은 가가호호 방문을 해서 교통안전 및 기타 동네 문제를 포함한 시급한 요구에 대해 물어보는 것이었다. 그래서 횡단보도와 "아이들을 조심하세요!"라는 표지판을 설치하도록 시 당국과 협상하는 데에 사람들을 도와주어서, 그것을 개선할 수 있다고 보았다. 우리가 방문했던 사람들이 대표성을 가진 동네 그룹일 거라고 여겼다. 먼저 교통문제(또는 그들의 직접적인 관심사가 무엇이든 간에)에 관심을 갖도록 이끌어 내고, 그 다음에 곧바로 더 크고 거친 문제를 다룰 수 있을 거라고 생각했다.

그러한 생각은 틀렸다. 우리 그룹에 대해 소개하고 공공요금 또는 세제 개혁 이슈를 다루었을 때, 대부분은 관심이 없었다. 주민들을 주 전체의 일과 관련한 미팅에 참석하도록 권유할 수 없었다. 자신의 관심은 자기 동네의 교통이라고 했다. 오히려 우리도 자신의 동네 교통에 관심을 가지고 있을 거라고 여겼다.

나는 '동네범죄감시단체'(neighborhood crime watch groups)[7]의 패턴을 관찰하면서, 장기적 비전이 어떤 효과를 가져다주는지를 배웠다. 동네범죄 감시자로 시작한 이 그룹은 그냥 범죄 감시자로 남아 있기를 원했다. 안전한 동네에 대한 비전으로서 범죄 감시는, 한 블록에서 사람들이 창문을 통해 밖을 바라봄으로써 범죄를 감시하는 것이었다. 다른 관심사를 가져오려는 시도는 일어나지 않았다. 조직을 설립한 사람들, 즉 경찰국의 조직자는 그룹이 그들이 시작했던 방식대로 유지되기를 원했다. 그룹 형성을 촉발시켰던 범죄 문제가 소멸되자, 그룹도 해소되었다.

전체 비전이 즉각적인 범죄 문제를 동네에서 없애는 것이라면 그 자체로도 괜찮을 것이다. 그러나 만약 더 많은 것을 모색한다면, 즉각적인 이슈를 넘어서고자 한다면, 발생할 수 있는 다른 문제를 해결하고 싶다고 여긴다면, 오래 지속되는 조직을 구축하는 방법에

스토리

존엄, 민주주의 그리고 치과보험

하버드 사무기술직노동조합은 한때 '존엄, 민주주의, 치과보험'을 요구했다. 부유한 기관인 하버드대학은 직원들에게 치과보험을 제공했다. 노조가 치과보험만 원했다면 문제나 '이슈'가 해결되었을 것이다. 그들은 더 이상의 목적이 없었을 것이다. 그러나 그들의 목적이 '존엄과 민주주의'(하버드대학이 쉽게 '주지' 못했던 것)를 포함하고 있었기 때문에 노동조합은 여전히 목적의식을 가지고 있고 사업을 유지하면서, '존엄과 민주주의'를 위해 일하고 있다.

대해 생각해야 한다. 목적을 달성하는 데 필요한 자원을 어떻게 얻을 수 있을까? 자신이 원하는 것을 얻기 위해서 무엇이 필요한지 생각해 봐야 한다. 그것은 힘(뭔가 더 큰 것을 할 수 있는 능력)에 대해 생각하는 것이다.

3단계 : 동기 찾기 - 무엇이 자신을 움직이나?

자기 이야기

> 자신이 영웅임을 스스로 깨닫는 것만으로,
> 자신이 누구인지 또는 누구였는지를 알 수 있다.
> - 한나 아렌트, 『인간의 조건』(1958년)

조직을 구축하는 다음 단계는 여러분에 대한 것이다. 이 일을 왜 하고 있는가?

자신의 동기를 스스로 이해할 필요가 있다. 여러분은 좌절과 반대에 직면할 것이다. 보다 깊은 차원에서 조직과 관계 맺은 이유가 명확하지 않으면, 앞으로 그것을 지키는 데 어려움을 겪는다. 새로운 조직을 시작하든 낡은 조직을 강화하든 상관없이, 자기 자신과 이 조직의 사명(mission)과의 관계를 알아야 한다.

또한 자신이 이끌고자 하는 사람들은 당신이 누구이며, 왜 이 문제나 조직에 참여했는지를 알고 싶어 한다. 사람들은 믿을 수 있는 개인적인 관계를 원한다. 사람들은 스스로 조직에 헌신하고자 한다. 사람들은 조직을 시작하도록 동기를 부여한 당신의 이야기, 개인적인 경험과 기억을 알고 싶어 한다.

당신의 '자기 이야기'는 사람들에게 모델이 될 수 있다. 사람들이 그룹에 헌신하려면 서로의 이야기를 알아야 하고, 그래서 그 사람이 누구인지 말해주는 이야기를 기억한다. 이야기는 사람이 하는 일을 보여준다. 이야기는 추상이 아닌 행동과 연결된다. 이야기는 사람들을 직접적으로 연결시킨다. 그들은 사람과 사람, 가슴과 가슴, 눈동자와 눈동자의 대면 관계를 강화한다. 구성원들의 이야기 (개인적 경험, 기억 및 동기 등)를 공유하고 짜는 것은 그룹을 더욱 단단하게 한다.

당신 스스로 먼저 시작하라. 당신의 이야기는 뭔가? 조직과 어떻게 연결되는가?

다음은 내 이야기의 일부이다. 내가 무슨 일을 하고, 왜 하는지를 이해할 수 있을 것이다. 성장 과정 속에서 가족에 관한 이야기와 개인적 경험, 그리고 그들을 어떻게 이해했는지에 대한 이야기이다. 가족 이야기는 종종 주제나 핵심 아이디어와 연결된다. 주제를 아는 것이 쉽고 빠를 수는 없겠지만, 당신의 이야기를 생각하고 연결하는 시간을 갖는 것은 가치 있다.

이 이야기는 할머니 미니의 이야기다. 나는 할머니를 처음 알았을 때부터 할머니를 사랑했던 소년이었다. 그녀는 재미있었고 나를 계속 웃게 했다. 나중에 소녀 시절에 일어났던 모든 나쁜 일들로부터 그녀(그리고 확대해서, 그녀처럼 어린 아이들 모두)를 보호하고 싶게 했다. 1900년으로 거슬러 올라가서 그렇게 할 수는 없었지만, 오늘에는 뭔가를 할 수 있다.

분노의 실제

지금 내가 하고 있는 일과 섞여 있는 지점은 그 소녀가 자기 꿈을 펼칠 수 없었던 세상에 대한 분노이다. 증조할아버지가 자녀를

스토리

나의 할머니 이야기

여러 장면으로 시작할 수 있지만, 할머니 미니(Minnie)부터 시작한다. 내가 열 살 때 할아버지께서 돌아가셔서, 할머니는 우리 집으로 이사를 오셨다. 1950년대와 60년대에 우리는 뉴욕 교외에서 살았다. 할머니는 다른 세상에서 오신 것 같았다. 나에게 많은 이야기를 해주셨고, 매우 재미있고 극적이었다. 그녀의 삶에 대해 많은 것을 배웠다.

할머니는 1893년 뉴욕의 로어이스트사이드(Lower East Side)에서 태어나셨다. 증조할머니는 8살 때 돌아가셨고, 증조할아버지는 너무 가난해서 자식들을 보살필 수 없었다. 할머니의 남동생만 유대인 고아원으로 보내졌는데, 고아원에서는 자식 한 명쯤은 부양하라고 했다고 한다. 그러나 증조할아버지는 자주 일을 못했고, 다른 누군가의 집에 빌붙어서 살고 있었다. 딸을 부양할 수 없었던 것이다. 그래서 할머니는 아파트 관리인에 입양되어 다른 곳으로 갔다. 증조할아버지는 피츠버그로 가서 유일한 일자리였던 석탄 광산에서 일을 했고, 할머니는 아파트의 욕실에 있는 변기들을 씻었다.

그 당시 많은 사람들에게 삶이 그랬다. 할머니는 나중에 봉제거리와 상점에서 시다로 일하다가, 봉제공장에서 미싱사로 일을 했다.

처녀였을 때, 할머니는 발랄하고 예쁘고 인기가 높았다고 한다. 그녀는 모든 데이트, 결혼하고 싶어 했던 모든 사람들의 이야기를 들려주며 나에게 용기를 주었다.

그리고 일상생활의 일부였던 여러 비극들에 대해 이야기해 주었다. 탑승객 수백 명이 가라앉은 페리, 1911년 그녀와 같은 수백 명의 젊은 공장노동자가 사망한 트라이앵글 셔츠웨이스트공장 화재사건[8] 등. 죽은 소녀들의 관이 거리에 어떻게 줄지어 있었는지를 이야기했다. 그리고 작은 모욕들 : 학교 담임선생은 그녀가 (공장노동자 대신에) 경리사원이 되기를 원했다는 이유로, 학교에서 앞치마를 만들기 위한 천을 살 돈이 없다는 이유로, 지하철을 타기 위한 토큰을 살 수 없다는 이유로 차별했다. 어떻게 '동전이 모든 것을 의미'했는지를 보여준다.

할머니는 학교 선생님이 되고 싶었다. 그러나 상급학교로 진학하지 못했기 때문에 그것은 불가능했다. 그래도 그런 꿈을 꾸었다. 이것이 가난과 환경으로 인해 자신의 재능을 펼칠 수가 없었던 내가 사랑하는 사람의 이야기이다.

부양할 만큼의 충분한 돈을 벌 수 있는 직업을 찾을 수 없다는 분노, 돈이 있었지만 할머니나 동생 또는 증조할아버지와 나누지 않는 사람들에 대한 분노, 할머니가 화장실에 갔을 때 시간을 재는 공장장에게 화가 났고, 공장노동자가 아니라 다른 뭔가가 되고 싶다는 그녀를 조롱했던 학교 교사에게 화가 났다. 그것은 교사나 회계사가 될 수 있는 희망을 아예 짓밟아 버린 것이었다. 그 분노와 섞인 것은 할머니가 유머 감각을 그대로 유지하면서 이야기를 하고, 셰익스피어를 암기하고, 사랑을 찾는 능력을 계속 가지고 그 모든 것을 극복한 것에 대한 나의 존경심이다.

커뮤니티… 역사를 가지고 (중요한 의미에서 그들은 과거로 구성되어

있다) 이런 이유로 우리는 진정한 커뮤니티를, 과거를 잊지 않는 '기억의 공동체'라고 말할 수 있다.

- 로버트 벨라 외, 『Habits of the Heart』(1985년)

미시경제학, 할머니를 만나다

학교에 다닐 때, 나는 미시경제학을 전공했다. 미시경제학은 모든 사람들이 경제적 이익을 극대화한다고 가정한다. 뉴욕보다 오클라호마에서 더 많은 돈을 벌 수 있다면 오클라호마로 이사를 한다. 이론에서는 사람들 모두 자유시장에서 이성적인 행위자이다. 모든 사람이 자기 자신의 경제적 이익을 추구한다. 자유시장은 가능한 최저 가격으로 최고의 상품과 서비스를 창출한다. 그런 이론이다.

다른 이야기가 있다. 할머니는 오클라호마에 있는 할아버지의 더 좋은 직업보다도, 자신에게 익숙한 생활과 편안한 커뮤니티를 더

스토리

커뮤니티로의 강력한 이끌림

할머니는 나에게 할아버지에 대해 많은 이야기를 해 주셨다. 할아버지는 봉제노동자로 일하면서 쿠퍼 유니온의 야간학교에 다녔고 엔지니어링을 공부했다. 할아버지는 의사가 되고 싶었지만 당시에 유대인이 의대에 들어가기는 매우 어려웠다. 1920년에 졸업했을 때 그가 얻을 수 있는 유일한 엔지니어링 직업은 오클라호마의 철도회사에서였다. 할머니는 거기로 이사 가고 싶지 않았다.

소중히 여겼다. 그래서 뉴욕을 떠나고 싶지 않았다. 뉴저지로 가는
것은 매우 큰 여행이었다.

자기이익(self-interest) 극대화하기

미시경제학 이론은 개인에게 있어 커뮤니티가 개인적인 이익
이 된다고 간주할 때조차도, 커뮤니티의 이점을 무시한다. 커뮤니
티 조직을 만드는 이유는 커뮤니티에서의 의미를 찾는 사람들의 노
력과 커뮤니티로부터의 개인적인 이익을 취하는 것 모두를 포함하
고 있다. 할머니처럼 많은 사람들에게 있어서 개인의 '자기이익'(self-
interest)은 커뮤니티와 연결하는 것 그 자체였다. 이런 경우 자기이익
은 자아를 넘어선다. 동기란 예를 들어, 뉴욕에 비해 오클라호마에
서 더 많은 돈을 버는 것보다도 더 광범위한 것이다.

살펴보면 자기이익과 동기부여에 대한 복잡성을 발견할 수 있
다. 그래서 사람들의 '이야기'(story)가 중요한 것이다. 이야기를 하거
나 들음으로써 동기를 부여하는 것이 무엇인지를 밝혀낼 수 있는 것
이다. 이야기의 근저에는 우리 삶의 복잡성과 현실성이 가로놓여 있
기 때문이다.

어린 시절의 가르침

무엇을 왜 하고 있는지 스스로에게 물어볼 때마다, 어렸을 때
내가 배운 것, 부모님과 조부모님의 이야기와 가르침을 기억했다.

내 이야기의 일부는 다음과 같다. 가족의 모든 구성원이 자신
의 재능을 사용할 수 없었다. 그것이 나를 화나게 한다. 이건 내 가

족이었다. 그것이 내가 어렸을 때 보았던 것보다 더 복잡하다는 걸 알면서도. 심지어 성인으로 보았을 때보다 더 복잡했지만, 그 상실감은 내 마음에 머물렀다. 이런 일이 일어나는 것을 보았지만 그것이 나에게, 또는 다른 사람들에게 일어나기를 원치 않는다.

살아남으려면 나 자신과 함께 다른 유대인들을 지켜야 한다. 나 역시 세계를 나치, 증오, 차별을 용납하지 않는 곳으로 만들기 위해 할 수 있는 일을 해야 한다. 어떠한 종류의 인종주의나 차별이 나에게 직접 쏠려 있거나, 그럴 수도 있다.

사람들이 자신의 재능을 사용하는 것을 보고 싶은 욕구와 인종주의나 차별을 막으려는 욕구가 내 안에서는 느린 불꽃처럼 타오

스토리

나의 아버지 - 예술가의 선물

아버지는 예술가 재능을 가지고 있었다. 세 살 때, 그는 아름다운 그림을 그렸다. 10대 때 책에 삽화를 그렸다. 그는 대부분의 삶을 상업예술을 하면서 아내와 네 자녀를 부양하기 위해 일했다.

나는 자라면서 아버지가 일주일 내내 긴 시간 동안 일하는 것을 보았고, 그 덕분에 충분한 돈을 벌 수 있었다. 그러면서도 아버지가 청구서를 지불하기 위해 상업 작업을 하는 대신, 실제로 창조적인 훌륭한 예술가가 될 수 있기를 바랐다. 할아버지, 할머니나 다른 많은 분들처럼, 아버지는 자신의 재능을 사용할 수 없을 것 같았다. (하지만 아버지의 경우, 일찍 은퇴하고 본인이 하고 싶은 예술을 할 수 있었다. 이제 가족과 친구들의 집을 장식하는 아름다운 도자기, 그림을 만들어 낸다.)

른다. 그것은 내가 하는 일의 동인을 설명한다. 내가 왜 현재의 일에 집중하는지를 이해하려면 바로 이 이야기를 알아야 하는 것이다.

가족에 대한 차별은 나를 화나게 했다. 그래서 가족과 사람들

스토리

차별

내 이야기의 다른 부분은 유대인이기 때문에 우리 가족이 차별을 당한 (또는 더 나쁜) 반복되는 주제였다. 나는 제2차 세계대전 직후인 1947년에 태어났다. 자라면서 어머니는 폴란드나 우크라이나에 살았던 사촌들을 포함해 친척들의 가족사진 앨범을 보여주었다. "히틀러가 죽였어." 엄마는 사진첩에 나오는 어린 아이를 가리키며 말했다. "히틀러가 죽였어." 이번엔 다른 아이를 가리키며 말했다. 거의 같은 운명을 피할 수 없었던 것 같았다.

어머니는 비록 뉴욕에서 태어나긴 했지만, 외할아버지는 폴란드에서 태어났다. 히틀러가 친척들을 죽이자 그곳을 떠났다. 분명한 점은 어떤 사람들은 우리를 잡으려고 했고, 우리는 스스로를 방어해야만 했다는 사실이었다.

아버지는 헝가리에서 태어나서 아기 때 미국으로 오셨다. 많은 친척들이 헝가리에 남아 있었다. 사촌 한 명은 아우슈비츠로 데려가는 트럭에서 뛰어내렸다. 그녀의 친구는 한쪽으로 뛰어내렸고, 사촌은 다른 쪽으로 뛰어갔다. 친구가 총에 맞았고 사촌은 살아남아서 마침내 우리를 찾았다. 다른 친척들은 부다페스트를 떠나 유고슬라비아에서 티토와 함께 싸우면서 살아남았다. 부다페스트의 가톨릭 신자들에 의해 숨겨진 다른 사람들도 여전히 살아남았다. 어떤 사람들은 살아남지 못했다. 어머니의 이모는 바르샤바 게토에서 살아남았지만, 전쟁이 끝난 후 이모와 아들이 마을로 돌아왔을 때 그들은 그곳에 살았던 사람들에 의해 살해당했다.

을 보호하고 싶었다. 분노가 끓어오르고 퍼져나가는 바람에 다른 사람들이 차별을 당하는 것을 보면 화가 난다. 개인적 성격으로 받아들이고 있다. 아침에도 여전히 타고 있는 저녁 캠프파이어의 붉고 뜨거운 장작불처럼, 불씨가 남아 천천히 열을 받는다. 불쏘시개를 넣고서 조금만 불어도 불길은 다시 살아난다. 나를 움직이는 데 시간이 별로 걸리지 않는 것이다.

이 이야기는 더 많은 부분이 있다. 가치 있는 일을 하는 그룹의 일원이 되어서 느끼는 만족감과 개인적 경험 등이 그것이다. 이것은 내 인생에서의 의미와 공동체 의식을 가져다준다. 혼자가 아니라는 느낌, 즉 내가 느끼고 생각하는 것을 공유하는 사람들과 함께 있다는 느낌 같은 것이다.

삶의 교훈들

어머니는 늘 이렇게 말씀하셨다. "옳고 그름은 있어. 근데 어떤 거든 회색 영역은 없어." 이 메시지는 내가 추구하는 가치의 밑바탕이다. 이 메시지를 통해 과정을 더 쉽게 유지할 수 있었다. 인생 경험이 부모의 말과 크게 모순되지 않는 한, 그 메시지는 그대로 남아 있다.

이 이야기와 메시지는 조직자로서의 나의 일을 안내했던 바탕이었다. 수년 동안 우리 가족을 도운 걸 생각하면서 다음과 같은 목록을 떠올렸다. 노동조합, 공공주택, 실업보험, 메디케이드(65세 미만의 저소득자, 신체장애자 의료보장제도), 메디케어(65세 이상의 고령자를 대상 의료보장제도), 무료 공공교육, 직장 건강 및 안전규정, 사회보장, 저렴한 주택, 좋은 대중교통, 공공 공원, 법률과 정책, 규범의 영구적인 변화 등. 가족에게 도움이 되었던 점을 생각하면, 이러한 사회적 변화는 그 변화를 요구하기 위해 조직하고 노력한 조직의 결과라는 것을 알 수 있다. 자선의 결과가 아닌 것이다.

가족의 이야기를 오랫동안 생각하면서, 우리에게 도움이 된 내용과 그 이유에 대해 중요한 교훈을 얻었다. 이 교훈들이 내 활동의 중추가 되었다.

- 가난한 사람들은 동정이나 적선이 필요한 게 아니다.
- 많은 사람들이 자신의 재능을 사용할 기회가 너무 적을 때, 우리 모두는 고통 받는다.
- 우리 모두는 얻을 수 있는 모든 도움이 필요하다.
- 사람들은 자신이 필요한 것을 알아낼 만큼 충분히 똑똑하다. 단지 그것을 알아내기 위해 함께할 시간과 공간이 필요할 뿐이다.
- 당사자 스스로 할 수 있는 것을 대신 하지 마라.
- 당신이 원하는 것을 권위자에게 물어보라. 묻지 않으면 얻지 못한다.
- 자신의 요구를 드러내고 욕구를 충족시키기 위해서는 조직이 필요하다.

당신의 이야기

우리에게는 각자의 이야기가 있다. 그것은 옳고 그른 성질의 것이 아니다. 당신의 이야기는 언제나 정직한 이야기일 뿐이다. 부자든 가난하든 아니면 그 중간쯤이든. 어떤 사람들은 자기 출신 가족과 멀리 떨어진 곳으로 이사한다. 어떤 사람들에게는 인생 경험과 반성이 가장 강력한 역할을 한다. 다른 사람들에게는 기억이 강력한 역할을 한다. 어떤 이야기를 하든 강력한 조직을 구축하고, 사람들의 도움을 받고, 동기를 부여하고, 집중력과 방향을 유지하려면 자기 이야기를 알고 표현할 수 있어야 한다. 이야기를 풀어나가는 데는 오랜 세월이 흐르면서 기억과 반성이 필요할 것이다.

자신의 리더십 계획

조직을 만들거나 강화하고자 한다면, 자신의 태도(attitude)와 동기가 조직에 어떤 영향을 미치는지를 검토하는 게 좋다. 조직을 반드시 성공시키겠다고 결심하는 순간 어떤 걸림돌과 마주하게 될 것이다. 때로는 당신의 마음에서 가장 강한 반대가 나온다. 많은 사람들은 스스로 꿈을 이루거나 자신이 진정으로 원하는 것을 추구하는 것과 반대의 믿음을 품고 있다. 이 연습은 자신의 태도(attitude)를 검토하게 한다.

너 자신을 알라

자기를 통제하거나 리더십에 영향을 미칠 수 있는 자기 자신의 개인적인 신념을 검토하는 것이 중요하듯이, 세계관을 검토하는 것은 여러분의 조직을 제어하는 것이기에 이 역시 중요하다. 사람들은 핵심 신념과 가치를 가지고 있으며, 이는 조직을 어떻게 운영할지에 대해 중대한 영향을 미친다.

우리를 안내하는 이야기 찾기

> "이야기는 우리가 이미 알았거나 잊어버린 것을 말해주고,
> 우리가 아직 상상하지 못한 것을 상기시킨다."
> – 앤 L. 왓슨

이 연습은 '자기 이야기'를 배우고, 말하기 위한 방법이다.

❶ 어떤 지점에서 열정을 느끼는가? 누군가 뭔가를 해야 한다고 하면, 왜 그렇게 신경이 쓰이는가? "내가 뭔가 해야 해!"라고 바꾸어 보자.

----

❷ 왜 이 주제가 당신에게 중요한가?

----

❸ 당신의 삶에서 질문 ❶과 질문 ❷에 대한 답변과 관련된 이야기를 적어보라. 왜 이 이야기를 선택했는지 이유가 분명하지 않더라도 괜찮다. 그것이 자신의 삶에서 가장 중요한 것이 될 필요는 없다. 우선 관심 있는 것에서부터 시작하자. (용지를 따로따로 사용하라)

❹ 이 이야기가 당신에게 어떤 의미가 있는가? 왜 이 이야기를 선택했는지를 생각해보자.

핵심적인 신념과 가치를 갖는 것은 잘못된 게 아니다. 그것은 필수적이다. 하지만 그 핵심적인 신념이나 개인적 견해를 되돌아 볼 필요는 있다. 우리의 일에 효과적으로 작용하거나, 반대로 성공하는 데 방해가 될지 모르기 때문이다. 아래는 몇 가지 예이다. 그것은 흑백논리의 사고방식을 가지고 있기 때문이 아니라, 신념이 자신의 조직에 어떻게 영향을 미칠 수 있는지를 보여주기 위해서 명징한 언어로 표현한다.

예를 들어, 다음과 같이 생각할 수 있다. **"기업은 오직 이윤 추구만 할 뿐이다. 그러므로 우리는 제품 안전을 개선하기 위해 그들과 협력하지 않을 것이다."** 이러한 생각은 제품 안전성을 개선하는 데 실제로 관심이 있는 회사와 효과적으로 협력하지 못하게 한다.

개인적으로 다음과 같이 믿을 수 있다. **"공공주택에 사는 사람들은 모두 게으르고, 정부에 빌붙어 살고 있지."** 이러한 생각을 가지고 있으면, 도시나 동네의 상황을 개선하기 위해 공공주택 거주자들과 함께 일할 가능성을 놓치게 된다.

우리는 다음과 같이 믿을 수 있다. **"우리 교회는 사람들이 성령 안에서 살도록 돕는 사업에 종사하고 있습니다. 우리는 부동산 사업에 종사하지 않습니다."** 근처에 있는 땅이 매매될 때 기회를 놓치고 그것을 사지 않는다. 교인들에게 저렴한 주택을 짓기 위해 그것을 활용할 수 있는 데도 말이다.

아니면 **"모든 낙태반대론자들은 광신도들이다."**라고 믿을 수도 있다. 우리는 원치 않는 임신의 수를 줄이기 위해 그들과 함께 일할

좋은 리더의 첫걸음 : 자신을 살피기

우리는 모두 꾸러미를 가지고 조직(그리고 모든 종류의 관계)에 들어간다. 무엇을 보관하고 무엇을 버려야 할까?

❶ 스스로 버려야 할 태도는 무엇인가?

----

❷ 이런 태도를 유지하면 무슨 이익이 있는가?

----

❸ 여러분(또는 조직)이 이런 태도를 유지하는 데 드는 비용은 얼마인가?

----

❹ 이런 태도를 바꾸기 위해 어떤 특정한 행동(behavior)을 연습할 수 있을까?

다른 행동(behavior)을 실행하겠다는 것은 새로운 습관을 계발하기 위해 의식적이며 의도적으로 특정 행동을 바꾸어야 한다는 것을 의미하며, 이것은 가장 기본에 해당한다.

예를 들어, '나는 무엇이든 가장 잘하는 방법을 알고 있다'는 태도를 가질 수 있다. 따라서 무슨 업무이든, 가장 올바른 방법이 무엇인지(자기만의 방식)를 다른 사람들에게 말하고 보여주어야 한다고 느낀다. 이때의 이득은 자아 만족과 자기 자신의 목소리를 듣는다는 만족감일지도 모른다. 그렇게 되면 다른 사람들의 아이디어와 에너지는 그냥 소모비용으로 낭비될 수 있다. 이것은 커다란 손실이다. 그러한 태도는 버려야 한다.

이때 연습할 수 있는 한 가지 구체적인 행동은, 내가 훌륭한 해결책을 가지고 있다는 생각이 들었을 때, 혀를 이빨 사이에 고정시키고 더 열심히 듣는 것이다. 특정한 회의나 특정한 날에 이렇게 하고 싶을지도 모른다. 하룻밤 사이에 오랜 습관을 바꿀 수 없지만, 하나의 회의에서 이러한 행동을 바꾸고 그 상태를 유지하면 장기적으로 내 태도와 행동이 바뀔 수 있다.

❺ 구체적으로 언제 이런 행동을 실천할 것인가?

이 일을 실천하겠다는 약속을 하라. 당신에게 책임을 물을 사람을 찾는 것이 도움이 될 것이다.

❻ 누군가에게 당신을 책임지게 하라. 누가 할 수 있을까?

그 사람의 이름은 _____ 이다.

또한 매일 당신의 행동을 모니터하는 것도 좋은 방법이다. 매일 오후 5시 정각에 딱 5분만 시간을 내면 될 것이다. 자신에게 물어보라. 오늘 나는 어떻게 행동을 바꾸었나? 완벽하게 하지 않았다고 해서 너무 많이 포기하지 마라. 목적은 완벽하지 않으며, 자신의 행동을 자각하고, 자신이 원하는 행동을 실행하고, 그날의 다양한 상황에서 어떻게 행동했는지를 모니터링 하는 것이다. 그래서 결국 새로운 행동을 자신의 규범으로 만들게 될 것이다.

❽ 매일 당신의 행동을 검토(review)하겠다는 약속을 하라.

날마다 _____ 시에. (시간을 적는다.)

이 행동을 바꾸는 데 내가 어떻게 하는지를 몇 분 동안 검토한다.

가능성을 놓치게 된다.

우리는 **"혁신적인 정책을 가진 회사를 선택하는 것이 우리의 목적을 달성하는 가장 좋은 방법"**이라고 믿을지도 모른다. 이미 열 번이나 피케팅 시위를 했고, 그럼에도 매번 목적을 달성하지 못했음에도 불구하고 그렇게 믿는다.

또 **"교원노조는 단지 교사의 직업을 지키기 위한 것일 뿐"**이라고 생각할 수도 있다. 따라서 교원노조와 협력해서 아이들 교육을 개선할 생각을 갖지 못하게 될 것이다.

그룹에 영향을 미칠 수 있는 신념들은 다음과 같다.

"자유시장은 우리 공동체의 문제를 해결하는 가장 좋은 방법이다."

"정부는 그 문제를 해결하는 가장 좋은 방법이다."

"교회는 우리 공동체의 문제를 해결해야 한다."

우리 모두는 세상이 어떻게 돌아가는지에 대해 또는 다른 사람들에 대한 어떤 고정관념(신념)을 가지고 있다. 대부분은 경험에 근거하기 때문에 나름 진실을 담고 있긴 하지만 말이다. 그러나 어떤 것들은 시대에 뒤처진 것이거나 검증되지 않은 것일 수도 있다. 어떤 조직을 구성하든, 그러한 신념(고정관념) 리스트를 작성하고 다시 검토하는 게 좋다. 아직도 그러한 생각들이 정확한가? 여전히 그대로인가? 뭔가 놓치고 있는 게 있는가? 그것이 우리의 목적에 도달하도록 도와주는가, 아니면 우리를 방해하고 있는가?

자신의 핵심 신념 찾기

❶ 이 조직에 적용할 나의 핵심 신념은 무엇인가?

----

❷ 이런 신념을 나는 어디서 배웠나?

----

❸ 이런 신념의 정확성을 시험 또는 성찰해 보았나?

☐ 네 ☐ 아니오

❹ 이제 이 신념들을 시험해 볼 수 있나?

☐ 네 ☐ 아니오

❺ 어떻게 시험해 볼 수 있나?

----

❻ 기꺼이 그렇게 할 수 있는가? (혹은 무슨 일이 있어도 이런 믿음을 고수하고
싶은가?)

☐ 네 ☐ 아니오

코멘트 :

----

❼ 이런 신념이 조직에 어떤 영향을 미칠까?

----

❽ 다른 구성원들도 이런 신념을 공유하고 있을까?

☐ 네 ☐ 아니오

혼자서 이 연습을 한 후에, 조직에서 조직이 공유하고 있는 가치가 무엇인지를 다시 확인하는 것이 좋다. 이것은 조직의 활동에 방해가 되는 '집단적 사고'의 태도가 어느 정도 깊이 자리 잡고 있는지를 알아보는 데 유용하다.

4단계 : 다른 사람에게 듣기

"자, 더 높은 임금을 원한다면
무엇을 해야 하는지 말해줄게.
가게에 있는 일꾼들과 이야기해야 해!"
- 우디 거스리, 「Talking Union」(1942년, 음반)

자기 이야기(Story of Self)를 쓰고 자기 자신을 열심히 살펴본 후, 다음 단계는 다른 사람들의 말을 '잘 듣는 것'이다. 핵심은 그들의 말을 '정말로' 들어야 한다. 당신의 아이디어와 비전에 대해 어떻게 생각하는지를 들어보라. 그들이 더 좋은 생각을 가지고 있을지 모른다. 그들이 관심 있어 하는가? 최소한 10명에게 들어보자. 더 큰 영향을 미치고 싶다면 적어도 50명에게는 들어봐야 한다.

그들이 도움을 줄 것인지, 책임을 질 것인지를 듣기 위해서 경청해야 한다. 사람들이 "음, 좋은 생각이야, 한번 해 봐"라는 식으로 말한다면, 별 도움을 주지 않을 것이고 그 아이디어는 더 발전되지 않을 수도 있다. 특히 시간이나 돈을 마련하는 데 도움이 되는 특별한 제안에 귀를 기울여야 한다. 열정(passion)을 듣고 싶을 뿐 아니라, 이 사람들이 어떤 사람인지를 듣고 싶을 수도 있다. 무엇이 그들에게 동기를 부여하는가? 조직의 초점 사항인 문제나 관심사가 그들에게 어떤 영향을 미치는가? 그들과 당신의 조직이 하려는 일, 또는 이미 한 일 사이의 개인적인 연결지점에 대해 경청한다.

듣기는 '진짜'로 들어야 한다. 기꺼이 그들의 조건과 처지를 고려한 입장에서 사람들을 만날 수 있어야 한다. 학생비폭력조정위원회의 전 회장인 존 루이스는 시민운동 기간 동안 그와 다른 사람들이 진행한 경청에 대해 설명한다.

"우리는 우리 조건이 아니라 그들의 조건에 따라 사람들을 만났습니다. 그들이 밭에서 면화를 따고 있다면, 우리는 그 들판으로 나가서 그들과 함께 면화를 따야 합니다. 만약 그들이 스쿼시를 심고 있었다면 우리도 심어야 합니다. 사람들이 뭘 하든 간에 그들과 함께 진짜로! 있어야 합니다. 우리는 그들과 함께 그들의 집에서 살았고, 손을 잡고 기도하고, 음식을 나누고, 침대를 함께 나누며, 걱정과 희망을 나누었습니다. 우리는 그들의 말을 들었습니다. 우리가 해야 할 말을 나누기 전에 우리는 들었습니다. 그 과정에서 우리는 그들의 신뢰와 그들 자신에 대한 자신감을 형성했습니다.

기본적으로 믿음과 용기를 넓히기 위해 노력했고, 그것들을 당연히 우리 자신에게서 먼저 찾아야 합니다."

— 존 루이스, 「Walking With the Wind」(2017년, 드라마)

시간을 가져라

이 모든 경청 행위는 많은 시간이 소요된다. 약속을 잡는 것, 그 중 몇 개는 마지막 순간에 취소되기도 하고, 미팅을 위한 이동 시간 등 이 모든 요소들은 끝없이 반복되는 것처럼 보일 수도 있다. 어떤 사람들은 빠른 결과를 원한다. 우리는 무엇을 해야 하는지 알고 있으며, 그 과정에서 약간의 도움만이 필요하다고 여기기도 한다. 다른 사람의 말을 듣는 일은 통과의례처럼, 출입구에서 티켓을 확인하는 요식행위가 아니다. 또한 당신이 이미 결정한 경로를 확인하는 통상적 단계도 아니다. 이런 종류의 경청에는 계획의 변화에 개방적이어야 하는데, 이것은 헌신과 의지가 필요하며, 단순히 다른 사람에게 업무를 대리하는 것 이상의 능력이 필요하다. 다른 사람들이 당신만큼 깊이 신경을 쓰는 사업으로 만들기 위해서는 개방성이 필요하다.

경청의 방법에는 여러 가지가 있다. 당신의 방식은 당신의 스타일에 따를 것이다. 스타일, 만들고 싶은 조직의 규모, 문화, 참여하는 사람들의 문화, 그리고 자신의 상황에서 가장 잘 작동한다고 여기는 당신의 생각에 달려 있다.

누구에게 들어야 하는가?

그것은 당신의 아이디어가 무엇인지, 그리고 성취하고자 하는 것이 무엇인지에 달려 있다. 언제나 자신이 다루고 싶은 문제나 상황에 가장 가까이에 있는 사람들부터 시작한다. 입양제도를 개혁하고자 한다면 입양부모, 입양아, 출생부모, 입양기관 등 영향을 미치는 관련된 곳에서 시작한다. 학교나 동네에 영향을 미치는 문제가 있다면 학교나 동네에 있는 모든 사람들의 말을 들어야 한다.

이 단계에서 저지를 수 있는 일반적인 실수는 단지 몇 명과 이야기를 나눈 다음, 곧바로 행동에 나서는 것이다. 아이디어만 내놓지 말고, 기금을 마련하기 위한 보조금 신청서를 작성해 보라(보조금을 받는 것이 쉽다는 뜻은 아니다!). 아니면 직접 돈을 만들어서 그 일을 하거나. 많은 사람들에게 당신의 아이디어를 시험(test)해 보라. 지속가능한 조직을 만드는 일은 광범위한 지원을 받을 수 있을 것이다. 반대로 그러한 지원이 없거나, 반대가 심하거나, 다른 그룹이 이미 동일한 일을 하고 있다면 그 조직은 성공하지 못한다. 지속가능하지 않는 조직은 한계가 분명하다.

대화한 사람들과 접촉을 유지하라 – 특히 영향력 있는 사람들

지역을 개선하거나 새로운 위험 요소가 들어오는 것을 막기 위한 훌륭한 아이디어가 있을 수 있다. 대화했던 모든 사람들이 당신의 접근 방식에 동의하는 건 아닐 것이다. 그들은 다른 관점을 가지고 있을 것이다. 특히 그들이 키맨 역할에 있거나 권위 있는 위치에 있다면, 그들의 말을 들어야 한다. 그들의 관점을 이해하려고 노력해야 한다(특히 무언가를 열정적으로 느낄 때는 힘들 수도 있지만, 자기 혀를 비튼다는 심정으로 꾹 참고 들어야 한다). 그들이 특별한 아이디어에 반대한다 할지라도, 그들이 서 있는 곳을 알고 싶어 해야 한다. 몇 년이 지난 뒤에 그들은 다른 이슈에 동의할 수 있다. 그리고 설령 그런 일이 일어나지 않는다 해도 적어도 존경하는 관계를 유지하려고 노력해야 한다.

"영원한 친구도, 영원한 적도 없다."

풀뿌리 조직을 만들기 위해 사람들과 일하는 것은 친구를 사귀는 것과는 다르다. 당신은 공공 무대에 있다(이러한 활동에서 훌륭한 친구를 만들 수 있다. 나는 확실히 그랬고 거기에는 아무런 문제도 없다). 하지만 자신의 아이디어나 이슈의 성공에 영향을 미칠 수 있는 누군가의 말을 듣고자 할 때, 이 지침을 기억하라. 자신은 사적 관계나 개인적인 관계가 아니라 지금 공적인 관계에 있다는 점이다. 만약 그 사람이 당신과 의견이 맞지 않고, 당신의 이슈에 대해 그 사람이 동의하지 않는다고 해도, 의견 차이는 그 사람 자체와는 다르며 단지 그 이슈에 관한 것일 뿐이라는 점을 명심해야 한다.

공적 관계와 사적 관계의 차이

공공과 민간 영역의 구별은 미디어나 교육 시스템에서의 안내가 거의 없기 때문에 사실 이해하기가 쉽지 않다. 선출직 공무원 등 공적 영역에 있는 사람들은 우리들에게 친구가 되고 싶어 하는 것처럼 행동한다. 아기들에게 키스하고, 우리와 같은 음식을 먹고, 우리와 같은 모든 방식을 묘사한다. 우리들에게 그들을 보통 사람으로서 좋아하길 원한다. 그것은 사람들이 자신이 원하는 사람에게 투표하기 때문이다. 반드시 그들이 내세우는 공공 정책이 자신의 요구를 충족시키는 사람이 아니더라도 말이다.

사람과 이슈를 혼동하거나 결합하면 안 된다. 어떤 이슈에 대해서 의견이 맞지 않더라도 그 사람이 적(enemy)은 아니다. 의견 불일치는 개인적인 사항이 아니다. 원한을 갖지 마라. 이 이슈에 대해 지금 당신과 다른 의견을 가지고 있다고 하더라도 또 다른 사람에게는 도움을 줄 수도 있기 때문이다. 사람들의 경제적 이해관계가 자동적으로 문제를 해결한다고 여기지 마라. 그들이 누구인지를 추측해서 규정하지 말고, 그들이 하는 행동(what they do)에 주목해야 한다.

조직에 가입시키고자 하는 모든 이들과 함께 시작하라

이제 조직에 가입하고 싶어 하는 활동구역 내의 모든 주민들의 말을 경청해야 한다. 사람들이 조직을 시작하면서 저지르는 한 가지 실수는 이미 편안함을 느끼는 사람들의 말에만 귀를 기울이고, 다른 사람들은 나중에 합류할 것이라고 가정하는 것이다. 엄청난 추가 노력을 기울이지 않으면 다른 사람들은 절대 그러하지 않을 것이다.

만약 여러분이 커뮤니티 조직을 만들고자 하고, 지역에서 동네에서 주민들이 참여하기를 원한다면, 처음부터 동네의 모든 주민들의 말을 들어야 한다. 신앙을 가진 모든 사람들이 우리 조직에 속하기를 원한다면, 그들이 생각하는 바를 알기 위해 현재를 대표하는 표본을 경청해야 한다. 나중에 '다양화(diversify)'를 시도하는 것이 훨씬 더 어렵다. 사람들은 처음부터 계획과 의사결정에 관여하는 조직의 일원이 되고 싶어 하기 때문이다.

다른 사람의 말을 듣는 방법1 : 기록하지 않는, 비공식적 대화

당신이 가진 아이디어에 대해 이야기하고 싶고, 그 사람의 아이디어나 의견을 찾고 있다고 미리 말해야 한다. 예를 들어 30분 정도만 시간을 내달라고 요청하라. 30분 후에 다시 확인하라. "30분이라고 했었어요. 지금 가도 좋을 것 같아요." "네, 가겠습니다."라고 대답하면 고맙다는 인사를 하고 떠나면 된다. 만약 시간이 더 있다고 하면 시간을 내면 된다. 단 그만한 가치가 있다고 판단이 되면 말이다.

당신의 생각을 말로 드러내라. "이에 대해 어떻게 생각하십니까?"라고 묻는다. "이것이 좋은 아이디어라고 생각하십니까?"라고 묻기 보다는 열린 질문(open-ended question)을 던지는 것이 중요하다. 찬성이나 반대가 아니라 피드백이 중요하다. 이건 여론조사나 선거가 아니기 때문이다. 사람들은 질문이 있을 것이다. 이런 질문은 당신의 아이디어와 비전에 초점을 맞추는 데 도움이 된다. 그들의 조언과 도움을 구하고 있기 때문이다.

다른 질문

이런 일을 하는 다른 누가 또 있나요?

(학교 예산 삭감에 대해 뭔가를 하려고 하는 사람이 있나요?)

(아이를 입양하기 위해 다른 방법을 시도하고 있나요?)

(버스 서비스를 더 잘 받으려고 하는 누가 있나요?)

그렇다면, 누굴까요?

그들을 어떻게 생각하나요?

이 일을 논의하는 회의가 있나요?

예산 삭감에 대해 누가 진짜로 알고 있다고 생각하나요?

그 조직이 정말로 삭감에 대해 가치 있는 일을 하고 있나요?

또 누구와 얘기해야 하나요?

그들과 접촉할 때 당신의 이름을 활용해도 됩니까?

당신의 이름을 써도 되나요?

(나는 사람들에게 '아무개가 나를 추천했다'고 말해도 되는지를 꼭 두 번씩 묻는다. 이것은 잠재적인 오해와 곤란함을 피하게 한다.)

도와주시겠어요?

어떻게 하고 싶으세요?

더 해주실 말씀이 있나요?

회의에서 사람들이 했던 말을 기록하라. 노트북을 사용하거나 아니면 컴퓨터를 사용할 수도 있다. 이 일을 시작했을 때 나는 3x5 색인 카드를 사용했다. 당신의 기억력이 좋을 수도 있지만, 메모를 하면 각각의 사람들이 했던 말과 그들이 제공한 도움을 상기시켜준다. 회의가 끝난 직후에 메모를 하지만, 회의 도중에는 메모를 하지 않는다. 그것은 대화를 나누는 사람에게 주의를 집중하고 싶기 때문이다. 이건 조사가 아니라 대화이다. 나는 필기 노트를 더 좋아한다.

다른 사람의 말을 듣는 방법2 : 아이디어를 글로 적고 나서 경청하기

한두 페이지에 다음 내용을 적는다.

- 알고 있는 문제와 원하는 해결책
- 나의 해결책
- 이 새로운 그룹이 왜 지금 필요한가? 만약 다른 그룹이 당신이 제안한 것을 진행하고 있다는 소식을 들었다면, 그 그룹의 존재를 분명히 확인해야 한다.
- 당신의 연락처 정보 : 이름, 주소, 전화번호, 이메일
- 날짜. 몇 개를 제시할 수 있다.

아이디어를 적은 종이를 조언을 원하는 사람들에게 보내라. 그들과 접촉하여 당신의 아이디어에 대해 어떻게 생각하는지 들어 본다.

그런 다음 좀더 비공식적인 방법으로 인터뷰를 진행한다. 잃어버리거나 추가로 다른 사람에게 보여주고 싶어 할 경우를 대비해서 복사본을 여러 개 만들어 온다.

도움을 받았나?

사람들이 흥미를 가지고 있고 또한 진정한 도움을 줄 의향이 있는가? 아이디어를 실현하는 데 도움이 되는 구체적이고 유용한 것을 제공받지 못했다면, 당신의 아이디어를 재고해야 한다. 다른

사람들의 시간, 돈, 도움 없이는 비전을 실현하기 위해 사람들을 모으는 데 성공할 가능성이 거의 없다고 봐야한다. 사람들이 진짜 도움을 준다면, 뭔가가 진행되고 있다는 점을 알 수 있다. 만약 50명 중 한두 명만이 시간과 돈, 또는 다른 무언가를 제공했다면, 당신의 아이디어는 이미 어려움에 처한 것이다.

다른 사람의 말을 듣는 방법3 : 포커스 그룹

개인별 미팅에 더하여, 자신의 아이디어의 어떤 측면에 대해 브레인스토밍 하는, 즉 관심자들로 구성된 소규모 그룹, 포커스 그룹을 가질 수도 있다. 5명에서 15명을 한 그룹으로 하여, 1시간 ~ 1시간 반 동안의 미팅에 참석해 줄 것을 초청한다. 음식이나 다른 인센티브를 제공한다. 방명록에 참석자의 이름과 주소, 전화번호와 이메일 주소를 적도록 한다. 모임이 끝나기 전에 방명록을 살펴보고, 특히 전화번호와 이메일이 정확한지를 확인한다. 잘못 발송한 이메일이나 전화번호가 문제를 일으킬 수 있기 때문이다.

포커스 그룹은 유용하지만 이 방법이 정보를 수집하는 유일한 수단이 되어서는 안 된다. 관계를 구축하고, 사람들에게 심층적인 의견을 듣고, 도움을 얻기 위해서는 '일대일 미팅' 이외에 다른 대안은 없다.

5단계 : 조직 취지문 쓰기

최소 50명의 말을 듣고 나서 조직 구상이 실행 가능할 것처럼

빠른 팁

포커스 그룹 실행 방법

1. 기록을 할 누군가와 동행한다(포커스 그룹 멤버가 아닌).

2. 짧게 1분 동안 자신을 소개한다.

3. 초대된 사람들에게 자신의 배경과 참석 이유 등에 대해서 직접 자신을 소개해 달라고 부탁한다. 그래서 서로에 대해 조금 알게 한다. 포커스 그룹은 새로운 조직의 첫 번째 미팅이 될 지도 모른다. 소개를 위해 다음과 같은 구체적인 질문을 한다. "이름과 사는 곳, 이 자리에 참석한 이유를 한 문장으로 말해주세요." 잘 아는 사람에게 간단한 자기소개를 모델로 해달라고 요청해도 좋다. 그렇게 해 줄 누군가가 없다면, 자신이 직접 소개를 하면 된다. 맨 처음에 하는 사람을 따라서 나머지 사람들도 이를 따르기 때문이다. 분위기, 그룹의 인원수, 시간 등에 따라 유연하게 적용하면 된다.

4. 아이디어와 잠재 그룹에 대한 간략한 경과를 안내한다.

5. 한 3분 정도 비전을 설명한다. : 제대로 설명할 수 있도록 연습하라. 녹화, 녹음 장비를 이용해 정확한 낱말과 강조점을 파악하고 시간 조절에 실패하지 않도록 연습한다.

6. 미팅의 목적은 참석자의 의견을 모으는 것이라고 언급한다. 참석자들의 의견을 소중히 여기고 있으며, 그것이 이 자리를 만든 이유라고 분명히 말한다.

7. 제안된 그룹이나 아이디어에 대해 참석자들의 의견을 묻는다.

8. 다음 사항을 질문한다.
   - 무엇이 이 그룹에 당신을 끌어들였나?
   - 이 미팅에 대해 어떻게 들었나?
   - 이 그룹이 당신에게 의미 있고 도움이 될 만한 것은 무엇인가?

아이디어와 그룹에 대해 얼마나 많은 지원을 받았느냐에 따라, 그룹을 조직하는 좀더 구체적인 방법에 대해 언급하고 싶을 것이다. 다음과 같이 질문할 수 있다.

- 언제 만나야 할까?
- 어느 정도 걸릴까?
- 회비는 얼마가 되어야 하는가?
- 이런 일을 하는 다른 사람이 있을까?

다른 누가 이 일에 관심을 가질지 알 수 있을까? 참가자들에게 명단이나 방명록에 자신의 이름 옆에 관심이 있을만한 다른 사람들의 이름을 적어보라고 요청한다.

9. 찾아온 사람들에게 감사하고, 제 시간에 마친다.

보인다면, 사람들이 읽을 수 있도록 그 아이디어를 글로 적어야 한다. 아이디어를 이미 글로 썼었고, 모든 사람들의 말을 들었고, 피드백을 받았다면, 이제 작성했던 문서를 수정할 때이다.

아이디어를 글로 적으면 그 아이디어에 더욱 강력하게 몰입할 수 있게 된다. 지금 이름과 연락처 리스트를 가지고 있다면 더 폭넓게 피드백을 받아야 할 것이고, 그래서 그 내용을 더욱 구체화시켜야 할 것이다. 많은 미국인들은 독립선언의 이야기를 배운다. 독립선언이 글로 쓰이기 전에 식민지에서는 영국으로부터의 독립에 관한 많은 논의가 있었다. 문서로 작성한 내용은 결의를 확고히 하고, 해결책을 성문화하며, 서명자가 문서를 준수하기 위해 '신성한 명예'를

지키게 한다. 당신의 서면 진술이 독립선언서의 웅변처럼 역사적 영
향을 가질 필요까지는 없지만, 자신의 아이디어를 발전시키는 중요
한 과정이 되는 건 확실하다.

글쓰기는 아이디어를 강화하며, 확산시킨다

많은 아이디어는 뿌리를 내리고 보충 강화할 시간이 필요하다.
아이디어를 종이에 옮기면, 사람들이 그것을 보고 자신의 페이스대
로 생각할 수 있다. 서면 진술은 조직의 잠재적 가능성을 강화한다.

이름의 중요성

이때가 조직의 이름을 정하기에 좋은 시기이다. 아이디어를 글
로 쓰려면 그것을 뭐라고 불러야 하기 때문이다. 그것을 뭐라고 하
는 것은 매우 중요하다. 이름은 멤버십과 활동의 범위에 영향을 준
다. 만약 학교개선협회를 '부모조직'이라고 부르면 부모가 아닌 지
지자들은 부담스럽게 느낄 것이다. '스폴딩-앤슨지역 방범대(Crime
Watch)'는 단지 그 지역에 거주하는 사람이나 범죄에 관심 있는 사
람들만 끌어들일 것이다. '스폴딩-앤슨지역 개선협회(Improvement
Association)'는 더 넓은 범위의 문제에 관심 있는 지역주민들을 끌어
들일 것이다.

소득평등을 증진하는 데 전념하는 조직은 '부의 공유(Share the
Wealth, STW)'로 시작되었다. 나중에 '공정경제연합(United for a Fair
Economy)'으로 명칭을 바꿨다. '부의 공유'는 더 많은 부를 가진 사람
들에게서 부를 가져와서, 더 적은 부를 가진 사람들과 공유하라는

설명하는 글은 아이디어를 확산한다

유대인 조직 구상에 대한 아이디어를 얻은 지 2년이 되었다. 이후 여러 많은 사람들에게 이야기한 뒤에 그 아이디어를 문서로 작성했고, 친구에게 주었다. 그해 유월절(Passover)⁹, 친구는 집에서 가진 쎄데르(Seder, 유월절 만찬) 만찬의 통상적인 순서를 중단하고 문서 사본을 나누어 준 뒤, 손님들에게 그것을 읽게 했다. 다음 해 쎄데르 때에 손님들이 그것을 읽어야 한다고 여겼다. 그는 그 아이디어를 좋아했고, 나중에 조직의 리더 중 한 명이 되었다. 생각을 글로 옮기는 것은 큰 차이를 만든다. 그것은 1년 동안 힘을 지속하는 아이디어를 주었고, 다른 사람이 그 아이디어를 공유할 수 있게 하여, 더 넓은 범위로 확장하고 더 큰 잠재적 지원을 확보했다.

명령문이다. 위협적이거나 너무 직접적인 것 같았을 수도 있다. '공정경제연합'은 공정한 경제라는 공동 목적을 공유하는 사람들을 의미한다. 그 목적에 도달하는 방법은 구체적으로 언급되지 않았다.

스스로 '에큐메니칼(ecumenical)'이라고 부르는 조직은 다양한 기독교 교단을 포함하고 있음을 시사한다. '범종교(interfaith, 종교 간)' 조직은 유대교, 무슬림, 힌두교 및 기타 비기독교 종교도 환영받는다는 것을 나타낸다. 이런 차이는 중요하다.

사실, 그룹의 모든 사람들이 참석할 때까지, 모든 사람들이 그 이름에 동의할 때까지 기다리는 것이 좋을 것이다.

버몬트 공익연구그룹(Public Interest Research Group, PIRG)이 아동치과 서비스를 위한 기금 마련 주 법안을 통과시키고자 했을 때,

그것을 '이빨요정법안[10]'이라 불렀다. 누가 이빨요정에게 반대 투표할 수 있겠는가?

인종적으로 통합된 버스 타기의 첫 번째 시도를 할 때, 이 캠페인의 이름을 '화해의 친목회'가 후원하는 '화해의 여행(Journey of Reconciliation)'이라고 불렀다. 그러나 나중에 제임스 파머는 이를 '프리덤 라이드(Freedom Rides)[11]'로 바꿨다. 'Freedom'은 미국적 가치를 나타내는 유명한 2음절 낱말로, 대부분의 사람들이 이해할 수 없는 9음절의 표현인 화해(Reconciliation)를 능가했다.

일부 저소득층 주택소유자들이 부동산 담보 대출을 신청하면 상대적으로 고율의 이자를 부과받는다는 사실을 알게 되었을 때, 주택조직자들은 이를 '약탈적 대출(predatory lending)'이라고 불렀다. 아무도 약탈자를 좋아하지 않는다.

'연방 재산세'를 피하기 위해 수백만 달러를 지출한[12] 여러 재단은 그 세금의 이름을, 비록 죽음에 세금을 부과하지 않더라도 '죽음의 세금(death tax)'으로 명명했다(수백만 달러가 넘는 재산의 상속인에게 세금을 부과했다).

캠페인에서는 낱말이 매우 중요하다. 그 이름은 당신이 승리하는 데도 도움이 되고, 패배할 때도 나름 역할을 한다.

6단계 : 후원위원회 개발

이제 최소한 50명 이상으로부터 조언을 들었고, 그 결과 조직이 필요하다고 확인했고, 비전을 요약한 문서를 작성했고, 이름(또는 적어도 일시적인)을 정했으므로, 다음 단계로 넘어가면 된다. 그것은 아이디어와 조직을 지원하는(support) 사람들의 공식적 명단을 작성하는 것이다. 이 목록을 작성하려면, 자신이 활동하는 커뮤니티 내에서 믿을 만한 사람들을 찾아야 한다. 이 목록은 필요한 도움과 지원, 돈을 가진 사람들에게 신생 조직의 신뢰성을 제공할 것이다.

후원위원회(sponsoring committee)는 커뮤니티 조직 사업에서 상당히 표준적인 도구이다. 이름에서 알 수 있듯이, 이것은 공식적으로 당신의 아이디어에 대해 자신의 이름을 내걸고 동의할 수 있는 사람들의 목록이다. 조직의 규모와 범위에 따라 후원위원회는 5~500명의 명단을 가질 수 있다.

후원위원회 목록 사용 방법

일반적으로 후원위원회 목록은 사명문(statement)에 첨부되고, 홍보와 함께 말을 꺼낼 때 사용된다. 조직을 체크하는 사람들은 몇 줄을 읽고 나서 후원위원회의 이름을 쭈욱 스캔하면서 자기가 아는 사람을 확인할 것이다.

그들은 조직에 대해 들어본 적이 없기 때문에 스스로에게 질문한다. "이 클럽은 내가 가입할 만한 곳인가? 누가 가입해 있지?" 그들이 아는 사람을 발견하면 '아, 이 그룹 괜찮네'라고 생각할 것이다. 물론 그들이 좋아하지 않는 사람을 보면, 그 반대의 효과가 나기도 한다.

사람들의 조직 소속 확인하기

소속을 다루는 기본 방법은 이름 뒤에 별표(*)를 덧붙여서 조직 소속을 표시하는 것이다. 목록 아래에는 '*조직 표시는 신원 확인을 위한 것임'이라는 메모를 적어 놓는다. 이렇게 표시하는 이유는 조직이나 고용주가 아닌, 단지 개인적 차원에서 당신의 아이디어나 조직을 지지했다는 걸 의미하기 때문이다. 이 점을 잊으면 안 된다. '수잔 스미스'가 많이 있을 수 있다. 예를 들어, 당신 조직에 관심을 갖는 사람은 소매식료품협회 대표인 수잔 스미스가 아니라, 페센든학교의 PTA(육성회) 소속이다. 소속을 확인하는 것을 분명히 한다. 하지만 후원위원회에 가입한 사람은 PTA 조직이 아니라, 수잔 스미스 개인이라는 사실을 또한 분명히 밝힌다.

이 일은 나에게 큰 교훈을 주었다. 후원위원회에 참여를 권할 때 구두로 하는 OK에 의존하면 안 된다는 사실이다. 동의서는 반드시 서면으로 작성해야 한다. 이 실수는 신생 조직을 파괴하지는 않았지만, 확실히 도움이 된 것은 아니었다.

또한 일대일 인터뷰를 통해 조직에 대한 의견과 아이디어를 얻는 것과 동시에 후원위원회의 멤버를 찾을 수도 있다. 이 단계는 겹칠 수가 있는데, 그것은 조직에 대한 아이디어와 열심히 하려는 관심을 동시에 드러내기 때문이다. 당신이 만나고 있는 사람들이 적합한 것처럼 보이면 바로 그 자리에서 서명할 수 있도록, 일대일 미팅을 할 때 후원위원회 가입서 복사본도 지참하고 있어야 한다. 그러나 가입하겠다는 의사를 표시한 사람에게 지금 당장 서명해야 한다고 압력을 가하면 안 된다. 사람들은 후원해달라는 압박을 받는 것

빠른 팁

후원위원회 동의편지 샘플

이 편지는 길 필요가 없다. 이런 양식이다.

[날짜]

친애하는 OOO : 아래 서명은 제가 '애니타운개선협회'의 후원위원회 가입에 동의함을 의미합니다. 나는 협회의 기본 원칙과 목적에 동의합니다. 후원위원회 명단에 다음과 같은 방식으로 내 이름을 포함시킬 수 있습니다.

> Susan K. Smith, 페센든학교 PTA* (*조직 표시는 신원 확인을 위한 것임)
> 이 목록은 공개될 것이며, 조직에 대한 정보 용도로 배포될 것이라는 점
> 을 이해하고 있습니다.
> 감사합니다.
>
> 서명 : Susan K. Smith

참고 : 수잔, 이 조건에 동의하면 서명한 다음에, 저에게 보내주십시오. 목록을 변경하려면, 변경 사항을 명확하게 표시해 주십시오. 질문이 있으면 전화를 주십시오. 귀하의 정보를 위해 후원위원회(구성 중) 목록이 첨부되어 있습니다. 다시 한 번 감사드립니다.

마이클 브라운 임시의장
애니타운개선협회

주소 :

전화 번호 :

이메일 주소 :

을 원하지 않는다. 또한 가입서에 표시한 대로 모든 후원이 홍보 차
원에서 자신의 이름도 공개될 수 있음을 확인시켜야 한다.

7단계 : 핵심 그룹 만들기

이 시점까지는 조직적인 과정이다. 이제 후원위원회가 생겼으니
핵심 그룹(core group)을 모아 조직을 출범시키고 활동을 시작한다.
이것은 까다로운 단계이다. 당신의 임무는 일에 대한 책임을 다른
사람들과 나누고, 조직을 이끌어 갈 집단지성(intelligence of a group)
을 만드는 것이다.

스토리

서면 작성

사람들에게 조직을 위해 후원위원회에 참여해 줄 것을 요청하러 다닐 때,
한 잠재적인 후원자와 점심을 먹은 일이 있었다. 점심을 먹으면서 그에게
후원위원회에 가입해 달라고 부탁했다. 그는 '예'라고 했거나, 또는 그러한
뜻인 것으로 여겼다.
몇 달 후, 후원위원회 명단을 배포한 후, 그로부터 후원위원회에 참여하는
데에 동의하지 않는다는 말을 나에게 했었다는 이메일을 받았다. 그는 이
이메일의 사본을 원래 나에게 그의 이름을 준 사람과 목록에 있는 모든 사
람들에게 보냈다. 분명히 그날 점심 미팅에 대해 서로 다른 기억을 가지고
있었던 것이다.

핵심 그룹(core group)의 멤버를 누가 선정하는가?

바로 당신이 한다!

누군가를 핵심 그룹에 초대할 때, 그 기대하는 바를 분명히 하고, 무엇을 약속했든 확실하게 지켜야 한다. 매월 세 번째 화요일 밤에 한 시간 반 동안 회의를 하겠다고 했으면, 더 자주하거나 더 오래 하지 말아야 한다.

누군가 핵심 그룹에 있고 싶어 하지만 당신이 그렇게 생각하지 않는다면 허용해서는 안 된다. 기본 원칙에 동의하지 않는 사람은 간청하거나 못살게 굴거나 다른 사람이 초대하겠다고 제안하더라도 핵심 그룹에 포함시켜서는 안 된다. 이 지점에서 강한 통제가 필요하다. 경계선을 필수적으로 그어야 한다. 핵심 그룹 멤버십과 일반 조직 멤버십의 자격 기준이 그 경계를 가른다.

누굴 찾는가?

핵심 그룹에 어떤 사람이 있어야 하는가?

• 그룹의 기본 원칙에 동의하는 사람

그룹에 깔려있는 필수적 요소가 있다면, 지금이 그 요소에 대해 분명히 할 시간이다. 필수적 이슈나 관점에 동의하는 사람들만 포함시킨다. 핵심 관심사를 공유하지 않는 사람들이 당신의 카리스마, 논리, 집단적 압력 덕분에 나중에 나타날 것이라고 기대하거나 희망하지 마라. 그들은 그러지 않을 것이다. 쓸데없는 기대는 단지 슬픔의 원인이 될 뿐이다.

무엇이 그러한 핵심적 걸림돌일까? 그건 당신에게 달려있다. 설명해 보겠다.

핵심 활동과 관련이 없는 이슈로 인해 조직이 좌초될 것이라고 생각한다면, 처음부터 조직이 다른 이슈를 다루지 않는다는 점을 분명히 해야 한다. 다른 조직들이 이러한 이슈에 초점을 맞추고 있을 것이기 때문에 크게 보면 문제가 없다. 다른 이슈를 다루고 싶다면 다른 조직에 가입하면 된다.

다른 재능, 경향, 배경을 가진 사람들

핵심 그룹을 계발할 때 자신과 다른 재능, 통찰력, 기술, 배경을 가지고 올 수 있는 사람들을 원한다. 나는 열정이 강할지도 모

스토리

선(line)을 어디에 그을 것인가

킴 펠너와 몇몇 동료들이 전국조직자연합(아니오A)을 출범시켰을 때, 조직에서 다루고자 하는 중요한 이슈 중 하나는 자신의 조직 내에서 '유급 스태프 조직자의 처우 방식'이었다. 일부 창립자들에게는 스태프 조직자의 처우 문제가 아니오A가 해결하기를 원하는 중요한 이슈였다. 이 이슈를 다루는 다른 조직은 없었다. 그래서 그들은 핵심 그룹 멤버를 모집하기 위한 기준으로 이 이슈를 공개했다.

처음부터 이 원칙에 대해 분명하지 않았다면, 아니오A는 동료들의 서클에서 출발해 전국 수백 명의 회원을 보유한 조직으로 성장하면서, 이 이슈를 해결하지 못 했을 것이다. 창업자들은 내부 리더십 형성 초기에 이 경계를

분명히 했기 때문에 아니오A의 핵심 사업으로 이 이슈를 포함시킬 수 있었다. 실제 이 이슈는 일부 커뮤니티 및 노동 조직가들 사이에서 논란이 있었고, 아니오A 또한 이 선택으로 인해서 약간의 회원을 잃었다. 이것이 바로 선을 긋는 지점에 대해 동의하는 핵심 리더 서클의 중요성과 그렇게 시작하는 그룹의 중요성을 말하는 것이다. 반대에 직면했을 때, 핵심 그룹을 안내할 수 있는 명확하게 확립된 비전과 공유된 목적에 대한 감각을 갖는 것이 매우 중요하다.

출범 시 분할 금지

조직은 핵심 이슈에 대한 공통된 관점과 함께 명확한 경계가 필요하다. 여러 관점에 대한 개방성이 바람직한 것처럼 보일 수도 있지만, 실제로 그러한 접근법은 출범하기 전에 그룹을 붕괴시켜 버릴 수도 있을 것이다.

주 예산 이슈를 연구하는 그룹의 창립자는 연방 또는 국제 이슈에 대한 참여가 조직의 효율성을 분열시키고 희석시킬 것이라고 여겼다. 그들은 자신의 활동을 주의 이슈로 한정하기로 했으며, 이것이 경계선이라는 점을 관심자들 모두에게 분명히 했다.

새싹 조직이 외부 문제라는 홍수에 휩쓸려 나가지 않도록 하기 위해, 출범 초기에는 명확한 경계선을 긋고 조심할 필요가 있다.

른다. 그러므로 계획과 분석에 능숙한 사람들을 찾는다. 나는 종종 프로그램을 수행하는 데 필요한 디테일한 내용을 인식하지 못한다. 핵심 그룹을 구성할 때 나의 약점들인 세부적인 것, 일정을 짜고, 문서를 작성하는 데 능숙한 사람을 의도적으로 찾는다.

스스로에게 묻는다. 그룹이 필요로 하는 사회 그룹(계층)은 누구인가? - 나는 그들을 대변하는 사람을 찾는다. 결국 그룹에서 원하는 배경은 무엇인가? - 나는 그런 배경을 대표하는 사람을 찾는다.

조직에 법적인 도움이 필요한가? - 변호사를 찾는다.

회계에 도움이 필요한가? - 그렇다. 모든 조직은 돈을 잘 관리해야 한다.

핵심 그룹을 위한 사람이 얼마나 되나?

핵심 그룹은 10명에서 15명 정도가 적당하다. 계획 집단이 15명을 넘어서면(일부 사회과학자들은 12명이라고 한다), 함께 관리하거나 결정을 내리거나 함께 일하는 것이 어려워지기 때문이다.

핵심 그룹에 대한 첫 번째 활동

핵심 그룹은 주로 정신과 목적의식에 기초하여 작동하거나, 작동하지 않거나 한다. 작동이 잘되는 그룹은 서로를 좋아하는 사람들인 경향이 있다. 사람들이 서로를 좋아하기 위해서는 서로를 잘 알 필요가 있다. 처음에는 서로의 역사, 가족, 동기, 관심사, 개인적인 필요에 대해 배우는 데 시간을 할애해야 한다. 그룹의 사업을 지원하는 것 외에도 그룹 내의 개인을 지원할 수 있도록 한다.

나는 미팅을 시작할 때 보통 '모두에게 무엇이 새로운가?'라는 질문을 던지고, 잠깐이라도 대답할 기회를 준다. 이렇게 시작함으로

써 멤버들은 다른 사람들이 신경 쓰고, 생각하고, 걱정하는 것에 관해 들을 수 있는 지속적인 수단을 갖는다.

스토리

작은 것이 아름답다

뉴욕의 코흐 전 시장이 이 사실을 알고 있었다고 들었다. 어떤 무리가 그에게 와서 그의 정책적 우선순위가 아닌 다른 무슨 일인가를 하라고 요구할 때마다, 50명의 '태스크포스'를 임명하곤 했다. 함께 일한 적이 거의 없는 50명의 사람들은 결정을 내리거나 그 어떤 것도 할 수 없었다. 이런 '태스크포스'는 결코 일을 성공시키지 못했지만, 시장이 이 이슈에 대해 뭔가를 하고 있다는 인상을 심어주기에는 충분했다.

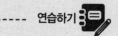
핵심 그룹 만들기

이 연습은 핵심 원칙을 명확히 하고 핵심 그룹에서 필요한 사람들을 파악하기 위해 고안되었다. 핵심 그룹의 멤버를 찾고 있을 때 다음을 고려하라.

섹션 I 당신의 재능은 무엇인가?

❶ 난...

....을/를 잘한다.

❷ 나의 기본 작동 모드는...

....이다.

❸ 나는 디테일하다.   ☐ 예 ☐ 아니오

❹ 나는 큰 그림(big picture)을 보지만, 세부적인 내용(detail)을 놓치는 경향이
   있다.   ☐ 예 ☐ 아니오

❺ 나는 계획을 잘 짠다.   ☐ 예 ☐ 아니오

❻ 나는 먼저 생각하고, 신중하게 계획을 세우는 경향이 있다.
                                                              ☐ 예 ☐ 아니오

❼ 나는 먼저 행동하고, 계획은 나중에 세우는 경향이 있다.   ☐ 예 ☐ 아니오

❽ 나는 신중하게 결정을 내리고, 천천히 행동하는 경향이 있다.
                                                              ☐ 예 ☐ 아니오

❾ 나는 직관적인 경향이 있다.   ☐ 예 ☐ 아니오

❿ 나는 자원봉사를 할 때, _____
_____ 하기를 좋아한다.
(내 직업은 보조금을 쓰는 것이지만, 자원봉사를 할 때는 보조금으로 하고 싶지
않다. 나는 목수인데, 교회의 캐비닛을 설치하는 일은 자원봉사로 하고 싶다. 그
런 게 좋다.)

섹션II 다른 무엇이 필요한가?

당신이 어떻게 행동하는지 이해하는 것은 어떤 기술, 활동 스타일, 학습이 부족
한지를 알 수 있게 한다.

❶ 당신의 성격을 아는 것처럼, 핵심 그룹에서 어떤 다른 성격이 가장 유용할까?

_____

_____

❷ 어떤 특별한 지식을 가지고 있나?

_____

❸ 핵심 그룹에서 필요로 하지만, 당신에게 결여된 특별한 지식이나 기술은 무
엇인가?

_____

_____

❹ 이 지식이나 기술을 가진 사람은 누구인가?

_____

_____

❺ 핵심 그룹에 어떤 기술이나 지식 영역이 필요한가?

_____

_____

❻ 이런 것을 누가 가지고 있나?

섹션Ⅲ 조직에 필요한 것은 무엇인가?
이러한 질문에 답하는 것은 핵심 그룹 멤버십의 자격 기준을 명확히 할 수 있다.
❶ 조직의 핵심 원칙은 무엇인가?

❷ 조직에 필요한 기술은 무엇인가?
- ☐ 회계
- ☐ 법률 도움
- ☐ 기금 모금
- ☐ 커뮤니티 지원
- ☐ .... 에 대한 특별한 지식
- ☐ 모집할 수 있는 사람
- ☐ 다른 사람 ....
- ☐ 그리고 기타 '다른 것들' ....

❸ 결국 당신이 가입하고자 하는 그룹이나 커뮤니티(노인, 청년, 세입자, 주택 소유자, 흑인, 이탈리아인, 가톨릭, 라틴계, 사업주, 노동조합 등)는 어디인가?

❹ 이 단체의 대표자는 누구인가?

----

❺ 핵심 그룹 내에 이 모든 요소의 사람들이 있는가?

☐ 예 ☐ 아니오

❻ 그들은 누구인가?

----

❼ 놓친 사람은 누구인가?

----

❽ 놓친 그룹을 대표할 만한 사람이 누구인가?

----

❾ 만약 모른다면, 어떻게 그런 사람을 찾을 수 있겠는가?

기억하자. 결국 당신이 대표하기를 원하는 모든 그룹과 함께 시작하지 않는다면, 나중에는 '다양화' 하기가 훨씬 더 어려울 것이다.

7 일종의 동네 자율방범대.(역자)

8 1911년 3월에 뉴욕에서 발생한 최악의 화재였고 산업재해였다. 146명이 사망했다. 대부분이
   14세에서 23세의 어린 여성들이었으며, 이탈리아와 유대인 이민자들이었다.(역자)

9 이스라엘 민족이 이집트에서 탈출한 것을 기념하는 유대교의 3대 명절 중 하나. 보통 가정에
   서 '쎄데르(Seder)'라 부르는 만찬을 하는데, 엄격하게 정해진 순서에 따라 진행한다. 이때 유
   월(踰越)은 뛰어넘는다는 뜻이다.(역자)

10 Tooth Fairy. 빠진 젖니를 베개 밑에 놓아두면 요정이 이를 가져가는 대신 돈을 놓고 간다고
   한다.(역자)

11 1960년대 흑인 민권운동가들이 대중교통의 인종차별 철폐를 위해 벌인 남부로의 버스 여행
   캠페인(역자)

12 미국의 재산세는 양도세인데, 자산을 배우자 또는 연방 정부에서 인정한 자선단체에 남기면,
   일반적으로 세금을 부과하지 않는다.(역자)

3장

미션, 목적, 목표 세우기

미션, 목적, 목표는 조직을 구축하는 데 있어 다양한 기능을 수행한다. 미션은 사람들에게 영감을 주고, 공유된 목적의식을 중심으로 뭉치게 한다. 목적은 방향과 목적지를 명확히 한다. 목표는 당신이 가고자 하는 곳에 도달했는지 여부를 측정할 수 있을 정도로 충분히 구체적이어야 한다.

사명문
Mission statement

미션은 조직의 전반적인 목적에 대한 짧은 서면 진술이다. 사명 (미션)문은 조직을 위한 지침과 나침반을 제공한다. 조직의 모든 활동과 노력은 사명문의 우산 아래 들어 있어야 한다.

왜 사명문을 작성하나?

일단 핵심 그룹이 생기면, 이제 사명문을 작성해야 할 때이다. 조직이 10년, 20년, 50년, 100년 정도 지났다면 조직의 사명을 다시 논의할 때가 될 것이다.

당신이 하려는 일이 타당한가? 당신이 오랫동안 해오던 일이 아직도 타당한가? 그런데 왜 이런 조직을 가지고 있는가? 무슨 활동을 하고 있나? 그 이유가 무엇인가? 만약 당신이 시간을 들여 조직을 만들거나 이미 존재하는 조직을 강화할 수 있다면, 왜 조직이 필요한지, 그리고 조직이 무엇을 해야 하는지를 분명히 해야 한다.

당신의 목적을 명확히 하고, 멤버들이 그 목적에 동의하도록 하고, 사람들에게 이 목적을 위해 활동하도록 격려하기 위해서는 조직이 무엇을 하고, 무엇을 하지 않는지를 설명하는 간결한 진술이 필요하다. 명확한 미션을 가진 그룹은 더 잘 활동한다. 만약 그룹이 팀이 되어서 함께 활동하기를 원한다면, 팀의 모든 사람은 그 그룹이 어디로 가고, 왜 가고 있는지에 동의해야 한다. 이것이 사명문(미션 진술문)을 작성하는 이유이다.

의도를 명확히 하라

사명문을 작성하면 그룹이 기본 의도를 돌이켜 보고 수정할 수 있게 한다. 최선의 의도에도 불구하고 미션에 대한 의견 차이 또는 오해가 있을 수 있다.

특히 의도를 말로 표현하는 간결한 진술은 존재 이유를 명확히 하기 위한 논쟁을 불러일으킨다.

모든 사람이 그 미션에 동의한다고 생각할지 모르지만, 실제로 낱말을 만들어낼 때까지는 그 집단이 어떻게 생각하는지 정말로 알지 못한다. 이런 연습이 없으면 의견의 차이와 강조점의 틈이 점차 커질 것이다.

단순하게 하라

모든 사람이 기억할 수 있을 만큼 진술을 짧게 해야 한다.

사명문 개발 방법

주의 깊고, 명확하게 생각해야 한다. 그룹이 진짜 장기적으로 의도하는 목적은 무엇인가? 정말 성취하려고 하는 게 무엇인가?

다음의 이야기는 몇몇 조직이 어떻게 사명문을 작성했는지를 보여준다.

당장의 위협 너머를 바라본다

대학생협회는 저소득층 학생들을 위하여 협동조합 형태로 건물을 소유하고 있었다. 모두들 건물을 유지하기 위해 안간힘을 쏟았다. 그 협회는 50년이 되었고 헌신적인 동창들의 긴 리스트를 가지고 있었다. 어느 해, 대학은 자체 목적을 위해 그 건물을 인수하고자 했다. 저소득층 대학생들을 위한 집이 더 이상 없게 되는 것이었다. 그룹 멤버들(학생과 졸업생들)이 자신의 조직이 무엇을 해야 하는지를 스스로 묻고, 이렇게 답했다. "대학교가 우리 건물을 장악하는 걸 막겠다."

그것은 바로 그들의 당장의 과제였다. 대학교가 집을 사면 그들은 존재하지 않게 될 것이다. 하지만 그건 그들의 임무(미션)가 아니었다. 그들은 깊이 생각했고, 그룹의 미션이 '저소득층 학생들에게 저렴한 비용의 협동조합 주택을 제공하는 것'이라고 인식했다. 그렇지 않으면 그들은 대학교에 다닐 수 없기 때문이었다. 그것은 뒤에서 응원해야 하는 미션이었다. 미션은 즉각적인 위협이나 과업을 넘어서서 지속되는 것이다. 그것이 존재의 기본 이유이다.

진정으로 원하는 게 무엇인가?

'캠필드세입자협회'가 대표하는 캠필드 가든의 거주자들은 경영진의 열악한 유지 보수 기록과 질이 떨어지는 전반적인 개발 유지에 대해 극도로 불만족스러워했다. 세입자들은 아파트 단지를 매입하고 싶었다. 거주자 소유주로서 재산을 돌보고 양질의 생활환경을 유지하는 것이 훨씬 더 일을 잘할 거라고 믿었다.

처음에 그들은 '안전하고, 저렴한 주택을 제공하는 것'이라는 사명을 썼었다. 그들은 심사숙고 끝에 돌봄 커뮤니티를 만들고 싶다는 것을 깨달았다. 가족을 위해 어떤 미래를 원하는지에 대해 서로 이야기했다. 그들은 노인을 돕는 젊은이들을 원했다. 그들은 놀이터를 원했다. 현장 활동을 하고 모일 수 있는 공간을 원했다. 숙제를 돕는 젊은이들을 원했다. 식료품을 계단 위로 옮길 때 사람들이 서로 돕기를 원했다. 사람들이 서로를 알고, 서로를 점검하고, 서로를 돌볼 수 있는 장소를 원했다. 거주자들과 아이들이 인터넷으로 연결되고 컴퓨터 기술을 향상시킬 수 있는 컴퓨터 센터를 원한다고 결정했다.

분명히 그들은 '안전하고 저렴한 주택' 이상의 것을 원했다. 그래서 그들의 사명문을 바꿨다. 많은 토론 끝에 '캠필드 가든을 안전하고, 단정하며, 저렴한 주택으로, 살고, 일하고, 배우고, 서로를 돕는 거주자 커뮤니티를 만드는 것'이라고 했다.

새로운 사명문은 변화를 가져왔다. 그들의 목적은 거주자 소유권을 달성할 뿐만 아니라 표준 이하의 주택을 철거하고 아파트 단지를 처음부터 재건하는 것이 되었다. 사명문은 이후 9년이 지나는 동안 그들이 커뮤니티센터를 원한다는 것을 기억하는 데 도움이 되었다. 커뮤니티센터는 재개발에 추가 비용을 발생시켰지만 자신의 욕망에 충실했다. 때로는 센터가 재개발을 위해 협상해야 했던 연방 및 주 기관과 충돌의 원인이기도 했다. 미션이 '안전하고 저렴한 주택'이었다면 그들은 커뮤니티센터를 포기했을 것이다.

이제 커뮤니티센터는 완공되었고 사용되고 있다. 아이들은 거기에서 숙제를 하고, 어른들은 인터넷 서핑을 하면서 직업과 다른 정보를 찾는다. 사명문을 개발하는 데 보낸 시간은, 그들이 전체 개발을 재건할 것이라는 것을 알기까지 수년이 걸렸고, 결국 재개발에서 커뮤니티센터 건설을 포함하도록 했다. 시간이 많이 흘렀다.

어디로 가고, 어떻게 도달할 것인가

마약과 알코올 문제를 우려하는 그룹이 아래 사명문을 썼다.

"주민주도대책위원회(Neighborhood Initiatives Task Force)는 알코올, 담배 및 기타 약물 남용에 대한 효과적인 예방 정책을 지지하는 모든 우스터 지역을 대표하는 조직위원회이다. 그들 각자의 주민 요구를 다루고, 대표를 대책위원회에 파견하는, 대표적인 자립형 '주민행동팀(neighborhood action team)'으로 발전시킬 것이다. 대책위원회는 다른 커뮤니티 그룹과 협력하여 영구적인 도시 전체 조직을 만들 것이다."

그리고 그들은 '~을 지지하는 조직위원회'가 되기보다 더 많은 일을 하고 싶다는 사실을 깨닫기 시작했다. 그 사명문에서 설명의 핵심 낱말(~요구를 다루는 자립적인 ~행동팀 발전)이 실제로 그들의 목적을 설명하지 않는다는 점을 깨달았다. 자신의 사명이 "우스터의 모든 지역에서 알코올과 약물 남용을 끝내기 위해 민주적인 조직을 만드는 것"이라는 점을 깨달은 것이다. 그것은 자신들이 하는 말이 아니라, 마약 예방 전문가의 언어를 사용하고 있다는 것을 깨달았기 때문이다. 무언가를 단지 지지만하고 싶지 않다는 것을 깨닫게 되었다. 그냥 약물 남용을 끝내고 싶었다. 그것이 자신의 미션이었다. 그들은 '조직위원회를 대표하는' 것이 싫었다. '민주적인 조직을 만들고' 싶었다. 낱말이 다르고, 다른 의미를 가졌으며, 다른 사명을 나타냈다.

낱말, 낱말, 낱말…

동사(verb)는 사명문에서 핵심이다. 동사는 당신이 무엇을 할지를 말한다. 그것은 주민주도대책위원회의 최초 사명문의 강점이었다. 그것은 동사를 능동적으로 사용하여 활동이 무엇인지("~의 지지")와 구조화하는 방법("개발…; 행동팀…; 대책위원회에 대표 파견")을 명시했다.

하지만 동사만으로는 충분하지 않았다. 최초 사명문은 그들이 왜 이러한 활동을 하고 있는지를 언급하지 않았다. 미션은 어디에 있나? 그 목적은 분명해야 한다.

가이드 원칙 또한 중요하다. 이 경우 조직이 '민주적'이고 '모든 주민'을 포함하는 것이 중요했다. 또한 그룹이 멤버들의 목적에 도달하기 위해 '어떤 ~조직을 구축'하는 것이 중요했다. 조직을 구축하는 것은 그 자체가 그룹의 미션에서 중요한 부분이었다.

스토리

낱말의 힘

나는 한때 커뮤니티 조직화 훈련을 담당했던 사람들 중 한 명이었다. 함께 사명문을 작성할 때, 한 여성은 '훈련(training)'이라는 낱말을 사용하고 싶어 하지 않았다. 그녀의 어머니는 당시 흑인 여성들에게 흔히 볼 수 있었던 남부의 '훈련학교'에 가야했다. '훈련'이라는 낱말은 그녀에게 부정적인 의미였다. 그래서 우리의 사명문은 다른 낱말을 사용했다.

사명문 작성하기

❶ 조직의 전반적인 목적을 설명하는 문장을 생각해낸다.

❷ 핵심 그룹을 함께 구성한다.

❸ 그 문장을 전지에 커다란 고딕 문자로 쓴다. 사람들에게 소리 내어 읽어주고, 피드백을 받는다.

❹ 모든 사람이 그 문장에 대해 생각할 수 있도록 잠시 조용한 시간을 갖는다. 그런 다음 각자에게 조직의 미션에 대한 자신의 진술을 작성하도록 한다. 다른 전지에 적어서 벽에 게시한다.

❺ 침묵 속에서 모든 핵심 그룹 구성원들이 돌아다니며, 새로운 진술문을 살펴보게 한다.

❻ 그런 다음 앉아서 다양한 사명문을 그룹 토론한다. 이런 저런 낱말에 대해 좋아하는 것, 각 낱말이 전달하는 의미 등. 15명을 5명씩 3개 그룹으로 나눠서, 모든 사람이 말할 수 있게 한다.

❼ 세 그룹이 무엇을 생각해냈는가.

❽ 모든 사람이 동의하는 문장을 만들 수 있는지 확인한다.

목적과 목표

계획을 세워라, 심지어 나쁜 계획일지라도, 계획을 세워라.

- 속담

사명문을 작성한 후, 다음 단계는 목적과 목표를 설정하는 것이다. 목적과 목표는 전략(미션을 추구하려는 계획)의 바탕이다. 목적과 목표는 사명문을 보다 구체적인 수준으로 분해한다.

목적은 성취하고자 하는 바를 확인한다. 많은 일을 하고 싶겠지만, 목적은 우선순위에 초점을 맞춘다.

목표는 더 구체적, 계량적으로 목적을 분해한다. 목표의 진행 상황을 평가하여 자신이 어떻게 하고 있는지를 눈으로 확인할 수 있다. 목표를 작성할 때 각각의 목표를 달성하는 진행과정을 추적할 구체적인 측정지점을 확인해야 한다.

목적과 목표 : 글로 적어라!

사명문과 마찬가지로 목적과 목표를 서면으로 작성해야 한다. 조직을 구축하기 위해서는 목적과 목표를 폭넓게 공유해야 하기 때문이다. 목적과 목표는 당신이 어디로 갈 것인지를 명시한다. 사람들은 그것을 알고 싶어 한다.

목적과 목표에 갇힐까를 두려워하지 마라! 무언가가 바뀐다면, 목적과 목표를 언제나 바꿀 수 있다. 그것도 컴퓨터에 쓰면 된다, 돌이 아니라. 그러니 글로 적어라.

목표 : 구체적이어야 한다

강력한 커뮤니티 조직을 구축할 때, 목표는 당신이 성취하고자 하는 바가 무엇인지를 정확하게 진술하는 장소이다. 또 중요한 것은, 목표가 기존의 조직을 강화하기 위한 토대를 마련하는 데도 필요하다는 것이다. 기존의 어떤 커뮤니티 조직도 조직을 지속적으로 유지하는 것 자체가 목적 중 하나라는 사실을 기억하라. 목표는 이 기회를 준다.

목표가 구체적으로 제시되어야 하는 이유는 당신이 무엇을 할 것인지를 말하기 때문이다. 이렇게 하면, 다른 게 아닌 자신이 성취하고자 하는 바를 정확히 성취할 수 있다. 목표를 글로 쓸 때 목표의 세부 사항에 대해 멤버들 사이에 있는 어떤 이견도 다 겪어야 한다. 목표를 작성할 때 구체적인 사항에 동의하면, 나중에 의견 차이로 인한 분열과 피해를 막을 수 있다. 기억하라. 당신의 목적은 특정한 개선을 이룰 뿐만 아니라, 조직을 구축하기 위한 멤버들을 함께 모으는 것이다. 앞서 핵심 그룹을 선택할 때 핵심 원칙에 대해서는 타협할 수 없다고 설명했었다. 하지만 목표는 타협할 수 있다. 그렇지 않으면, 차이점이 다시 나타나서 사람들을 괴롭힐 것이다.

측정하기

조직을 유지하기 위해서는 조직이 어떻게 하는지를 알아야 한다. 계획했던 바를 성취했는가? 목표를 이뤘는가? 측정 방법이 그걸 말해 줄 것이다. 목표를 달성하고 싶기 때문에, 현재 자신이 어디에 서 있는지를 알기 위해 측정 정보를 찾는다. 또한 조직을 계속유지 강화하는 데 도움이 되기 때문에, 현재 어떻게 하고 있는지를아는 것도 중요하다. 목표를 달성했다는 점을 잘 드러내는 조직은회원들도 잘 끌어들인다.

다시 말해, 차바퀴의 고무가 도로와 만나는 지점이 측정치다. 측정지점은 자신이 기꺼이 어떤 결과를 책임지고 있는지를 말한다. 목표를 달성하기 위해 무엇을 해야 하는지를 측정하고, 그 결과로 목적을 달성할 수 있다. 예를 들어, 학교위원회의 후보자를선출하려면 10명이 아니라 50명의 자원봉사자가 필요하다는 것을알 수 있다. 측정은 실제 세계에서 일어나는 일을 표로 작성하고관리한다.

선거운동에서의 투표 수, 비용을 위해 모금된 돈의 양, 모집된사람들의 수, 생활의 변화를 일으킨 사람들의 수, 집회에 참석한 사람들의 수, 이슈에 대한 언론 보도의 양 – 모두 유용한 측정치의예다.

어떤 측정치는 '신입생의 수'와 같이 쉽게 정량화할 수 있다. 다른 것은 '공동체 의식, 돌봄, 지원의 강화'와 같은 질적(정성적) 접근을 필요로 한다. 이점은 참가자들에 대한 심층 인터뷰를 진행할 때도 역시 측정이 가능하다.

목적, 목표, 측정기준 만들기

미션, 목적, 목표가 일반적인 것에서 구체적인 것으로 흘러가야 한다. 그런 다음 목표 달성을 모니터링할 수 있는 측정값을 선택할 수 있다. 아래 예를 보자.

☐ 미션(예시) : 청년들이 정의와 사회 변화를 위해 활동할 수 있는 기회를 만드 는 것

☐ 목적 1 : 사회 정의를 증진시키는 진로를 개발하여 청년들을 돕는다.

☐ 목표 1 : 최소 1년 동안 전문적 사회 정의 직업으로 청년들을 모집한다.

☐ 목표 2 : 이 청년들과 함께 경력개발 계획을 수립하고, 사회 정의 분야의 활 동을 지원한다.

☐ 목표 3 : 커뮤니티 단체에서 사회 정의 분야의 새로운 일자리를 개발하기 위해.

☐ 목표 4 : 이 청년들 사이에서 커뮤니티, 돌봄, 지원에 대한 의식을 키우고, 도 시에 있는 광범위한 친구 네트워크와 연합에 그들을 연결한다.

목적이 좀더 일반적이며, 목표는 좀더 구체적인 목표치를 만든다는 점을 알 수 있다. 그런 다음 어떻게 목표를 향해 나아가는지를 측정할 방법을 구체화 한다.

선택된 측정치 :

1 모집된 신입회원 수

2 지난 1년 동안 일자리를 찾았고, 일자리나 일자리 개발을 도운 사람들 의 수

3 정기 회의에 참석하거나 이벤트에 참가한 과거 참가자 수

4 생성되는 일자리 수

5 유지되는 일자리 수

어떤 그룹은 각 목표에 특정한 측정치를 부여하는 것을 선호한다. 그렇지 않으면 위와 같이 모든 측정치를 한 섹션에 나열할 수 있다.

그룹의 목적과 목표 비평

정부로부터 부지를 구입한 뒤, 주택을 재건축한 주민 집단인 캠필드세입자협회에 대해 이미 설명했다. 목적과 목표를 설정할 때 어떤 이슈를 고려해야 할까?

☐ 목적 : 캠필드세입자협회는 목적을 다음과 같이 설정할 수 있다.

    1 재건축 추진

    2 거주자에게 저렴한 주택 공급

    3 주민을 돕는 커뮤니티센터 설립

☐ 목표 : 이러한 목적에 대한 목표의 선택은 다음과 같다.

    1 2~3인 침실을 가진 주택 100채 건축

    2 건축 공정 확인

    3 거주자 80%에게, 집세를 총소득의 30% 이하로 설정

    4 컴퓨터 전문가가 하루에 적어도 10시간을 근무하며, 개인용 컴퓨터 18대를 가진 컴퓨터센터 개발

구체적으로!

"2~3인용 침실을 가진 집 100채를 재건축할 계획"이라면, 침실이 얼마나 클지를 명시해야 하는가? 멤버들은 몇 평짜리 침실에 만족할까? 침실에는 창문 두 개와 환풍구가 필요할까? 원하는 바를 정확히 달성하기 위해서는 목표가 구체

적으로 설정되어야 한다. 그리고 조직을 분열시킬 수 있는 오해와 실망을 피해야 한다.

만약 회원의 절반이 모든 침실에 창문 두 개와 환풍구를 설치하고 싶어 하는데 그게 설계 명세서에 명시되어 있지 않다면, 새 아파트를 짓는다는 목표는 달성할 수 있지만 새로운 침실에 창문 두 개와 환풍구가 없음으로 인해 회원 절반을 잃을 수도 있다. 목표를 달성했지만, 그 목표는 구성원의 요구사항을 충족시킬 정도로 구체적이지 않았다. 목표를 설정할 때, 계속해서 스스로에게 질문해야 한다. "이것이 우리가 하고 싶은 말의 전부인가? 우리가 원하는 점을 확실히 하기 위해 여기에 추가할 게 있나?" 목표를 설정할 때 악마의 옹호자 역할을 하라. 악마는 디테일에 있기 때문이다.

계획은 바꿀 수 있다

목적과 목표는 활동의 결과에 따라 진화하고 변화할 수 있다. 활동을 계속함에 따라 기꺼이 배워야 한다. 시작하기 전에 알고 있었던 지식은 실행 이후의 지식과 달라진다.

유대인 조직 구상을 할 때, 커뮤니티 조직에서 청년 유대인을 위한 훈련 프로그램은 초기 목표 중 하나였다. "청년 유대인을 커뮤니티 조직자로 훈련시켜서 이 활동을 유지한다." 우리는 몇 년 후 이 프로그램에 참여한 모든 사람들이 커뮤니티 조직자가 되는 것은 아니라는 사실을 깨달았다. 이것은 비현실적인 목적이었다. 누가 프로그램에 참여했는지, 프로그램 이후에 무엇을 했는지를 보았을 때 이것은 분명해졌다. 참가자들은 종종 다른 직업에 종사했지만 중요한 것은 그들이 어떻게 활동을 했는지였다. 그들이 교육, 정치, 랍비,

사회 활동, 공공 정책, 법률 분야로 들어갔다면, 그들이 선택한 직업에서 자신의 활동에 접근하는 방식에 여전히 영향을 줄 수 있을 것이다.

그래서 우리는 목적을 바꿨다. "청년들이 자신의 삶과 일에 풀뿌리 조직화 관점을 통합하여 유지하는 데에 도움을 준다."

'풀뿌리 조직화 관점'은 문제에 가장 가까이 있는 사람들이 문제에 대한 해결책을 계획하고 실행하는 데 적극적으로 참여해야 한다는 것을 의미했다.

새로운 낱말은 중요했다. 더 이상 우리는 '커뮤니티 조직자 훈련' 사업에 전적으로 매달리지 않았다. 그건 뭔가 협소하고 제한적인 것을 의미했기 때문이다. 또한 청년들이 다양한 직업 환경에서 사회적 변화를 위해 일하는 데 특정한 접근 방식을 '통합하고 유지하는' 데 도움을 주었다. 우리는 그렇게 했다. '풀뿌리 조직화 관점'과 커뮤니티 조직화 기술을 활용했다. 이런 관점은 많은 전문적인 훈련에서 빠져 있다. 우리가 이것을 성취할 수 있다면 가치가 있을 것이다. 목적이 진화하면서 참가자들의 경력에 대한 궤적을 관찰하고 현실적으로 우리가 기여할 수 있는 것을 평가했다.

때로 핵심 그룹에게 대단히 합리적으로 보이는 계획을 새로운 정보에 직면해서도 여전히 굳게 고수한다면, 사람들의 생활을 개선하는 데 방해가 될 수도 있다. 이 그룹의 미션('시에서 라틴계 사람들의 힘을 키우는 것')은 변하지 않았다. 베가와 동료들은 사람들의 생활을 개선하는 핵심 미션을 추구하는 데에는 많은 길(많은 목적과 목표)이 있음을 보여주었다.

커뮤니티 조직은 우리가 되기를 바라거나 상상하는 세상이 아니라, 현실의 세계에서 작동된다. 조직을 만드는 활동은 우리의 목적과 목표, 가설을 지속적으로 되돌아보는 것이다. 이것이 목표와 그 측정기준을 글로 적어두는 이유이다. 미션에서 목적, 목표에 이르기까지 끊임없이 자신에게 묻는다. 우리가 가고자 하는 곳이 여기인가? 그렇다면 제한된 자원과 우리가 직면한 조건, 우리가 가진 힘

스토리

리더는 듣고, 배우고, 기꺼이 변화한다

때로는 목표, 즉 단계별 전략을 바꾸기도 한다. 사람들에게 필요하다고 여겼던 것이 실제로 그들이 필요로 한 게 아닐 수도 있다는 사실을 깨달았을 때 그러하다.

매사추세츠 주 첼시에 사는 글래디스 베가와 여러 사람들은 많은 라틴 아메리카인들이 도시에서 힘을 거의 갖고 있지 못하다는 점을 깨달았다. 그래서 저소득층 라틴계 유권자를 등록하기 시작했다. 대부분은 푸에르토리코 출신이었다. 베가가 문을 두드리며 사람들에게 투표에 등록하라고 촉구하는 과정에서, 사람들이 스페인어 케이블 TV쇼를 정말로 원한다는 사실을 듣게 되었다. 이 말에 그녀는 좌절했다. 그들이 유권자 등록을 하기를 원했는데 말이다. 하지만 사람들이 얼마나 많은 스페인어 TV를 원하는지에 대해 계속 듣게 되었다. 그래서 베가의 그룹은 캠페인을 바꿨다. 그들은 새로운 스페인어 TV쇼 프로그램을 제작하기 위해 지역 케이블TV회사(시와 계약을 맺은)와 협상했다. 이 이슈를 확인한 후 많은 새로운 유권자들이 등록하기 시작했다. 그래서 미리 작성한 계획만을 고수하는 것이 아니라, 그들의 우선순위에 대해서 사람들의 말을 먼저 들어야 하는 것이다.

으로 그 목적을 달성할 수 있을까?

　우리는 또한 스스로에게 물어야 한다. 이렇게 할 때 우리가 배우고 있는 것은 무엇인가? 상황이 바뀌면, 우리의 이해, 지식 또는 가설도 바뀐다.

스토리

어제의 '적'은 오늘의 친구

때로 적이라고 생각했던 사람들이 친구라는 사실을 깨닫고 계획을 바꿀 때도 있다. 많은 학부모들이 학교 교사들에게 화가 났다. 저소득층 부모들은 교사들이 자기 자녀들을 잘 가르치거나 인격적으로 대우하지 않는다고 여겼다. 또 교사들이 아이들의 잠재력을 인식하지 못한다고 생각했다. 그러나 교사들과 싸우면서 부모들은 많은 교사들이 정말로 양질의 가르침에 전념하고 있으며 아이들을 존중한다는 점을 천천히 깨달았다. 나중에 부모들이 변했다. 그들은 교사를 적으로 취급하는 것에서 교사와 연합하는 것으로 전략을 바꾸었다. 교사들과 맞서는 대신 교사들과 함께 자녀들에게 더 나은 조건을 요구하기 시작했다.

그것은 쉬운 변화가 아니었다. 부모가 원래 계획을 엄격하게 고수하지 않았기 때문에 일어난 변화였다. 대신 부모들은 계속 배우고 있었다. 교사들의 태도가 그룹의 애초 가설과 일치하지 않는다는 것을 알게 되었을 때, 부모는 목적을 추구하는 방식을 바꾸었다. 그들의 목적은 변하지 않았지만, 그들의 목표(목적을 추구하는 방식)는 변했다.

4장

조직 구조 : 지속적인 조직을 만드는 방법

희망 사항과는 달리, '구조(structure) 없는 집단' 같은 것은 없다. 어떤 그룹도 어떤 시기에 자연스럽게 형성되든, 어떤 목적에서 든, 필연적으로 어떤 방식으로든 스스로 구조화될 것이다. 구조 는 유연할 수 있고, 시간이 지남에 따라 달라질 수 있으며, 그룹 의 구성원들에게 역할과 힘, 자원을 고르거나 또는 고르지 않게 분할할 수도 있다. 그러나 그것은 관련된 사람들의 능력, 성격 및 의도에 관계없이 형성될 것이다. 우리가 다른 재능, 소질, 배경을 가진 개인이라는 사실만으로도 불가피하다. 관계를 거부하거나 상호작용을 거부할 경우에만 '구조 없는 상태'로 될 것이며, 이것 은 인간집단의 자연적 본질이 아니다.

　　– 조 프리먼, 『The Tyranny of Structurelessness』(1970년)

집단의 요구를 충족시키는 구조를 어떻게 개발할 수 있을까? 새 로운 조직을 만들거나 기존 조직을 강화하려면, 조직 구조에 대 한 관점이 필요하다. '구조'에는 집단의 의사결정 규칙, 회의 시 간과 장소, 법적 지위, 재정, 회원 가이드 라인 및 회비, 미션, 목 적, 목표 및 집단역학이 포함된다. 중요한 결정을 몇 초 안에 내 려야 하는 군대나 경찰 부서와 같은 일부 조직은 엄격한 구조와 명확한 권한이 필요하다. 그러나 다른 조직들은 보다 민주적인 의사결정을 할 수 있다.

구조란?

숨겨진 구조의 발견

모든 조직에는 구조가 있다. 첫 번째 질문은 '그 구조란 무엇인가?'이다. 두 번째 질문은 '참여하기를 원하는 사람에게 그 구조는 분명한가?'이다. 조직의 구조는 기록되지 않을 수도 있다. 그것은 숨겨져 있다. 하지만 장담하건데, 구조는 있다.

1960~70년대 페미니즘 운동에 앞장섰던 조 프리먼(Jo Freeman)은 『구조 없는 폭정The Tyranny of Structurelessness』에서 일부 초기 페미니스트 의식고양(consciousness-raising) 그룹들은 '자신들은 구조가 없다'는 생각을 했다고 한다. 하지만 그들은 구조가 있었다. 단지 분명하지 않았을 뿐이었다. 사람들은 개인적 특성, 카리스마, 지식에서 비롯된 그룹 내에서 다양한 수준의 힘과 영향력을 가졌다. 이것은 피할 수 없다.

일부 그룹은 자신의 구조에 대해 명시적으로 말하지 않는 실수를 한다. 이를 통해 인정하지 않은 무언의 권위가 존재할 수 있게 된다. 여전히 그 구조는 그룹의 행동으로부터 비롯된다.

'구조 없는' 연합

의미 있는 조직에 관한 이번 이야기는 조직의 구조를 명확하게 만드는 게 얼마나 중요한지 보여준다. 그 조직은 꼭 필요해서 시작되었다. 그러나 구조 요소를 간과했기 때문에 효율성이 떨어졌다.

정신건강 및 기타 서비스를 제공하는 사회서비스 단체는 지역의 마약문제를 다루기 위한 '연합'(coalition. 지원금에 사용된 낱말)을 개발하기 위해 주정부 기금을 받았다. 정신건강 전문가가 첫 번째 회의를 소집했다. 지역신문에 회의 개최를 공고하고, 약물 남용 분야에서 알고 있는 사람들에게 연락했다. 회의는 평일 오전 10시에 정신건강센터에서 열렸다.

이론적으로는 누구든 올 수 있었다. 공고 및 주 보조금 사업의 회의는 신문에서 공식적으로 공고했다. 하지만 그 회의에 부른 사람은 아는 사람들만이었다. 그 기관에 돈을 끌어올 가능성이 있는 상태에서, 사람들을 참석하게 하는 건 어렵지 않았다. 이 회의는 문제를 다루기 위해 지역의 여러 알코올 및 마약치료 기관에 주정부의 돈을 더 많이 끌어오는 방법에 중점을 두었다.

언뜻 보기에 이 집단은 구조가 거의 없거나 전혀 없다. 단지 지역사회에서 필요한 서비스를 확보하려는 좋은 의도가 있는 사람들의 회의일 뿐이다. 만약 구조가 있다면, 그 구조는 그룹이 성취할 것과 그 힘이 어디에 있는지를 결정한다. 집단의 구조를 살펴보자.

그들이 언제 만났을까? 평일 오전 10시, 지역사회 사람들은 참석하기 어렵지만 전문 서비스 제공업체에게는 편하다. 어린이 돌봄이 없기 때문에 어린 자녀를 둔 부모는 참석하기가 어렵다.

그들은 어디에서 만났을까? 정신건강센터에서. 서비스 제공업자에게는 익숙한 환경이다. 그들이 알코올 중독자 모임이 열리는 교회 지하실에서 만났다면, '알코올중독자협회'와 은연중에 연결되었을 것이다. 그러나 이런 식으로 정신건강센터와 연결되어 있다.

그 그룹의 멤버는 누구인가? 이론적으로는 누구든 가능하거나 아무도 없다. 신문에는 작은 크기로 공고문이 나왔다. 대부분의 사람들은 그것을 보지 못한다. 회비도 없고 특별한 회원 기준도 없다. 약물 남용 예방이나 치료 방법이 다른 어떤 방법보다 효과적이라고 믿을 만한 요구는 없다. 그 단체가 내리는 어떤 결정에 대해서도 책임을 질 사람이 있을 것이라고 기대할 수 없다. 명시적인 회원 기준이 없으면, 회원은 나타나는 사람 누구나가 된다.

무엇을 할지를 누가 결정할까? 이론적으로는 '커뮤니티'이다. 이것이 바로 이 공적 자금으로 조성된 '연합'의 목적이다. 회의에서 공지된 의사결정의 절차는 없다. 많은 참석자들은 이미 서로를 알고 있다. 암묵적인 의사결정 과정은 '한정 합의'(modified consensus) 모델이다. 참가자들 사이의 비슷한 세계관과 경험이 이런 방식을 허용한다.

누가 회의의 안건을 정했을까? 이 회의에 참석 요청 전화를 한 사회복지사다. 그 사람이 서비스 제공자에게 보조금을 지급하는 방법에 대한 안건을 짠다.

누가 그 단체에 돈을 지불할까? 정신건강센터가 회의 공간, 커피 및 도넛을 포함하여 회의비용을 지불한다. 사회복지사는 특정 직원에게 전화를 걸어 업무 시간에 회의를 계획한다. 이것은 그룹 내에서 정신건강 조직의 영향력을 의미한다. 회원 명단과 회의 공간이 있다(누가 회의를 조직하는지 확인하려면 누가 방명록을 관리하는지를 관찰하면 된다).

왜 이 구조가 중요한가?

여기엔 불순하거나 특이한 것은 없다. 이 그룹에 구조가 없는 것처럼 보이지만 구조가 있는 것이다. 그 구조는 관찰을 통해 추론해야 한다. 그것은 어디에도 기록되어 있지 않다.

이것이 대부분의 집단이 시작하는 방식이다. 그들이 기본적으로 속해 있는 구조, 그들이 원하는 것인, 암묵적인 구조가 어떤지를 결정하지 않을 때, 곤란에 처하게 된다.

이 그룹은 몇 가지 구조적 질문을 던질 수 있다. 정신건강 기관이 그 단체에 대한 비용을 지불하기를 원하는가? 이것은 그 집단에게 어떤 의미일까?

이 단체는 오전 10시에 만나고 싶어 하는가? 이 단체는 누구를 제외하는가? 이 단체는 사회복지사가 회의의 의장이 되기를 원할까, 아니면 의장을 선출하기를 원할까?

그 단체는 누구라도 참석할 수 있도록 허용해야 할까? 주류 판매점 주인을 제외할 수 있을까? 시장 출마를 원하는 시의회 의원의 참여를 원하는가?

이해 충돌에 대한 가이드 라인을 마련하고 싶은가?

그룹이 구조에 주의를 기울이지 않으면 스스로를 문제에 노출시키게 된다. 만약 누구나 회원이 될 수 있다면, 20명이 길거리에서 걸어 나와서 회의의 다수를 구성하고, 시의회에 도시의 모든 공공건물에서 흡연을 금지하라고 요청할 수 있다. 만약 그들이 그 특정 회의에 참석하는 다수의 사람들이라면, 그 그룹은 과연 그 투표를 따를 것인가?

구조와 책임성

구조는 규칙을 만들 수 있지만, 다른 법률과 마찬가지로 규칙은 모니터링과 시행이 필요하다.

대표성을 가진 참여 목적을 달성하지 못하면 그 이유를 찾아야 한다. 지역사회 사람들은 놀이기구가 필요했나? 보육이 필요했나(왜 거기에 사람들이 없는지를 추측하지 마라. 질문하라. "무슨 일로 참석하게 됐나요? 정확히 뭘 필요로 하나요?")?

조직에 뭔가를 요구할 뿐, 그 진행 상황을 모니터하지 않는다면, 당신은 일을 하지 않을 것이다. 필요한 지원(아이돌봄, 놀이기구 등)을 제공하지 않으면, 명확한 서면 서술에도 불구하고 미팅에 실제로 나타나지 않게 된다.

구조와 의미 있는 참여

만약 원하는 결과가 저소득층 커뮤니티의 의미 있는 참여라면, 단순히 회의에 참석하는 것만으로는 불충분하다. 몸은 회의장에 있어도 무슨 일이 일어나는지를 알지 못하면, 그것이 효과적인 배제이다. 적절한 코칭과 지시가 없으면 형식주의(tokenism)가 될 뿐, 진정한 참여는 아니다.

이 사례에서 보조금은 커뮤니티 대표에게 위임했지만, 그 단체의 대표는 오직 박사만이 이해할 수 있는 언어로 말했다. 정규 교육을 덜 받은 사람들은 상대적으로 소외되었다. 구조는 필요하지만 시

스토리

책임성은 계산을 의미한다

나는 저소득층 커뮤니티에서 영아 사망률을 막기 위해 조직된 연방 기금 단체와 일한 적이 있다. 이 보조금은 의사결정 기관의 절반이 저소득층 거주자(사회서비스 제공자가 아닌)가 되도록 요구했다. 이들은 주로 저소득층 여성으로서 저체중 아이를 낳을 위험이 있으며 이것은 통상 유아 사망률과 관련이 있었다.

그 단체는 스스로 책임을 질 필요가 있었다. 규칙적인 모니터링에 의해서 그렇게 했다. 모든 회의에서 가장 먼저 할 일은 자신이 대표하고 싶은 집단에서 참석하는 사람들의 숫자를 세는 것이었다. 숫자를 세고 발표하는 이 간단한 행동은 그룹을 책임지게 하는 데 도움이 되었다.

모든 회의에서 회원들은 목적에 도달하지 못했을 때 스스로를 비난하지 않았지만, 모든 회의의 참석자를 계산하는 간단한 행동은 회원들에게 목적에 도달하기 위한 노력을 되새기게 했다.

작에 불과하다. 그 결과가 종이에 적힌 낱말이 아니라 진짜인지 확
인해야 한다.

참여 코칭 – 공통 언어 개발

때로는 전문 학위를 가진 사람들이 회의를 이끌고 있을 수도
있다. 정규 교육을 덜 받은 사람들이 의미 있는 방식으로 참여하도
록 어떻게 해야 할까? 이러한 다양한 수준의 공식 교육에 적극적으
로 참여하려면 준비가 필요하다. 이것은 미팅 전에 당신이 포함시키
고 싶은 사람들을 코칭한다는 걸 의미한다. 배경 자원이 없다면, 그
룹 멤버들을 코칭할 수 있는, 두 세계에서 경험 많은 사람을 찾아야
한다.

구조 요소는 조직을 정의한다

당신은 기존 조직에 있거나 새로운 조직을 구성할 수 있다. 두
경우 모두 조직의 구조를 정의하는 요소를 알아보아야 한다. 조직
을 정의하기 위한 몇 가지 일반적인 구별 또는 경계는 다음과 같다.

• **지리적 경계** : 많은 조직이 지리적 영역에 국한된다. 그들은
거리(블록), 작은 동네(지역, 지역협회), 마을 또는 구, 또는 국가로 둘
러싸여 있다. 일부는 국제적이기도 하다.

• **이슈 초점** : 일부 조직은 한 가지 이슈(주제)로 제한된다. 여
기에는 환경, 여성의 권리, 교육, 보건, 입양 등. 사실 그 목록은 끝
이 없다.

• **회원 자격 기준** : 일부 그룹은 개인이나 가족이 가입할 수

있도록 한다. 반면 조직이나 기관만 가입할 수 있는 경우도 많다. 마
찬가지로 전문가 전용, 젠더 기반 등 멤버십 스타일을 중심으로 선
택할 수 있는 그룹이 있다. 그 결정은 당신의 미션이 어떤 것인지에
달려 있다.

🔅 빠른 팁

참여 코치 방법 : 수업, 교육, 경험을 가로지르기

1. 당신이 코칭하는 개인이나 사람들과 함께 앉는다. 그들의 능력과 자원이 중요
   하다는 점을 강조한다. 모든 회원들은 원하는 어떤 질문도 할 권리가 있다. 회
   원들이 진짜 전문가임을 분명히 확인한다(어쨌든 그들은 이런 식으로 느낄 것
   이다). 집단행동 이론은 이를 지지한다.
2. 그들의 질문부터 시작한다.
3. 코칭 세션을 진행하는 동안 조직의 역사와 배경, 재원이 어디에서 왔는지와
   모호한 용어에 대해 설명한다.
4. 미팅 중에 어떻게 의사소통할지 정한다. 당신의 도움을 원할 수도 있다. 속삭
   이거나 메모를 할 수도 있다. 미팅 중에 자원(resource)으로 참석할 수 있음
   을 개인이나 사람들에게 알려준다.
5. 미팅에서 코치는 코치를 받은 사람 옆에 앉아, 요청에 따라 정보나 지원을 해
   야 한다. 동의를 받아 옆에서 소통하는 방식을 사용한다. 당신이 코칭하는 사
   람은 다른 미팅 참석자에게 당신이 맡은 역할과 옆에 함께 앉아 있는 이유를
   설명해야 한다.

구조 찾기 연습

만약 구조를 새로이 만들거나 수정을 깔끔하게 하려면, 그룹의 구조를 만드는 데 필요한 모든 요소들을 먼저 알아야 한다. 다음 내용은 한 번에 하나의 요소로 그룹 구조를 정의하는 방법을 살펴본다. 이 연습은 그룹이 어떤 구조이고 무엇을 원하는지를 확인하고, 이 두 가지가 일치하는지를 확인할 수 있다. 이는 원하는 변화를 만들어 내고자 할 때, 조직 구조에 절대적으로 필요한 단계이다.

리더십

리더십, 권위, 책임, 의사결정에 관해 그룹에서 어떤 일이 일어나는지 아주 자세히 살펴보라. 회의 소집을 위해 전화하는 사람은 누구든지 공식적인 권위와 어떤 일이 일어날지(일어나지 않을지)에 대한 많은 영향력을 가지고 있다. 때로는 그룹이 결정을 내릴 수도 있지만 나중에 다른 사람이 그 결정을 변경해 버릴 수도 있다. 만약 그런 일이 실제로 일어난다면, 구조에 관해 종이에 뭐라고 쓰여 있든 간에 그것은 집단의 구조와 권위에 대해 뭔가를 말하는 것이다. 건강한 리더십 프로세스를 조직에 구축하기 위해 취할 수 있는 단계들이 있다. 여기에는 공개적 의사소통을 위한 공식 경로 설정, 사람들이 리더십을 연습할 수 있는 다양한 방법 구상, 회의가 어떻게

구조 찾기

이 연습은 만들어진 기본 구조 형식을 수용하거나 우두머리 격에게 동의를 구하는 게 아니라, 자신이 원하는 구조를 얻을 수 있도록 하기 위해 설계되었다. 각 카테고리 왼쪽 열에서 시작하여 현재 가지고 있는 구조(감추었거나 드러냈거나)를 기록한다. 그런 다음 오른쪽 열에서 원하는 구조가 있는지 확인한다. 질문 번호에 따라 각 행별로 읽으면 된다. 각 워크시트를 작성해 보는 게 좋다.

❶ 그룹이 실제로 어떻게 행동하는지를 조사하여 데이터를 수집하라.

❷ 데이터가 조직에 대해 무엇을 말하는지에 대한 결론을 도출하라.

❸ 질문에 답하라. 이것이 원하는 방식의 조직인가? 이 조직이 당신이 원하는 것인가?

1부 구조 찾기

그룹이 실제로 하는 것	이것이 그룹이 하고 싶은 일인가? 이것이 그룹의 실천이어야 하는가?
A 미션, 목적, 목표	
1. 당신의 사명문은 무엇인가?	2. 이것이 원하는 사명문인가? □ 네 □ 아니오
	3. 사명문이 없다면, 사명문 작성을 위해 어떤 조치를 취할 수 있는가?

4. 당신의 목적과 목표는 무엇인가?	5. 목적과 목표가 원하는 것과 일치하는가? □ 네 □ 아니오 6. 목적과 목표를 작성하지 않았다면, 그것을 작성하기 위해 어떤 조치를 취할 수 있는가?
그룹이 하는 것	**그룹이 원하는 것**
B 규모	
1. 그룹의 규모는 어떠한가? ------------------------------------ ------------------------------------	2. 이것은 조직에 맞는 규모인가? □ 네 □ 아니오 3. 그렇지 않다면 어떤 규모가 좋다고 보는가? 목표를 수치로 나타내자.
4. 회원 규모에 제한이 있나? □ 네 □ 아니오 (우리 신도는 한때 450가구를 상한선으로 정했는데, 그 규모를 넘어서 성장하면 공동체의식을 형성하는 데 어려움이 있음을 알았다.)	5. 그런 제한을 두면 이익이 있겠는가? □ 네 □ 아니오 6. 그에 대한 생각이나 의견은?
C 스태프 배치	
1. 조직에 스태프를 고용했나? □ 네 □ 아니오 2. 아니면 전원 자원봉사자인가? □ 네 □ 아니오	3. 스태프에게 비용을 지불해야 하나? □ 네 □ 아니오 4. 스태프를 더 원하는가? □ 네 □ 아니오 5. 스태프를 줄여야 하나? □ 네 □ 아니오

6. 스태프에게 어떤 직함을 붙이는가? (예, 조직자? 코디네이터? 디렉터? 등)	7. 그것이 조직에 적합한가? ☐ 네 ☐ 아니오
E 협력	
1. 다른 그룹과 협력 또는 관계를 맺었나? ☐ 네 ☐ 아니오	2. 다른 그룹과 관계를 맺고 싶은가? ☐ 네 ☐ 아니오 3. 목표 달성에 도움이 되는 협력을 어떻게 할까?(또는 하지 않을까?)
4. 당신의 핵심적인 협력 관계는 무엇인가?	5. 이 사람들이 목표 달성을 위한 적절한 협력자인가? ☐ 네 ☐ 아니오 6. 어떤 그룹이나 실체와 조직이 협력 또는 관계 맺기를 바라는가?

2부 구조 찾기

그룹이 실제로 하는	이것이 그룹이 하고 싶은 일인가? 이것이 그룹의 실천이어야 하는가?
A 리더십	
1. 누가 회의를 소집하나? ------------------------------- ------------------------------- -------------------------------	2. 이것이 원하는 회의 소집 방식인가? ☐ 네 ☐ 아니오

3. 회의 의장은 누구인가? ---	4. 이 사람은 당신이 원하는 회의 의 장인가? ☐ 네 ☐ 아니오
5. 어떤 위원회가 있는가? ☐ 네 ☐ 아니오 6. 있다면, 그들은 무얼하는 사람인 가? ---	7. 당신이 원하는 위원회인가? ☐ 네 ☐ 아니오 8. 어떤 위원회를 추가할 것인가? 9. 어떤 위원회를 없앨 것인가? ☐ 네 ☐ 아니오
10. 상근자나 특정 리더가 있나? ☐ 네 ☐ 아니오 11. 있다면, 리더십의 직함은 무엇인 가? (나열하시오) ---	12. 당신이 원하는 리더십 자리인가? ☐ 네 ☐ 아니오

13. 상근자나 이사를 어떻게 선택하
  나?
 	
--- 	
	14. 이런 방식으로 상근자나 이사를
	  선택하고 싶은가?
	
	☐ 네 ☐ 아니오

15. 상근자와 리더의 봉사 기간은 얼
  마인가?
 	
--- 	
16. 리더십에 대한 임기나 시간제한
  이 있는가?
 	
☐ 네 ☐ 아니오
17. 있다면, 임기가 어떻게 되나?
 	
--- 	
	18. 임기 제한이 없다면, 그것을 용인
	  하는가?
	
	☐ 네 ☐ 아니오
	19. 리더십에 대한 임기 제한이 있다
	  면, 그 기간이 적당한가?
	
	☐ 네 ☐ 아니오

<table>
<tr><td>20. 누가 이것을 결정하나?
(누가 제안을 하는가? 누가 후속 조치를 취하는가?)

‑‑‑‑‑‑‑‑‑‑‑‑‑‑‑‑‑‑‑‑</td><td>21. 이 사람이 이런 결정을 하고 싶은 사람인가?

□ 네 □ 아니오</td></tr>
</table>

스토리

구조가 조직을 지속시킨다

시 보건소(DH&H, Department of Health and Hospitals)는 저소득층의 영아 사망률을 낮추기 위해 연방정부 보조금 600만 달러를 받았다. 이 연방 보조금은 실행을 조언하고 안내하기 위해 DH&H가 커뮤니티 그룹을 개발하도록 규정했다. 나는 DH&H와 이 새로운 커뮤니티 위원회 간의 협정을 수립하기 위해 고용되었다.

이 프로젝트의 첫 번째 임무는 프로젝트 책임자를 고용하는 것이었다. 어떻게 책임자를 모집, 평가, 해고할 수 있는 규정을 만드는지가 협정문의 핵심 내용이었다. 힘은 바로 그곳에 있기 때문이었다.

DH&H는 책임자의 모집과 해고에 대한 통제권을 원했다. 보조금에 대한 법적 책임이 있기 때문에 책임자에 대한 통제가 필요하다는 논리였다. 동시에 보조금은 커뮤니티 위원회의 안내도 받아야 한다고 명시했다. 즉 책임자를 누가 통제해야 하는지에 대해서는 아무 언급이 없었다. 커뮤니티 위원회는 책임자의 고용 및 해고가 양해각서의 중요한 이슈임을 이해했다. 우리는 양해각서 문구에 대해 많은 논쟁과 회의를 거쳤다. 나는 커뮤니티 위원회가 책임자의 고용 및 해고에 대해 거부권을 가져야 한다고 단호하게 주장했다. 오랜 협상 끝에 커뮤니티 위원들과 DH&H 관계자는 양 당사자가 동의할 때에만 고용하거나 해고하기로 합의했다. 사실상 둘 다 거부권을 가진 것이다.

문서에는 다른 이슈들도 있었지만, 이것이 중요한 문제였다. 그것은 구조의 문제였기 때문이다. 1년 정도가 지나서, DH&H 관계자들은 책임자를 해고하고 싶어 했다. 계약 문서에 상세히 규정된 고용 및 해고 권한과 같은 조직 구조는 그렇게 하지 못하게 했다.

불릴 수 있는지에 대한 공식 합의, 새로운 리더십의 지속적인 계발을 촉진할 수 있는 임기 제한에 동의하는 것 등이 포함된다.

회의

회의를 설정하는 방법은 구조에 관한 것이다. 회의에서 사용하는 구조는 그룹이 얼마나 성공적이고 강력한지에 영향을 미친다. 이는 회원들을 환대하고 조직에 대한 소속감을 강화하는 회의를 조직하는 데 특히 그러하다.

위치의 중요성

커뮤니티 조직을 구축할 때, 어디서 만나는지가 중요하다. 어떤 사람들은 특정 위치를 더 편안하게 여긴다. 위치는 조직에서 누가 중요한지에 대해 많은 것을 말해준다. 위치가 시내에 있는가, 외곽에 있는가? 회사 사무실인가, 교회 지하실인가? 흑인들(혹은 백인들, 라틴계 사람들 등)의 분위기를 거주지에서 느낄 수 있는 위치인가? 의심이 들면 물어보라.

타이밍의 중요성

만약 당신이 속한 집단 문화에서 정시에 시작하는 것이 표준이라면, 정시에 시작하라. 더 중요한 건, 제 시간에 끝내는 것이다. 사람들이 다시 오길 바란다면 말이다. 그렇지 않으면 매우 짜증내는 회원들을 만들어낼 것이다. 시간에 대한 질문은 문화적으로도 추진될 수 있다. 어떤 문화권에서는 4시라고 하면 보통 6시에 온다. 당신은 그 영역을 배워야 한다. 모든 문화나 사람들이 시간을 엄격하게 지키는 건 아니지만, 어떤 문화와 어떤 사람들은 엄격하게 지킨다. 성공하고 싶은 집단은 시간이 지날수록 구성원들의 기대치를 알아야 한다.

정기적인 모임이 커뮤니티를 유지한다

집단의 공동체 화합을 구축하는 효과적인 방법은 공유된 의례를 만드는 것이다. 정기적으로 반복되는 회의는 일부 그룹이 사용하는 매우 기본적이고 강력한 의례이다. 이것은 정해진 시간과 장소에서 매주 또는 매달 발생하는 이벤트이다. 참석할 수 있는지 확인하기 위해 출석부를 확인할 필요가 없다. 그냥 일정에 맞게 만들어졌을 뿐이다.

종교 단체들은 이것을 한다. 매주 토요일이나 일요일 혹은 다른 날, 정해진 시간에, 신자들이 모일 것이라는 것을 알고 있다. 같은 사람들이 거기 있을 가능성이 높다. 약속을 잡으려고 미리 전화할 필요는 없다. 대부분의 사람들은 매직 넘버 7일에 익숙해졌다. 매 7일마다 모일 필요가 있다. 6일도 8일도 아니고. 6일은 일을 끝내지 못한다는 뜻이 될 것이고, 8일은 너무 많은 일과 너무 적은 휴식이 될 것이다.

　종교 단체 외에는 1년 이상으로, 매주 만나는 새로운 그룹을 찾기 어렵다. 회원들은 대개 회의에 참석할 시간이 없다. 하지만 매주 열리는 회의는 조직에 강력한 공동체 의식을 구축하는 방법이다. 매주 만날 수 없더라도 매주 한 번씩은 그룹에서 일하는 사람과 이야기는 나눌 수 있는 것이다.

-- 연습하기

3부 구조 찾기

그룹이 실제로 하는	이것이 그룹이 하고 싶은 일인가? 이것이 그룹의 실천이어야 하는가?
A 회의 : 장소와 시간	
1. 회의는 언제하나?	2. 그 시간에 만나고 싶은가? ☐ 네 ☐ 아니오 3. 아니라면, 회의 시간은 언제가 좋은가?

4. 회원들이 편리한 시간에 만나는 가? ☐ 네 ☐ 아니오 5. 몇몇 회원들에게는 편리하지만, 다른 사람들은? ☐ 네 ☐ 아니오	6. 그 시간은 당신이 원하는 시간인 가? ☐ 네 ☐ 아니오
7. 어디에서 만날까?	8. 이 장소가 당신이 원하는 곳인가? ☐ 네 ☐ 아니오 9. 다른 장소가 회의를 더 쉽게 접근 할 수 있게 해줄까? ☐ 네 ☐ 아니오 10. 그렇다면 어디로?
11. 회의는 얼마나 오래 걸리나?	12. 그 시간이 적당한가? ☐ 네 ☐ 아니오
13. 회의는 제 시간에 시작하나? ☐ 네 ☐ 아니오 14. 그렇지 않다면, 얼마나 늦거나 일 찍 시작하나?	15. 회의가 제 시간에 시작되길 원하 는가? ☐ 네 ☐ 아니오 16. 이것을 달성하기 위해 어떤 전략 을 사용할 수 있는가? (단순한 방법은 누가 있든 상관없이 명시된 시간에 항상 시작하는 정책 을 설정하는 것이다.)
17. 회의가 제 시간에 끝나나? ☐ 네 ☐ 아니오 18. 그렇지 않다면, 얼마나 늦게, 또 는 일찍 끝내는가?	19. 이것이 당신이 원하는 것인가? ☐ 네 ☐ 아니오

B 회의 절차	
1. 회의는 어떻게 진행되나?	2. 당신이 원하는 회의 진행 방법이 이것인가? ☐ 네 ☐ 아니오
3. 회의에 대한 기본 규칙이 있나? ☐ 네 ☐ 아니오 4. 그렇다면, 명시적인가, 아니면 그냥 추측인가? 5. 핵심 기본 규칙(만약 있다면)은 무엇인가?	6. 이것은 당신이 원하는 기본 규칙인가? ☐ 네 ☐ 아니오
C 회의 의사결정	
1. 누가 투표·의사결정을 내릴 자격이 있는가?	3. 이 사람이 의사결정 권한을 부여하고 싶은 사람인가? ☐ 네 ☐ 아니오
2. 서면 규정이 있는가? ☐ 네 ☐ 아니오	4. 만약 서면 규정이 없다면, 어떻게 그 내용을 서면으로 쓰겠다는 약속을 지킬 수 있는가?
5. 투표에 다수결을 사용하는가? 이것은 효율적이지만 패자에게 나쁜 감정을 불러일으킬 수 있다. ☐ 네 ☐ 아니오 6. 아니면 '합의'에 따라 결정을 내리나? '합의'를 통할 때, 모든 사람이 동의할 때까지 심의하고 토론하거나, 아니면 적어도 그룹을 위해 기꺼이 수용할 수 있다.	8. 이런 방식으로 의사결정을 하고 싶은가? ☐ 네 ☐ 아니오

7 이 방법은 패자를 적게 생산할 수 있지만 결정을 내리는 데 시간이 훨씬 오래 걸린다. ☐ 네 ☐ 아니오 7. 아니면 다른 방법을 사용하나? 그렇다면, 그것은 무엇인가?	
9. 세칙이 있나? ☐ 네 ☐ 아니오	10. 그렇지 않다면, 당신은 그것을 원하나? ☐ 네 ☐ 아니오
11. 그룹에는 정족수가 있는가? 12. 대리 투표가 가능한가? ☐ 네 ☐ 아니오	13. 이것이 그룹에 작동하는가? 원하는 방법인가? ☐ 네 ☐ 아니오

스토리

모든 사람을 기쁘게 할 수는 없다.

매버릭 스퀘어 지역협회의 대부분 회원들은 도보 순찰대원을 빼앗은 지방 검사에게 방문하기를 원했다. 그 중 한 멤버는 가고 싶어 하지 않았다. 검사와는 거리가 멀다고 생각한 거 같았다. 작은 집단이었다. 그래서 의사결정을 할 방법을 결정하지 못했다. 그들은 한 명의 회원을 불쾌하게 하고 싶지 않았기 때문에 몇 달을 기다렸다. 이웃 주민들은 날마다 점점 더 불안전하다고 느꼈다. 마침내 한 회원의 반대에도 불구하고 지방검사를 방문하기로 했다. 한 사람을 기쁘게 하려고 노력함으로써, 다른 많은 사람들의 삶을 더 나쁘게 할 수는 없는 노릇이었다.

"우리는 작은 팀이었습니다. 누군가를 잃을 수 없다고 느꼈어요." 그룹의 리더인 돈 난스태드는 그 때의 일을 생각하면서 말했다. 하지만 의사결정 방법을 정해놓지 않으면 그룹과 이웃이 상처를 입게 된다.

투표권이 누구에게 있는지를 모르면, 표를 계산하지 마라!

동료는 자신이 정치 간부회의 의장직에 선출되리라 생각했다. 적어도 투표가 끝날 때까지는. 의장직 경쟁자가 20명의 지지자들과 함께 회의에 들어갔다. 이 지지자들은 이전에 회의에 참석해본 적도 없었다. 이 집단의 규칙은 느슨했다. 방 안에 있는 사람은 누구나 투표할 수 있었기 때문이다. 결국 내 동료는 선거에서 졌다. 그 그룹은 투표권에 대한 제한 또는 자격 규정이 없었다.

이와 대조적으로, 내 지역의 민주당 지역위원회는 투표권에 대한 구체적인 자격을 가지고 있다. 예비당원이 되고나서, 저녁 회의에 여러 번 참석해야 한다. 그리고 회비를 내야한다. 권리당원(Full Member)이 되기 위해서는 차기 회의에서 특정 숫자의 기존 당원들로부터 투표를 통해 인정받아야 한다. 권리당원이 된 후에야 위원회 정책에 투표할 수 있다.

법적 지위

처음에는 법적 지위에 관한 질문이 당면한 업무와 관련이 없다고 생각할 수 있다. 하지만 조직의 누군가는 법적 구조를 통해 가능한 한 효과적으로 행동할 수 있도록 생각해야 한다. 가장 강력한 조직을 만드는 구조 설계에 관한 것이다.

많은 그룹이 처음에는 자원봉사자로 시작해서 점차 성장해서 유급 직원을 고용한다. 마찬가지로 커뮤니티 조직은 법적 지위 없이 비공식적으로 시작한다. 그들이 성장함에 따라, 더 많은 비용이 필요하다는 것을 알게 된다. 비영리 단체 법인을 만들어 세액공제 기부금을 받고, 정부 및 민간재단의 보조금을 받을 수 있는 자격을 만든다. 비영리 세법이 적용되는 특정 국세청(Internal Revenue Service, IRS) 코드와 관련하여 이를 '501(c)(3)[13]' 지위라고 한다.

4부 구조 찾기

그룹이 실제로 하는	이것이 그룹이 하고 싶은 일인가? 이것이 그룹의 실천이어야 하는가?
A 법적 지위	
1. 국세청이 결정한 비영리 단체는 501(c)(3) 지위로 알려져 있으며, 그래서 조직이 세액공제 기부금을 받을 수 있나? ☐ 네 ☐ 아니오 ☐ 보류 중 〈또는〉 2. 재정기관이 있나? ☐ 네 ☐ 아니오 3. 누구인가? 〈또는〉 4. 위와 같은 건 없나? ☐ 네 ☐ 아니오	5. 이것이 당신이 원하는 법적인 지위인가? ☐ 네 ☐ 아니오
6. 만약 재정기관을 가지고 있다면, 이 기관이 조직 활동에 영향을 미치는가? ☐ 네 ☐ 아니오 7. 그렇다면 어떻게 영향을 미치는가?	8. 그 영향력의 본질에 만족하는가? ☐ 네 ☐ 아니오 9. 이것이 당신의 활동에 영향을 미치기를 원하는가? ☐ 네 ☐ 아니오

B 재정	
1. 지불은 누가하나? 연주자에게 돈을 주는 사람이 연주를 부탁한다. 돈을 주는 사람은 누구나 영향력을 행사한다.	2. 이 사람이 지불하기를 원하는 사람인가? ☐ 네 ☐ 아니오
3. 돈은 어디에서 구하는가?	4. 이것이 돈을 구하는 방법인가? ☐ 네 ☐ 아니오 5. 그렇지 않다면, 다른 방법으로 얻을 계획이 있는가? ☐ 네 ☐ 아니오 6. 그 계획은 무엇인가? 7. 누가 그 일을 하려고 하는가?
8. 가지고 있는 돈이 얼마나 되나?	9. 이것이 당신이 필요한 금액인가? ☐ 네 ☐ 아니오 10. 얼마나 필요한가?
11. 대부분의 돈을 어디에 쓰나? 연간 지출의 가장 큰 영역은 무엇인가? 예를 들어, 인사? 음식? 임대료? 다른 것?	12. 이것이 돈을 사용하는 방식인가? ☐ 네 ☐ 아니오

회원의 의미

기본 멤버십 기준

대부분의 조직은 비공식적으로 시작한다. 사람들은 뭔가를 성취하기 위해 함께 모인다. 그들은 누가 회원이고, 누가 안에 있고, 누가 바깥에 있는지를 생각하지 않는다. 그 당시에는 불필요하거나 분명하게 보일 수도 있기 때문이다. 이 자리에 있는 누구든지 "회원들은 우리들입니다."

하지만 조직을 만들 때는 다음과 같이 생각해야 한다. 이 조직의 회원이 된다는 것은 어떤 의미일까? 회원이 무엇을 해야 하는가? 회원은 무엇을 믿어야 하는가? 우리가 원하는 사람은 어떤 사람인가? 문으로 걸어 들어오는 사람만 데려가면 되나? 만약 그렇다면, 미래의 우리 조직에 어떤 의미가 있을까?

회원 자격에 대한 정보를 알아야 한다. 원하는 방식으로 구성원을 정의할 수 있지만, 어느 시점에서 조직은 경계(boundary)를 설정해야 한다. 회의실에 들어오는 사람과 정회원은 구별해야 한다. 회원 자격은 특권을 가질 수 있다. 또한 책임과 기준을 가져야 한다.

회원 자격 기준은 그룹에 따라 달라진다. 민주적인 조직에서 회원 자격에 대한 두 가지 기본 기준은 다음과 같다.

1. 모든 구성원은 조직의 사명(mission)에 동의해야 한다.

2. 모든 구성원은 조직의 가치(value)에 동의하고 행동해야 한다.

나는 그레고리 피어스(Gregory Pierce)가 설명한 세 가지 가치를 좋아한다.

1. 평등 : 인종, 성적 취향, 젠더, 민족 출신, 종교, 문화, 장애에 관계없이 모든 사람들은 회원이 될 수 있으며 존경심으로 대우받는다.
2. 민주주의 : 모든 회원은 민주적으로 결정된 조직의 의지를 준수할 것이라고 동의한다.
3. 책임 : 모든 구성원은 조직을 위해 할 것이라고 말하는 것을 실행할 것이라는 데 동의한다. 그들의 말을 끝까지 따르는 것에 대해 책임을 질 것이다.

모든 회원을 위한 이 세 가지 이해하기 쉬운 일반 계약(평등, 민주주의, 책임성)은 민주적인 조직을 구축하는 데 필요하다. 그들은 회원의 기대를 분명히 하는 가치를 표현한다. 회원이 되고자 하는 사람들은 그룹이 무엇을 의미하는지, 그룹이 무엇을 지지하지 않을지 미리 알아야 한다. 또한 그룹이 결정을 어떤 방식으로 내리는지를 알아야 한다. 또한 그룹은 회원들이 혜택을 받을뿐만 아니라 참여하기를 기대할 것이다.

회원의 회비

사람들이 쉽게 가입할 수 있도록 하려는 목적으로 회비를 최소화하거나 전혀 요구하지 않는 그룹이 있기도 한다. 사람들이 더 많은 돈을 낼 수 없을 거라고 생각한다. 이는 회원들의 낮은 참여로 이어질 수 있다.

스스로 질문해보자. 회비 규모는 회원들의 주도성 및 헌신 수준에 어떠한 영향을 미칠까? 상당한 규모의 회비를 요구하는 그룹(항상 그런 것은 아니지만)은 회원들이 더 헌신적이라고 생각한다. 개인 투자는 종종 금융 투자에 비유되고는 한다. 회원들이 조직에 투자했다고 느끼길 원한다.

스토리

사람들을 값싸게 여기지 마라

내 동료는 1980년대에 저소득층 커뮤니티 조직을 설립했다. 그는 10달러를 내라고 제안했다. 부유한 사람들이 아니라, 돈이 별로 없을 거라고 생각했다. 그런데 사람들은 1년에 25달러를 내고 싶다고 했다. 사람들은 돈을 적게 내면 조직에 대한 영향력이 줄어들 것이라고 생각했다. 즉 뭔가를 중요하게 여긴다면, 그 대가를 치러야 한다는 것을 알고 있었던 것이다. 내 동료는 중요한 교훈을 배웠다. 사람들이 소유권(ownership)을 느끼고 조직에 책임을 갖기를 원한다면 상당한 기부를 요청하라는 것을.

5부 구조 찾기

그룹이 실제로 하는	이것이 그룹이 하고 싶은 일인가? 이것이 그룹의 실천이어야 하는가?
A 회원 되기	
1. 가입은 어떻게 하는가?	2. 이 과정은 조직에 효과가 있나? □ 네 □ 아니오
3. 회원 기준은 무엇인가?	4. 이것은 당신이 원하는 회원 기준인가? □ 네 □ 아니오
5. 누구라도 가입할 수 있는가? □ 네 □ 아니오 (예를 들어, 일부 커뮤니티 그룹은 공무원의 정치적(선거) 목적을 위한 수단이 될 위험을 피하기 위해 선출직 공무원의 회원 자격을 박탈한다.)	6. 이것은 당신이 원하는 것인가? □ 네 □ 아니오
7. 사람들이 가입할 때 어떤 행동 규칙에 동의해야 하는가? □ 네 □ 아니오	8. 이런 규칙이 당신이 원하는 행동의 규칙인가? □ 네 □ 아니오 9. 그렇지 않다면, 새로운 것을 어떻게 만들 수 있는가?
10. 회원 회비가 있는가? □ 네 □ 아니오 11. 그렇다면, 얼마인가?	12. 이것이 당신이 원하는 회비인가? □ 네 □ 아니오

13. 회비나 회비 수준이 조직과 활동에 어떤 영향을 미칠까? (예를 들어, 회비가 회원의 참여 여부, 회원의 규모, 조직의 독립성에 영향을 미칠 수 있는가?)	14. 이것이 당신이 원하는 결과인가? ☐ 네 ☐ 아니오

가치와 규범

가치는 조직에 방향을 제시한다. 조직 규범은 안전하고 효과적으로 그 경로를 따라 이동하는 데 필요한 지침서이다.

가치는 핵심이다

조직을 뒷받침하는 가치는 조직 구조의 핵심 요소이다. 회원 지침, 규칙, 리더십 구조만큼 조직의 기초를 형성한다. 조직의 일상 업무에 이러한 가치가 존재하지 않을 때 평등, 존중, 공정성을 위해 일할 조직을 만들 수 없다.

조직 규범 설정

조직은 어떻게 핵심 가치를 계발할까? 어떻게 조직행동의 규범을 정할까? 성공적인 조직은 핵심 가치를 알고 구성원이 서로를 대할 수 있는 적절한 방법을 모델링한다.

　조직의 가치에는 정치적 목적뿐만 아니라 사람들이 회의에서

실시간 조직 규범 설정 – 브록톤 범종교공동체

모임에서 개인적 공격을 허용한다면 "우리는 모든 사람을 존중한다"는 언급은 효력을 잃게 된다. 이 이야기는 조직의 전반적이고도 즉각적인 목적뿐만 아니라, 조직 규범 형성에 세심한 주의를 기울이는 것이 왜 중요한지를 보여준다.

30명의 사람들이 매사추세츠 주 브록톤에 있는 교회 지하실의 접이식 의자에 앉아 있다. 모인 이들은 신부, 목사, 랍비, 그리고 13개 교회와 유대교 회당의 신자들이다.

그들 앞에는 다가오는 연례 대회에서 시장 후보들에게 제시하고자 하는 요구 목록이 있다. 그것을 'BIC(Brockton Interfaith Community)'의 도시계획 재구성'이라고 불렀다.

한 멤버는 조직의 가치를 제안하고, 이 이슈에 대해 이야기하면서 "도로에 난 구멍들이 없었으면 좋겠어요. 내 차가 낡아서요. 그렇지만 학교와 도서관에 돈을 주면 좋겠어요."

예산 삭감에 직면한 이 도시의 BIC 회원들을 위한 한 가지 선택은 분명하다. 도로 파손을 고치거나 학교를 고치는 것? 조직의 우선순위는 집단의 가치를 반영한다.

세율에 대한 질문을 하던 중에, 어떤 한 사람이 다른 사람을 향해 "선동가처럼 이야기하고 있다"고 말한다. 갑자기 어색한 침묵이 방 안을 가득 채운다. 이처럼 다른 회원을 개인적으로 공격한 사람은 아무도 없었다. 침묵이 이어졌고 아무도 무엇을 해야 할지 모르는 듯 보였다. 조직의 가치관을 확

인하고 조직행동에 대한 규범을 수립하기 위한 아주 중요한 순간이었다. 어떤 이슈에 대해 서로의 입장에 동의하지 않더라도 개인적으로 서로를 공격하지 않는다는 암묵적인 이해가 그동안 있었다. 잠시 침묵이 허공을 무겁게 드리웠다. 그런 다음 회의는 사업과 연례회의(총회)의 의제를 결정하기 위해 계속 진행되었다.

중간 휴식 시간에 나는 BIC 대표인 마티에게 복도에서 개인적으로 대화를 했다. '선동가' 발언을 언급하고, 그런 발언이 회의에서 환영받지 못한다는 것을 나타내는 말을 대표로서 해야 한다고 전했다. 아이디어나 정책을 비판할 수는 있지만 서로를 개인적으로 공격하는 것은 바람직하지 않다.

조직 규범 형성

회의가 속개되자, 마티는 아까의 그 '선동가' 발언은 BIC의 정신이 아니라고 했다. 그런 다음 몇몇 회원들은 하나님의 정신이 모든 사람에게 있다는 것을 강조하면서 누군가가 다른 사람의 동기를 공격하거나 개인적으로 누군가를 공격하는 것은 잘못되었다고 말했다. 회의실 전체에 공감의 웅얼거림이 퍼졌다. 회의에 참석하는 집단의 규범이 확인되었다. 그러한 가치에 공감하는 그룹의 힘이 공격을 한 사람에게 무게 있게 다가갔다. 그는 방 안에 있는 다른 사람들의 불쾌감을 느끼면서 조용하게 있었다. 이제 그런 식의 발언은 환영받지 못하며, 자신을 포함해 다른 사람들도 앞으로 그러한 발언을 하기 어렵게 되었다는 것을 알게 되었다.

서로를 어떻게 대하는지에 대한 규범도 포함된다.

조직은 무엇을 지지하는가?

조직은 정치인들로부터 특별하고 구체적인 개선만을 이끌어내는 것뿐인가? 회의 진행(이 경우 총회의 의제를 결정하는 것)을 방해받으면, 그에 따른 명확한 규정을 만들어야 한다. 시민적 의제와 함께 각 구성원을 존중하고, 공동체 의식을 구축하고, 서로를 돌보는 것 또한 중요하다. 그것 또한 활동의 일부이다. 만약 조직이 '선동가' 발언을 반대 없이 그냥 지나쳐 버렸다면, 그것은 다른 방식으로 확산되었을 것이다. 즉 특정한 개별 분야의 활동에만 중점을 두게 했을 것이다.

스토리

사회변화 활동과 종교적 가치의 연결

특정 유형의 그룹, 특히 종교 단체의 경우 가치와 규범이 분명하다. 1960년대 앨라배마 주 버밍엄에서 열린 인종차별철폐운동에 참여한 모든 사람들은 약속 카드에 서명했다.

서명자는 다음과 같이 맹세합니다.
1. 예수의 가르침과 삶에 대해 매일 명상하라.
2. 버밍엄에서의 비폭력운동은 승리가 아니라, 정의와 화해를 추구한다는 사실을 항상 기억하라.
3. 사랑으로 걷고 이야기하라. 하나님은 사랑이시니.
4. 모든 사람들이 자유로울 수 있도록 나를 사용하라고 매일 하나님께 기도하라.
5. 모든 사람들이 자유로울 수 있도록 개인적인 소원은 희생하라.
6. 친구와 적 모두에게 예의범절을 지켜라.
7. 다른 이들과 세상을 위해 일상적 봉사를 수행하라.
8. 주먹, 혀, 심장의 폭력으로부터 벗어나라.

6부 구조 찾기

그룹이 실제로 하는	이것이 그룹이 하고 싶은 일인가? 이것이 그룹의 실천이어야 하는가?
A 가치	
1. 조직이 표현하는 가치는 무엇인가? ----------------------------------- -----------------------------------	2. 이것이 조직이 원하는 가치인가? ☐ 네 ☐ 아니오 3. 만약 아니라면, 어떤 가치를 원하는가?
4. 이러한 가치를 입증하는 구체적인 행동은 무엇인가? ----------------------------------- -----------------------------------	5. 원하는 가치관을 보여주는 핵심 행동은 무엇인가? ----------------------------------- -----------------------------------
6. 이러한 가치에 반하는 행동은 무엇인가? -----------------------------------	7. 당신이 원하는 가치에 반하는 행동의 몇 가지 핵심은 무엇인가? -----------------------------------
B 조직 규범	
1. 어떤 조직 규범을 원하는가? ----------------------------------- ----------------------------------- 2. 어딘가 문서화되어 있는가? ☐ 네 ☐ 아니오	3. 회원들이 동의하는가? ☐ 네 ☐ 아니오

조직 운영의 기술

힘(power)은 … 목적을 달성하는 능력입니다. 그것은 사회적, 정치적, 경제적 변화를 가져오는 강력한 요구입니다. 이런 의미에서 힘은 사랑과 정의의 요구를 이행하기 위해 바람직할뿐만 아니라 필요합니다. 역사의 가장 큰 문제 중 하나는 사랑과 힘의 개념이 대개 상극(相剋)으로 대비시켰다는 것입니다. 사랑은 사랑을 부정하는 힘, 즉 그 힘을 포기하는 것으로 정의되었습니다. … 사랑이 없는 힘은 무모하고 모욕적이며, 힘이 없는 사랑은 감상적이고 빈약하다는 점을 깨닫는 게 필요합니다.

- 마틴 루터 킹 목사

세상에서 어떤 일이든 해내려면 힘이 필요하다. 이것은 물리학의 기본 법칙이다. 세상을 더 나은 곳으로 만들기 위해서는 힘이 필요하다. 힘은 당신이 원하는 것을 성취하고 행동하는 능력이다. 힘은 본질적으로 선하지도 나쁘지도 않다. 그것은 단순히 힘없이는 성취할 수 없는 것들을 성취할 수 있게 해 준다.

힘은 어디서 오는가? 민주주의의 힘은 다양한 근원에서 나온다. 법적 권한, 조직된 돈, 조직된 사람들, 그리고 좋은 정보는 모두 힘의 원천이다.

법적 권한은 공공 기업이나 행정 공무원 등이 일상생활을 관리하는 법률을 의미한다. 이 법적 권한을 지닌 행정 직책을 맡은 사람들은 수 천 명의 삶에 영향을 줄 수 있다. 커뮤니티 조직은 자신의 삶에 영향을 미치는 조건을 통제할 법적 권한이 거의 없다.

힘은 돈에서 나올 수 있고, 돈은 많은 문제으로부터 벗어나게 할 수 있다. 이웃들이 시끄러워하면, 돈은 더 조용한 동네에서 새 집을 구매할 수 있도록 해준다. 학교가 허름하고 책이 낡았으면, 돈은 사교육을 하거나 새로운 학교와 새로운 도서관을 살 수 있도록 해준다. 범죄가 문제가 된다면, 돈으로 개인 경호원을 살 수 있다. 만약 당신이 선출직에 출마한다면, 돈은 당신이 선출되도록 돕기 위해 광고와 전문 스태프를 사줄 것이다.

돈에 접근할 수 없다면, 당신의 힘은 다른 자원에서, 또는 자원의 혼합물에서 올 것이다. 이 책에서 우리는 조직화된 집단의 사람들, 얼마의 돈, 직면한 문제의 세부 사항에 대한 좋은 정보, 그리고 명확한 행동 계획에서 흘러나오는 힘에 대해 살펴볼 것이다. 나는 수년 동안 수백 명의 사람들에게 강력한 커뮤니티 조직을 구축하는 과정에 대해 가장 알고 싶은 것을 물었었다. 대부분의 대답은 "사람들을 모집하고, 그들을 계속 끌어들이는 방법"이었다. 그것이 사람들이 배우고 싶어 하는 지점이며, 이 책에서는 모집(recruit)을 강조한다. 이 장에서 설명한 것처럼, 조직화된 집단을 형성하면, 집단은 다른 힘의 원천, 특히 정보와 조직된 돈을 이용해 문제를 해결하고 변화를 만들어 낸다.

5장

모집이란

힘(power) 키우기

이 모든 이질적인 그룹을 조직하는 것은 빠르거나 쉬운 게 아니다. 수혜자 조직과 수년간의 관계 구축이 필요했다. 모든 그레이터 보스턴 범종교기구(GBIO)교회와 조직이 이 새로운 서비스의 직접 혜택을 받은 이민자를 회원으로 가진 것은 아니었다.

GBIO가 돈을 결합하여 은행의 1,000만 달러 고객이 되기 위해서, 조직은 가정과 커피숍에서 수천 건의 개인별 '일대일 미팅'을 진행했다. 이러한 관계가 조직과 개별 구성원의 삶의 구조로 직조되면서, 일부에게 주어지는 직접적인 이익이 다른 사람들에게도 이익을 주었다.

스토리

조직된 사람들은 돈도 조직할 수 있다

조직에 돈이 많지 않을 때에도, 함께 돈을 모아서 힘을 만들 수 있다. 미국에 온 많은 새로운 이민자들은 고향의 가족에게 돈을 보낸다. 은행은 이러한 송금에 대해 높은 수수료를 부과한다. 1,000달러를 보내려면 종종 100달러가 소요되기도 한다. 그래서 많은 회원 교회를 조직하여 당좌 계좌를 하나의 은행으로 통일시킨 다음, 은행의 천만 달러 고객이 되었다. 하나의 은행으로 사업을 결합시킴으로써 이 단체 회원들은 은행이 수수료를 낮추도록 압박했다. 이로 인해 많은 이민자들이 송금 수수료 수백 달러를 절약했다. 이것은 은행에 새로운 고객을 가져 왔고, 고향의 가족을 돕기를 원하는 새로운 이민자들에게 도움을 주었다.

일대일 모집이 성공의 열쇠이다

1991년, 인디애나 주 해먼드. 많은 미국 도시들처럼, 해먼드의 도심은 1970년대와 80년대에 쇠락했다. 1991년에 지방 연방판사는 도심지에 있는 연방법원을 철거하고, 멀리 교외에 새로운 법원을 건설할 계획을 발표했다. 지역 교회연합인 범종교시민단체(ICO)의 회원들은 이것이 도심지의 죽음을 의미하는 것이라고 여겼다. ICO는 그 움직임에 맞서 싸우기로 결정했다.

인디애나 주 해먼드 사람들이 연방판사들과 맞서기 전에 그들은 수백 건의 일대일 미팅을 진행했다. 한 교회에서는 9개월 동안 200명 이상의 회원들과 이야기했다. "우리는 가족 투쟁과 우리 공동체의 미래에 대해 많은 우려를 들었습니다." 한 목사가 말했다. 캠페인의 한 리더는 돌이켜 보면서, "우리는 항상 무리를 이룰 수 있었지만, 이 '일대일 미팅'이 우리를 더 깊게 했습니다. 그들은 꿰뚫고 있었어요. 사람들은 서로를 이해하게 되었고, 그것이 역동성을 만들어냈습니다. 우리에게 정당성과 기반을 주었습니다."

수년에 걸쳐, ICO는 선출직 및 연방 공무원의 책임을 요구하기 위해 도심지 사업, 지방은행 및 종교단체의 강력한 연합을 만들었다. 연방 규정과 워싱턴으로의 도로 여행, 의회 대표와의 협상, 그리고 수년 동안 모든 지지자들을 함께 지키기 위한 강력한 조직에 대해서 연구를 수행했다. 그들은 싸움에서 이겼다. 새로운 법원이 해먼드 시내에 재건축되었다.

ICO와 인디애나 주 해먼드 사람들은 느리면서도, 일대일 모집 및 관계 구축을 수행했기 때문에 강력해졌다. 이것은 커뮤니티에서 그들의 힘과 깊은 지지를 보여주었다.

정보 역시 힘이다

해먼드의 리더들도 연구를 했다. 법원을 이전하기로 결정한 사람이 누구인지를 알아낼 필요가 있었다. 연방 조달청과 의회의 여러 위원회와 관련하여 매우 복잡했다. 적절한 정보를 가지고 있으면 어느 정도의 힘이 생긴다.

모집의 이유

조직 만들기는 자원을 지속적으로 동원해야 한다. 사람이 핵심 자원이다. 좋은 사람을 찾는 것이 가장 중요한 일이다. 시간이 많이 걸린다.

지금 하고 있는 일을 왜 하는지를 아는 게 우선이다

사람들을 어떻게 모집하고, 어떻게 지속적으로 참여하게 할까?

먼저 자신에게 물어보라. 왜 모집을 하는가? 답은 분명해 보일지 모르지만, 사람들을 모집하는 데는 많은 시간과 노력이 필요하기 때문에 왜 그렇게 중요한지 명확하고 구체적인 이해가 있어야 한다. 그렇지 않다면, 당신은 필요한 일을 하지 않을지 모른다. 답을 안다고 생각하더라도 자신에게 물어보라. 왜 모집을 하지?

　　일부는 이미 회원을 보유하고 있다고 여긴다. 작은 그룹을 개발하고, 서로 편안하게 지내면, 곧 모집을 중단하고 만다. 이건 곧 곤경에 처할 조직이다. 지금은 문제가 없는 것처럼 보이지만, 곧 문제가 발생할 것이다. 세상을 바꾸고 싶지만 항상 새로운 구성원을 데려 오지 못한다면, 그 조직은 힘을 잃는다. 당신의 조직은 어떠한가?

모집은 친구를 사귀는 것과 다르다

　　조직을 강화하는 것 외에도, 모집은 당신에게 개인적인 이익을 가져다 줄 수도 있다. 이러한 개인적인 이유는 사람들에게 다른 사람들을 모집하도록 동기를 부여하는 중요한 부분이다. 하지만 모집으로 얻은 개인적인 이익은 좋은 것이지만, 모집을 하는 주된 이유인 것은 아니다. 사람들을 모집하지 않고도 동일한 개인적 결과를 얻을 수 있다.

　　모집에 집중하려면, 가입할 사람이 얼마나 많은지 목표를 수치로 정하는 것이 중요하다. 그렇지 않으면, 모집은 친근한 대화를 나누는 것으로 빠져들거나 새로운 개인 친구를 사귀는 것으로 끝날 수도 있다. 그것은 유쾌하지만, 조직을 구축하지는 못한다.

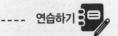

모집의 이유

왜 모집을 하는가?

언급되는 몇 가지 이유 :

- 숫자가 힘이다.
- 더 많은 사람이 있으면 더 나은 아이디어를 얻을 수 있다.
- 더 많은 기술을 가질 수 있다.
- 효과를 내기 위해 임계 질량(바라는 결과를 효과적으로 얻는 데 필요한 양)
  이 필요하다.
- 권위 있는 사람들이 적다면, 듣지 않을 것이다.
- 필요한 것을 시스템으로부터 혼자 얻을 수는 없다. 집단의 힘과 영향력이 필
  요하다.

스스로 상기해 보기위해, 왜 모집을 귀찮게 여기는지의 이유를 적어보자. 사람
들은 당신의 전화에 답하지 않을 것이다. 그들은 당신을 만나지 않을 것이다. 다
른 사람들은 가입하고 나서 자신의 약속을 따르지 않을 것이다. 만약 당신이 기
록된 목록을 가지고 있다면, 낙담할 때에 격려가 될 것이다.

사람들에게 가입을 요청하는 이유는 무엇인가? 왜 사람들이 필요한가?

모집을 하는 개인적 이유

회원 모집에서 얻는 개인적 이익을 이해하려면, 개인적 이익과 조직적 목적을 분리하는 게 좋다. 모집을 즐기고 그로부터 혜택을 받는 것은 괜찮다. 개인적 혜택은 당신이 계속 모집하도록 동기를 부여할 수 있다. 단지 개인의 필요를 조직의 목적으로 대체하지 말아야 한다.

모집을 위한 개인적인 이유는 다음과 같다.

- "사람들의 이야기를 듣는 게 좋아요."
- "사람들과 함께 있는 게 즐겁습니다."
- "사람들과 이야기할 때 새로운 아이디어를 얻어요."
- "사람들이 나와 다르게 생각하고, 내가 볼 수 없는 방식으로 사물을 보는 데 도움을 주기 때문이에요."

모집에서 얻는 것은 무엇인가? 그 안에는 무엇이 들어 있는가?

숫자의 중요성

때로는 모집의 필요성이 분명해질 것이다. '투표하러 가자(Get Out the Vote, GOTV)'는 캠페인에서, 선거에 이기기 위해서 5,000명에게 전화를 걸어야 할 수도 있다. 아무리 빨리 전화를 걸어도 직접 할 수는 없다. 만약 사람들을 미리 모집했다면, 100명을 확보하고 있었을 수도 있다. 그렇다면 선거날 각자 50명의 유권자에게 연락할 수 있다. 그러면 목표에 도달하고 선거는 승리한다. 만약 당신이 충분히 모집하지 않았다면, 당신은 단지 10명의 사람들만 확보하고 있었을 것이고, 아마도 500명이나 1,000명에게만 연락할 수 있을 것이다. 당연히 승률은 낮아진다. 이런 이유로, 모집의 필요성과 자원봉사자 한 명의 역량이 갖는 가치는 분명하다.

어떤 종류의 멤버들?

일반적으로 강력한 커뮤니티 조직을 구축하려면 적극적인 회원 참여가 필요하다. 이것은 커뮤니티나 사회의 변화를 만들기 위해 필요한 일반적인 요구이다.

하지만 반드시 적극적으로 참여하는 회원일 필요는 없고, 회비를 더 많이 납부하는 회원만을 원하는 경우가 있을 수 있다. 회비를 납부하는 회원 숫자를 알리는 것만으로도 해당 조직이 지역사회의 지지를 받고 있다는 사실을 드러내는 데 도움이 된다. 이런 성격의 회원이 왜 필요했는지를 잘 알고 있다면, 그렇다면 괜찮다.

이러한 신입 회원들은 현재 여러분의 주장을 뒷받침하는 것 외에도, 미래의 활동적인 참여자와 리더의 자원이 될 것이다. 오늘은 누군가가 잠재력만 가지고 있을 수 있으나, 나중에는 그 사람이 더 많은 일을 하게 된다.

조직 만들기

지금 당장 선거가 다가오지 않아서, 모집의 필요성이 확실하지 않을지도 모른다. 혼자 또는 한두 명의 신뢰할 수 있는 친구와 함께 일을 더 잘 관리할 수 있는 것처럼 보일 수 있다. 그렇다고 해서 조직이나 커뮤니티가 그냥 만들어지는 것은 아니다. 장기적으로 볼 때 그것은 효과가 없다. 일은 쌓이고, 친구들은 다른 요구를 하기 시작하고, 그러면 당신은 지쳐서 소진될 게 뻔하다. 단기적으로는 스스로 하는 것이 효율적이다. 그러나 장기적으로는 조직과 당신 자신에게 치명적인 영향을 미친다.

성장하지 않는 조직은 죽어간다

조직은 항상 유실된 구성원을 대신하기 위해 신입 회원을 모집해야 한다. 회원들은 여러 가지 이유로 떠난다. 어떤 사람은 흥미를 잃었고, 어떤 사람은 멀리 이사를 간다. 또 어떤 사람은 더 흥미로운 새로운 것을 찾았다(혹시 사람 관계나 로맨스를 찾아 그룹에 들어온 이도 있을지도 모른다). 어떤 사람은 지쳐 떨어졌고, 어떤 사람은 자신이 하려는 문제를 해결해서 더 앞으로 나아간다.

커뮤니티 역시 변한다. 변화하는 시대에는 새로운 아이디어가 필요하다. 고참 회원만 있는 조직은 새로운 도전 과제를 충족시키기 위해 새로운 기술이나 전략을 시도하는 데 소극적일 수 있다. 강력한 조직은 기존 리더의 아이디어에 도전하기 위해 신입 회원을 모집한다. 신입 회원을 모집하는 것은 새로운 인원과 힘을 배가할 뿐만 아니라, 자기 자신과 조직의 운영의 기존 방식에 대해 안주하지 않도록 자극을 준다.

신입 회원은 그 자체만으로도 조직이 현재에도 여전히 사람들

에게 유의미하다는 점을 보여주는 것이다. 사람을 모집하는 것은 조
직의 가치와 존재의 중요성을 시험하는 것이기 때문이다.

누구를 모집할까?

대표적 집단

특정 집단(학부모, 노동자, 지역과 동네 주민, 거주자)을 대표하는
조직을 만들려면, 현재 집단 전체를 대표하는 사람들을 모집해야
한다. 조직은 사람들의 삶에서 중요한 개선을 이루기 위해 많은 사
람들이 필요할 수 있다. 이것은 조직에서 필요한 모든 사람들이 환
영을 받아야 함을 의미한다. 대표성을 바라는 모든 그룹은 조직을
강화하고 목표와 계획을 개발하는 데 나서게 된다. 이미 알고 있는
사람들, 이미 편안함을 느끼는 사람들끼리만 있으면 이 일을 할 수
없다.

조직 멤버십과 문화가 커뮤니티의 특정 집단만을 대표한다면,
포괄적인 조직이 되기 위해서는 엄청난 노력이 필요하다. 나중에
야 회원 자격을 '다양화'하려고 한다면, 그런 '다양한' 집단의 사람
들은 현재는 자기 대표성을 발휘하지 못해서 그저 이용당하고 있기
때문에 새로운 사람들이 가입하지 않을 것임을 알게 될 것이다. 따
라서 처음부터 진정으로 대표적인 그룹을 확보하는 일에 대해서 시

간을 갖고 체계적으로 노력해야 한다.

철학적으로 다양성을 믿거나, 다양한 커뮤니티의 일원이 되는 것을 즐길 수도 있고, 다양성을 받아들이는 이데올로기나 이상주의를 가질 수도 있다. 아니면 그 반대이거나. 어느 쪽이든 다양성이 필요할 수도 있다. 목표를 달성하기 위해서는 특정 수의 지지자들이 필요하다는 것을 알기 때문이다. 예를 들어, 목표(회의에 모이거나, 선거에서 투표하거나, 제품을 보이콧하는 것 등)를 달성하기 위해서 얼마나 많은 사람들이 필요할까? 당신은 계산을 한다. 만약 자신의 집단이 강력한 다수라면, 더 다양한 집단을 하나로 모을 필요가 없다. 하지만 숫자가 늘지 않거나 가까운 미래에 필요한 숫자가 확보되지 않는다면, 다양한 집단의 사람들을 포함시키기 위해 노력해야 한다. 당신이 그저 친절하거나 이상을 추구하기 위해서 이렇게 하는 게 아니다. 계산을 해보고, 이기고 싶어서 이러는 것이다.

가치, 자기이익, 열정

결국 원하는 그룹을 대표하는 사람들을 모집하는 것에 덧붙여 조직의 가치를 공유하는 사람들을 원한다.

사람들의 가치를 측정하는 방법은 여러 가지가 있다. 아이들을 어떻게 대할까? 숙제를 돕는 모임에 아이들을 데려가는가? 다른 사람의 말을 듣는가? 항상 말을 하는 편인가? 회의가 끝난 후 컵을 치우는가? 회의가 끝나면 그때서야 나타나나? 사람들에 대한 관찰과 직관을 활용하자. 이 사람은 당신이 편안하게 느끼는 사람인가? 인종차별, 동성애혐오, 반유대주의 발언을 하는 사람이 회원이 되도록 허용하는가? 만약 그렇다면, 이것은 당신의 어떤 가치를 의미하는가? 모든 관점을 얻을 수 있는 이러한 당신의 능력으로 무엇을 할 수 있는가? 목표를 달성하기 위해 필요한 사람들을 끌어들이는 능력에 어떤 영향을 미칠까?

만약 나 자신을 위한 게 아니라면, 누가 나를 위해 존재할까? 만약 나 자신만을 위한 것이라면, 나는 무엇인가? 지금이 아니라면, 언제?
- 랍비 힐렐 장로(1세기), 『Sayings of the Fathers』(1945년)

당신은 이슈 그 자체가 아니라, 그 이슈에 관심을 갖고 있는 사람들을 원한다. 단순히 이슈에 대해 개인적인 자기이익(Self-interest)을 가진 사람들을 찾는 게 아니라, 자기이익이 깊이 동기 부여되고, 편협하지 않은 사람을 찾고 있다.

그들의 이야기는 무엇인가? 그들의 동기는 무엇인가? 자신은 개인적인 동기가 전혀 없다고 말하는 사람은 주의해야 한다. 그들은 단지, 진짜로 다른 사람들을 돕기 위할 뿐일 수도 있어서, 조직에 오래 머물지 않을 것이다. 또한 자기 자신만을 돌보는 것처럼 보이는 사람들도 주의해야 한다. 당신의 조직이 관심을 가지고 있는 이슈에 대해 깊은 관심을 가지고 있는 사람들을 원한다. 하지만 다른 사람들뿐만 아니라 자기 자신에 대해서도 생각하는 사람들을 원한다.

분노 : 뜨거운 것과 차가운 것
사람들을 모집하는 데 있어 분노의 장소는 중요하고도 복잡하다. 당신의 집단이 해결하고자 하는 문제에 대해 가장 화가 많이 난 사람들이 좋은 모집 대상자로 보일지 모르지만, 지속적인 조직을 구축하는 데 관심이 있다면, 분노는 힘의 원천이 되기보다 오히려 문제가 될 수 있다.

하버드 사무기술직노동조합의 조직자인 크리스 론도는, 존 호어(1930~2015, 저널리스트)의 저서에서 지적한 바와 같이 '뜨거운 분노'의 장소를 이렇게 설명한다.

"분노는 노조 조직화의 적이라고 생각해요. 조합원이 되어서, 야비하지 않고, 공격적이지 않고, 단지 반대만 하지 않고, 자기표현과 노동자의 목소리를 믿을 수 있게 하는 환경을 만드는 것은 조합의 책임입니다. 분노로만 강하게 이끌어 간다면, 파국에 이르게 할 수 있어요."

- 존 호어, 『We Can't Eat Prestige』(1997년)

분노로 가득한 사람은 아마도 조직을 만들지 못할 것이다. 폭력에 대한 언어적 폭발이나 분위기로 드러내는 뜨거운 방식으로만 화가 나 있다면, 그들은 좋은 멤버가 될 가능성이 없다. 하지만 분노, 특히 내면 깊숙이 타오르는 느리고 '차가운' 분노(자신이 대우받는 방식에 대한 분노, 자신이 목격한 불의에 대한 분노)는 힘과 지속의 원천이 되기도 한다. 기억이나 경험에서 분노를 공유하는 열정적인 사람들은 최고의 멤버가 될 가능성이 크다.

에드 챔버스(Ed Chambers)는 어떤 흑인 목사들이 분노에 대해 어떻게 말하는지를 설명한다.

"분노와 슬픔은 우리의 가장 열정적인 기억과 꿈에 뿌리를 두고 있습니다. … 깊은 슬픔에 뿌리를 둔, 집중화된 분노는 흑인교회 조직화의 핵심 요소입니다."

- 에드워드 T. 챔버스, 『Roots for Radicals』(2003년)

이런 종류의 분노나 열정은 기억에 뿌리를 두고 있으며, 희망과 옳고 그름의 감각에서 자라난다. 이것은 "시청과 싸울 수 없다"는 패배적 사고방식과 "모든 정치는 부패했지, 해봐야 별 소용이 있겠어?"라는 냉소주의를 물리칠 수 있다.

분노가 폭력을 의미하는 것은 아니다. 1960년대 초, 비폭력과 '학생비폭력조정위원회(SNCC)'의 대표를 강력하게 지지했던 존 루이스(John Lewis)는 다음과 같이 설명한다.

"믿음, 희망, 용기는 SNCC가 초기에 딥사우스에서 수행한 활동의 필수적인 요소였다. 그리고 분노 역시. SNCC에서는 우리 사이에 분노가 있었지만, 적어도 초기 단계에서는 좋은 분노, 건강한 분노였다. 그건 긍정적이고 건설적인 분노의 유형이었다. 우리는 온건한 반역자였다. 우리는 모두 반란에 관한 것이었지만, 그것은 악한 것에 대한 반란이었다. 전체적 시스템과 인종 차별의 구조였다."

— 존 루이스, 『Walking with the Wind』(2017년, 드라마)

기억은 우리를 움직인다

내가 브룩클린 세입자조합에서 자원봉사자로 일할 때, 렌트컨트[14]를 규정을 놓고 싸우고 있었다. 렌트컨트롤 규정이란 임대료를 물가상승률보다 높게 인상할 수 없는 규정이다. 도시행정위원회 선거가 다가오고 있었다. 한쪽은 렌트컨트롤 규정을 찬성하였고, 다른 한 쪽은 반대하였다. 나는 임대비규제 주택에서 살고 있었다. 그럼에도 불구하고 자원봉사자로서 캠페인에 뛰어 들었고, 하루 종일 "투표하러 가자!" 독려하면서 캠페인을 위해 15명의 선거구 책임자 활동을 진행했다.

나는 렌트컨트롤 규정를 받는 아파트에 사는 나이 든 여자를 만난 적이 있다. 만약 이 규제가 없어지면 임대료가 상승하기 때문에 이사를 가야 할 것 같다고 걱정하고 있었다. 나는 부엌에 앉아 그녀의 말을 들었다. 그녀는 내 할머니를 떠올리게 했다. 엄마가 내게 들려준 모든 이야기들이 기억났다. 매년 브롱크스의 한 아파트에서 다른 아파트로 이사를 가야 하는 소녀 시절, 달랑 쇼핑백 두 개에 들어갈 수 있는 물건들만 가지고 갈 수 있었다. 나는 렌트컨트롤 규정을 없애려는 사람들에게 화가 났다. 그들은 자기들의 구역 외에 사는 나이든 할머니의 부엌에 앉아본 적도 없었다. 혼자 살고 있는 할머니가 이사를 가야 할지도, 그 일이 그녀에게 얼마나 힘든 일인지에 대해서도 모를 것이란 점에서 화가 났다. 나의 할머니가 아주 연로했을 때, 집주인이 아파트 난방을 꺼버려서 할머니와 다른 세입자들이 억지로 이사를 가야했던 일이 기억났다. 당시 나에게 일어난 일, 거리 아래의 여자에게 일어난 일, 내 부모, 할머니에게 일어난 일에서, 분노가 끓어올랐다. 그 냉정한 분노가 선거운동을 계속하게 했다. 우리가 이겼을 때 큰 파티를 열었고 내가 변화를 만들어냈다는 것을 알았다. 엄마와 할머니를 위해, 한편으로는 나 자신을 위해 그런 일을 하고 있었다.

왜 조직에
가입할까?

모든 사람은 두 가지를 원한다. 개인으로 보이는 것과 자신보다 더 큰
어떤 것의 일부가 되기를 바란다.
- 출처 미상

사람들은 여러 가지 이유로 커뮤니티 조직에 가입한다. 사람들을 그룹에 가입시키고 참여하도록 하려면, 가입하는 이유를 이해시켜야 한다.

나는 "어떤 그룹에 가입하였나요?"라는 질문을 여러 계층과 인종, 국적을 가진 수백 명의 사람들에게 했다. 90퍼센트는 요청을 받아서 그룹에 가입했다고 말했다. 전단지나 신문 광고를 보고 가입한 사람은 상대적으로 아주 적었다. 매우 드물지만 종종 동기부여가 높은 사람들은 스스로 가입할 그룹을 찾기도 했다. 대부분의 사람들은 알고 있는 누군가가 자기에게 요청했기 때문에 가입한다. 직접 얼굴을 마주보고. 이것은 중요한 발견이다. 사람들이 여러분의 그룹에 가입하기를 원한다면, 직접 그들에게 요청해야 한다. 이것이 효과가 있다. 사람대 사람, 1대1 미팅. 편지, 전단지, 신문 광고, 인터넷, 대량 이메일, 우편물, TV 또는 라디오와 같은 공공 서비스 매체 및 기타 미디어와 같은 다른 것들을 시도할 수는 있다. 하지만 지속

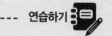

모집 연습 : 왜 가입하게 되었나요?

사람들은 자기 나름의 이유와 의지를 가지고 기꺼이 조직에 가입하고 참여한다. 다시 떠올려 보자. "어떻게 참여하게 되었나?"

❶ 어떤 시점을 생각해 보라(어린 시절이나 지난주로 거슬러 올라가면 가능하 다). 어떤 그룹들에 가입했나?

그룹 1 : _____

그룹 2 : _____

❷ 무엇이 당신을 그룹에 가입하게 했는가?

_____

_____

나는 '무엇이 그렇게 하게 했는가?'라는 말을 좋아한다. 이런 질문을 던지면 행 동을 일으키는 생각(사고)보다는 특정한 행동을 만들어내는 행위나 경험에 초 점을 맞출 수가 있다. 리더나 조직자로서 사람들을 모집하는 데 가장 효과적인 방법이다.

❸ 바로 전에 있었던 일은 무엇이었나?

_____

_____

❹ 구체적인 사건(당신의 마음의 프레임이나 조직에 대한 기존 생각이 아니라) 을 생각해보자. 당신이 가입하게 된 구체적인 행동은 무엇이었나?

_____

_____

❺ 그 그룹에 대해 어떻게 들었나? 누구로부터, 어떤 방식으로?

나는 _____ 라는 방법으로,

_____ 로부터 그룹에 대해 들었다.

❻ 누군가 당신에게 가입을 요청했다면, 어떻게 요청했는가? 직접 만나서 부탁
했을까? 전화로? 편지로? 이메일로?

---

❼ 실제로 어떤 말을 했나? 구체적으로 어떤 낱말을 사용했나?

---

❽ 가입하기 직전에 무슨 일이 있었는지 또 기억나는 게 있는가?

대부분의 사람들과 같다면, 당신은 누군가 권유했기 때문에 그룹에 가입했을 것
이다. 그 사람은 단지 '누군가'가 아니라 당신이 알고 신뢰하는 특정한 사람이었
을 것이다. 아마도 그 사람이 직접 가입하라고 부탁했을 것이다.

적인 효과가 있는 것은 한 사람 한 사람에게 직접 요청하는 것이다.
여러분의 그룹도 다를 바 없다.

확신이 서지 않으면, 친구들에게 왜 그룹에 가입했는지를 물어
보라. 걸 스카우트, 해병대, 볼링 팀, 독서 그룹, 교회 등에서 활동
하고 있는 사람들 대부분은 평소 알고 지내던 사람이 요청했기 때
문이라고 답할 것이다.

💡 빠른 팁

모집의 비밀

Q : 회원을 모집하는 가장 좋은 방법은 무엇인가?
A : 한 번에 한 명씩, 사람들에게 직접 요청하는 것이다.

"사람들은 누군가 직접 가입을 요청할 때, 가입한다."

질문이 생길 것이다. : "너무 느리지 않나요?"

느리게 보일 수도 있지만, 효과는 확실하다.

평소 언론에 너무 충격을 받아서 개인적인 접촉이 효과적이지
못할 거라고 생각할 수도 있고, 더 스마트한 방법이 필요하다고 생

각할 수도 있다. 하지만 TV 광고를 볼 때 느끼는 감정과는 달리, 당
신이 아는 사람에게 뭔가를 하라고 권할 때의 기분이 어떤가? 어떤
그룹인데? 적어도 치약을 팔지는 않겠군! 당신은 사람들에게 자신
의 가치에 기초하여 시간과 돈을 의미 있게 사용하도록 요구하고 있
는 것이다.

무엇이 그 안에 있나?

사람들에게 가입을 요청하는 것이 핵심이지만, 이것이 그들의
동기부여와 지속적인 오랜 참여를 보장하지 못할 수도 있다. 당신을
알고 좋아한다면, 호의적으로 참여할 수는 있다. 하지만 그들 자신
의 이유와 필요에 따라 참여해야 한다. 당신이 그룹에 가입했던 이
유를 기억해 보라. 당신이 참여했던 이유는 다른 사람들에게 참여
하도록 동기를 부여하는 것과 같은 이유일 가능성이 높다. 생각해보
자. 그 안에 뭐가 있었고, 지금 뭐가 있는지를.

당신이 모집하는 사람들은 대부분 당신과 비슷할 것이다. 그들
은 조직에서 무언가를 얻어내고 싶어 할 것이다. 조직이 그들을 위
해 무엇을 할 수 있을까? 그러기 위해서는 조직 안에 무엇이 있는
지를 배워야 한다. 좀 복잡한 문제이다. 사람들은 여러 가지 이유로
가입한다. 당신이 가입한 조직에서 얻은 모든 것들을 되돌아보자.
물론 개인적인 것도 있다.

- 사람들과 함께한다는 것과 자신의 아이디어를 고마워한다는
  느낌을 누릴 수 있는 기회
- 자신의 아이디어를 표현할 수 있는 기회

- 자신의 기술과 능력을 사용할 수 있는 기회
- 지적으로나 영적으로 성장할 수 있는 기회
- 합창을 할 기회
- 친구나 새로운 친구를 만날 장소
- 정말 좋아하는 사람과 함께할 수 있는 기회
- 인생에서 어떤 힘을 느낄 수 있는 기회
- 인생에서 어떤 의미를 가질 수 있는 기회

다른 것들은 당신이 생활하거나 일하는 환경과 더 관련이 있다.

- 약물이나 에이즈, 범죄의 문제를 바꿀 수 있는 기회 – 당신을 정말로 괴롭히는 그 무엇
- 정말로 몰랐던 이웃을 알게 될 기회. 그저 사람들이 더 친했으면 좋겠다고 여길 뿐이다. 동네 사람들을 아는 것이 안전하고, 더 나을 것이라고 생각한다.
- 세금이나 공공요금을 낮추거나 더 나은 의료 서비스, 더 높은 임금, 더 나은 근로조건 또는 더 나은 학교를 얻을 수 있는 기회
- 공원을 청소하거나 이웃의 소음을 줄일 수 있는 기회
- 골목길 쓰레기, 과밀학급, 직장에서의 대우, 또는 학교에서의 동료 학생들에 대한 부당한 대우에 대해 화가 나는 일에 대해 뭔가를 할 수 있는 기회

현실의 이슈와 현실의 사람

많은 이들은 왜 사람들이 조직에 가입하는지에 대해 잘 알지 못한다. 자기 자신의 이유를 이해하기가 더 쉽다. 사람들이 그 단체에서 추구하는 이슈에만 관심이 있다고 생각할지도 모른다. 급한 이슈는 쓰레기 수거, 높은 임금, 저렴한 주택, 더 나은 학교, 마약 문제를 없애거나 신호등을 설치하는 것이다. 하지만 사람들이 단지 급한 이슈에만 관심이 있다고 생각하면 많은 것을 놓치게 된다. 사실, 그들이 관심을 갖는 것이 그뿐이라면, 당신의 조직에서 오래 지속될 가능성이 없다. 시급한 이슈를 넘어서 그 이후를 보지 않는다면, 사람들을 오랫동안 조직 안에 머물게 할 수 없다. 사람들의 현상적인 모습의 이면을 볼 수 있어야 하고, 무엇이 그들을 움직이게 하는지를 알아야 한다.

관계를 만드는 것이 핵심이다

이 정보를 왜 알고 싶은가? 그것은 관계를 구축하고 있기 때문이다. 단지 일련의 해야 할 과제를 위해 여분의 손을 모으는 게 아니다. 리더, 책임을 지는 사람, 결국에는 스스로 주도적으로 일할 사람을 찾고 있는 것이다. 주도성을 발휘하려면 많은 사람들의 격려와 지지가 필요하다. 모든 가능성을 열어놓고 찾아야 한다.

　마땅히 책임을 지는 완벽한 리더를 찾을 수는 없다. 그런 사람을 찾을 가능성은 없다(만약 그렇다면, 그런 리더는 오히려 당신을 모집하려고 외출했을 가능성이 더 높다!). 뭔가 가치 있는 사람이나, 뭔가를 하고 싶어 하는 사람, 바쁜 생활 속에서도 시간이 조금 있는 사람, 그리고 자신의 개인적인 이익을 증진시키는 일을 하는 사람들을 찾아야 한다. 그들이 무엇에 관심이 있는지를 알아내고 그들이 누구인지를 파악해야 한다. 반대로 그들도 당신이 누구인지를 좀더 이해해야 한다. 이런 관계에서 서로에게 영감을 주고 도전할 수 있다.

조종해서는 안 된다

　새로운 조직자들은 가끔 모집을 위해서 사람들을 잘 다루어야 한다고 생각한다. 이것은 단기적으로는 효과적일 수 있다. 그러나 힘을 행사할 수 있는 오래 지속되는 조직을 구축할 때는 유용하지 않으며, 오히려 조직에 해를 끼칠 수도 있다.

　어떤 조직자들은 자신의 역할(자원봉사자를 모으려는 노력)을 정직하게 공개하면, 잠재적인 자원봉사자들을 가입하지 못하게 할 것이라고 여긴다. 이런 사고방식을 따르는 조직자들은 자신이 하는 일을 숨기거나 신비화하려고 한다. 이런 관행은 필요한 활동을 모호하게 하고 강력한 조직을 구축하는 것을 어렵게 만든다.

　조직자들은 어떤 외관 뒤로 모집 목적을 감추고 있을 때, 사람들이 자신에게 무엇이 좋은지 모를 거라고 무의식적으로 암시하고 있다. 당신이 하는 일이 사람들에게 가장 이익이 된다고 믿는다면, 사람들을 속여서 그렇게 할 필요가 없다. 적절한 개방과 격려를 받으면 사람들은 그 행동을 하기로 선택할 것이다.

강력한 관계와 강력한 조직

"함께 일하려면, 서로를 좋아해야 한다."

— 호레이스 스몰

강력한 관계가 효과적인 조직을 구축한다. 조직 활동은 관계성, 사기 및 의사소통이 강할 때 보다 효율적으로 이루어진다. 공동 목적은 필수지만, 강한 관계는 사람들을 그 목적을 향해 계속 움직이게 하는 일종의 접착제이다.

어떤 이들은 이런 관계를 '여성적 조직 방식'이라고 부른다. 어떤 여성들은 이런 식으로 조직을 하는데, 매우 효과적이다. 하지만 남성들도 그렇게 한다. 와이오밍에 있는 국제전기노동자조합에서 만난 카우보이 부츠를 신은 키가 180센티미터인 전신주 가설공을 결코 잊지 못한다. 콜로라도와 와이오밍에서 전신주를 오르내리는 데 노동시간의 대부분을 보내는 많은 남성 가설공들은 자신의 조합원 모집 및 유지 방법을 이렇게 설명한다. "그냥 안아 줘요." 그가 말했다. 또 다른 조직자는 매달 볼링을 하면서 회원들을 노조와 연결시키는 것을 설명하기 위해 끼어들었다. 그 자리에 있던 모든 사람들이 고개를 끄덕였다. 이런 방법들이 그들에게는 공감이 되었다.

관계가 조직을 유지한다

하버드 사무기술직노동조합

구성원 간의 개인적인 관계가 강하면 조직은 스트레스를 견딜 수 있다. 하버드 사무기술직노조의 조직자들은 하버드대학에서 노동자들을 대학의 '적'으로 간주했기 때문이라기보다 오히려 조직자와 다른 조합 지지자와의 강력한 개인적 관계 때문에 다른 직원들을 조합에 가입시킬 수 있었다. 하버드노조 조직자들은 직원들에게 노조에 관한 것뿐만 아니라 모든 종류의 주제에 대해서도 이야기했다. 개인적인 삶과 가족, 그리고 날씨 등. 사람들이 함께 모여서 이야기를 나눌 수 있도록 금요일 오후에 '채팅방'을 열었다. 스트레스를 줄이고 조직을 구축했다. 관계가 강한 곳에서는 루머가 발생하거나 확산되기가 어렵다.

강한 관계는 자신에 대한 보상이다

처음에 조직에 가입한 이유를 기억해보라. 어떤 이유로 그 그룹에 속하게 되었는지를 살펴보라. 많은 경우 그룹에서의 관계의 질이 사람들을 계속 참여하게 한다. 하버드노조의 마리 만나(Marie Manna)는 사람들을 조합 미팅에 참석하도록 모집하는 데 성공한 사례를 말한다. 전단지를 보내거나 뉴스레터를 부치는 데에는 재주가 별로 없었지만, 사람들에게 직접 전화를 걸어 미팅에 대해 이야기했다. "아직 만나지 못했지만 만나고 싶어요." 그러자 전에는 오지 않은 14명의 사람들이 나타났다. "사람들은 환영받는 공동체 일원이 되고 싶어 해요. 누군가 자기를 만나고 싶어 한다는 것 때문에 온 거예요."

14 렌트컨트롤은 임대료 폭등을 규제하여 세입자를 보호한다는 취지로 만들어진 주택정책을 말한다. 임대 통제 주택과 임대 안정 주택으로 나누며, 이를 합쳐서 임대 규제 대상 주택이라고 한다. 이는 임대 비규제 대상 주택과 크게 구별된다. 임대 비규제 대상은 임대료 선정에 대해 행정의 규제를 받지 않는다.(역주)

6장

모집의 기술

마침내! 이제 밖으로 나가서 회원들을 불러들일 시간이다.

커뮤니티 조직에서 할 수 있는 가장 좋은 학습 방법은 관찰과 연습, 성찰이다. 이번 장에서는 두 가지 모집 상황, 즉 문 두드리기(짧은 방문)와 일대일(긴 방문)을 살핀다. 그런 다음 모집에 필요한 두 가지 중요한 이유, 즉 특정 업무를 위한 모집과 민주적인 조직을 구축하는 데 초점을 맞춘 모집에 대해 살핀다. 그 과정에서 몇 가지 모집 과정을 듣고, 역할극을 하고, 관찰한 내용을 비평할 것이다. 이 장에서 동료 한두 명과 대화 샘플을 읽고 토론해 볼 수 있고, 모집을 하러 나가기 전에 직접 역할극을 해볼 수 있다. 그에 대해 이야기하는 것이 더 많은 것을 배우는 방법이다. 이 장에 나온 것과 똑같은 연습과 비평 방법을 사용하면 된다.

이전에 모집 경험이 없는 초보자에게는 경험 있는 조직자를 찾거나 누군가 모집하는 것을 옆에서 관찰할 수 있다면 정말 좋다. 이 장의 내용을 연습 과정의 자료로 활용하면 된다.

모집을 처음 할 때는 얼음물에 다이빙하는 것처럼 느낄 수 있다. 그러니 심호흡을 하고 시작하라. 다음에는 더 잘할 수 있는 학습을 매번 할 것이다. 조직을 수십 년 동안 꾸려왔어도, 배울 건 남아있다. 그러니 너무 겁먹지 않아도 된다. 조직에 가입하기를 권유하는 이유는 사람들에게 자신의 이익을 추구할 수 있는 기회를 주는 것이다. 이것이 중요하다. 사람들에게 강요하지 않고 그들에게 기회를 주고 있는 것이다. 사람을 만나는 것이 즐거우면 모집이 아주 재미있을 수 있다. 그러니 시간을 즐겨보라!

가르치지 말고, 들어라

사람을 모집하려고 할 때 가장 흔한 실수는 너무 많은 이야기를 하는 것이다. 조직이 얼마나 훌륭한지, 그들에게 얼마나 좋은 일인지, 그리고 얼마나 큰 의미인지에 대해 지나치게 길게 이야기한다. 그 내용은 다 사실일지도 모른다. 하지만 모집을 할 때는 별 쓸모가 없다. 그냥 듣는 것이 더 좋다.

가능성 있는 신입 회원이 누구인지, 그리고 왜 조직에 가입할 수 있는지를 알아야 한다. 그래서 들어야 한다. 귀를 기울여 보면 조직이 그들에게 어떤 의미를 지니는지 알 수 있다. 그들이 어떻게 그룹에 가장 잘 참여할 수 있는지, 어떤 역할이나 활동을 가장 잘할 수 있는지를 발견할 수 있다.

듣는 방법 두 가지

어떻게 들을까? 부분적으로는 당신이 얼마나 많은 시간을 가지고 있는지, 어디에 있는지, 그리고 각 사람과 함께 얼마나 많은 시간을 보내고 싶은지에 달려 있다. 모집할 상황은 아주 많다. 그 중 두 가지 기본적 상황을 다룬다. 물론 특별한 상황은 다를 수 있고, 아니면 이 두 가지가 혼합된 것일 수도 있다.

방법1 :
짧은 방문, 노크하기

짧은 방문을 지금 하거나 아무 때나 할 수 있다고 판단할 수 있다. 이것을 "문 두드리기(door-knocking)"라고 부른다. 왜냐하면 집집마다 방문하여 이웃을 조직하는 것에서 유래하기 때문이다. 이 짧은 방문은 사람들을 만나는 다양한 환경에서 이루어질 수 있다. 짧다는 것은 5~10분 정도로 대화를 나눈다는 것이다. 이런 식으로 더 많은 사람들과 이야기할 수 있으며, 향후 더 긴 대화를 위해 재방문할 수 있는 사람들을 식별할 수 있다.

가기 전에 : 짧은 방문 준비
연습 먼저!
가능성 있는 회원을 연결하고 신뢰를 쌓는 데 약 30~40초가 소요된다. 그래서 밖으로 나가기 전에, 하려는 말을 정확히 연습해야 한다. 할수록 더 쉬워진다. 정확한 단어는 중요하다.

아는 사람에게 여러분의 말을 듣거나 녹화한 다음에, 스스로를
검토하기 위해 동영상을 만들어 보라. 처음 몇 번을 제대로 하지 못
했더라도 걱정하지 마라. 태어날 때부터 모집하는 법을 아는 사람은
아무도 없다. 방법은 첫 시작을 쉽게 말할 수 있을 때까지 계속 노
력하는 것이다.

부분을 보기

문 앞에 있는 사람은 처음 몇 초 내에 당신을 가늠할 것이다.
옷이나 외모가 장애물이 되도록 해야 한다. 조직을 식별하는 버튼
이나 배지를 착용하는 것도 좋다. 어떤 경우에는 사진 식별 배지를
사용하여 조직의 합법적인 대표자임을 확신시키기도 한다.

친구와 함께 가기

낯선 사람과 잠깐씩 냉정하게 만날 때, 문을 두드리거나, 쇼핑
몰에 서 있거나, 시내 중심가에 서 있거나 간에 반드시 파트너와 함
께 가야 한다. 가능하다면 남녀 쌍으로 가면 좋다. 그러면 사람들이
말을 걸 때 편안하게 느낀다. 또한 커플로 가는 것이 혼자 가는 것
보다 안전하기도 하다.

문에서 문으로, 한 단계씩

그래서 당신은 모든 자료를 가지고 있고, 파트너도 있고, 계획
도 있어서, 첫 번째 문 앞에 있다. 이제 무엇을 해야 하나?

똑똑!

신입 회원을 위한 멤버십 카드

나가기 전에, 미리 멤버십 카드를 만들어 가입을 결정할 때 바로 사람들에게 건네준다. 그러면 조직은 당신이 모집한 사람들과의 관계를 즉시 구축할 수 있다.

그림1 : 멤버십 카드 샘플

앞쪽 :

-------------------------- (이름)

'오렌지 그로브 개선협회'의 회원임을 증명합니다.

회원 자격 만료 -------------------- (날짜를 작성)

뒤쪽 :

미션 : '오렌지 그로브 개선협회'는 오렌지 그로브 시의 모든 거주자의 삶과 기업의 상태를 개선하기 위해 노력하는 회원 조직입니다. 인종, 국적, 종교 또는 성적 취향에 관계없이 모든 사람에게 열려 있습니다.

빠른 팁

전단지 놓기

아무도 없는 집에 남겨두기 위해 한 장짜리 전단지를 준비한다. 전단지는 이해하고 읽기 쉬워야 한다. 가장 중요한 것은 이름과 전화번호를 적어두는 것이다. 관심 있는 사람들은 연락을 한다.

항상 주중에 갖다 놓는다.	'사우스스트리트개선위원회'에서 들렀습니다. 저희는 귀하의 견해를 듣고 싶습니다. 다음 회의에 참석해 주십시오.
해당 연도를 표시했는데, 몇 년 후 전단지를 발견했을 때 언제 사용했는지를 알 수 있다.	• 목요일 • 2007년 3월 16일 • 오후 7:30 - 9:00
항상 시작과 종료 시간을 알린다.	• 안건 : 에버렛공원 청소 방법 • 게스트 : 레크리에이션위원 폴 매카시
유명 인사가 오면, 이것을 알려라. 사람들은 기대한다.	자세한 내용은 다음과 같습니다. • 연락처 : 마이클 브라운 999-9999
연락처를 기입해야 한다.	• 이메일 : Mbrown@website.org • 웹사이트 : www.websitename.org
회비를 포함해서 조직의 기본 사항에 대해 언급한다.	'사우스스트리트개선위원회'는 지역발전단체입니다. 저희 목적을 지지하는 모든 거주자(선출직 공무원 제외)에게 문이 열려있습니다. 연회비 50달러입니다.

누군가 문을 열면 다음 단계를 따른다.

1. 미소 짓기. 그 사람의 눈을 보고, 당신과 단체의 이름을 말한다.

2. 스스로 권위 있고 정당하게 행동한다. 이것은 다양한 형태를 취할 수 있다. 동네에 살고 지역조직을 만들려고 한다면 이웃이 되는 것만으로도 정당한 일이다. 만약 당신이 단체의 일원이라면, 그 집단이 이미 한 일을 말해보라("우리는 지난 달 브로드웨이 전 도시를 청소하게 만든 단체입니다"). 지역 리더가 당신을 추천했을지도 모른다. 이것도 또한 약간의 권위를 부여한다(예를 들어, "나는 마호니 신부와 함께 일합니다.", "잘츠만 랍비께서 제안하셨어요." 자신을 합법화하는 가장 빠른 방법은 허락 없이 누군가의 이름을 사용하는 것이다!).

3. 방문한 이유 설명하기. "당신이 걱정하는 것을 알기 위해 왔어요." "동네 사람들"이 아니라 "바로 당신(선생님, 아주머니 등)"이라고 해야 한다. 설문 조사를 하는 게 아니다. 그리고 모든 사람이 생각하는 사안이 아니라, 바로 '당신'이 생각하는 바를 알고자 하는 것이다. 한 번에 한 사람을 모집한다. 기억하라, 이 방법이 분명 효과가 있다.

4. 그리고 듣기. 짧은 방문은 그 사람에 대해 조금 알아보는 것이다. 말을 많이 하면 안 된다. 상대방이 당신을 방문 판매원으로 생각할지 모르지만 크게 개의치 말라. 어떤 사람들은 세일즈맨이나 인구조사원이 아닌 사람이 문 앞에 서서 자신이 어떤 것에 대해 어떻게 생각하는지를 묻는 것에 당황

할 수도 있다. 이런 일은 자주 일어나지 않는다. 그들은 다른 접근법에 익숙하다.

5. 열린 질문을 던지기. '예, 아니오'로 답할 수 없는 질문들을 던져야 한다. "흠, 잘 모르겠어요."라고 대답하면, 그들이 무엇을 걱정하는지를 묻는다. 그리고 다른 사람들에게서 들은 몇 가지를 언급한다("어떤 사람들은 브로드웨이의 교통에 대해 걱정하고 있습니다. 아이들과 노인들이 에버렛스트리트 근처의 횡단보도가 얼마나 위험한지를 걱정하고 있습니다. 다른 사람들은 쓰레기 수거에 대해 걱정하고 있고, 쓰레기 수거일이 지나자 정말 엉망진창이 되었다고 합니다. 또 다른 사람들은 타이어 공장이 매일 밤 내뿜는 연기에 대해서, 또 학교의 교육재정이 충분하지 않다고 우려하고 있습니다. 이런 것들이 걱정되나요? 아니면 다른 것들이 더 있나요?").

6. 대화에 그 사람을 참여시키기. 그 문제에 대해 뭔가를 해야 한다는 데 동의를 해주었으면 좋겠지만, 네 그래요, 이 일을 주도할 집단을 갖는 것이 더 좋을 것이다.

7. 만약 회원 회비가 있다면. 방문한 사람들에게 반드시 언급하도록 한다. 사람들은 앞에서 회비를 언급하지 않으면 종종 잘못 알고 있기도 한다.

8. 사람을 초대해 가입시키기. 가입하겠다고 하면 회원 카드를 그 즉시 바로 작성하게 한다. 만약 거절하면, 이해한다고 말하고, 당신과 이야기하는 데 시간을 보낸 사람에게 감사를 표시하면 된다.

9. 사람의 이름과 전화번호를 물어본다. 가능하다면, 집주소도 함께 기록하면 좋다.

10. 집에 아무도 없다면, 전화번호와 주소를 포함한 모든 관련 정보가 들어 있는 한 쪽짜리 전단지를 남겨두어, 연락을 취할 수 있게 하면 된다.

 빠른 팁

노트 지참

만약 길거리에 나가 있거나 많은 사람들을 만나고 있다면, 당신이 어디에 있었는지, 본 사람들의 이름은 무엇이고, 누가 집에 있었는지, 그리고 전단지를 남겨놓았는지에 대해서 기록을 남기면 좋다. 짧은 시간에 많은 집들을 두드리다 보면, 우리의 기억이 그리 신뢰할만하지 않다는 것을 금방 알게 된다. 같은 집에 있는 같은 사람에게 돌아가 똑같은 질문을 던지는 등, 나는 이런 실수를 너무 많이 저질렀다. 창피한 일이다. 처음에는 어떤 집을 방문했는지 잊지 않을 정도로 좋은 기억을 가지고 있다고 생각하면서 메모하는 것을 싫어했다. 하지만 종종 틀렸다. 중간에 어디에서 시간을 좀 늦추고, 불필요한 반복 방문으로 시간을 낭비하지 않도록 주의해야 한다. 파일 카드, 공책, 거리 지도, 사용 중인 주소록에 메모를 보관할 수 있다. 어디서 그런 일을 하든 상관없다. 그저 기록을 읽고 그 기록을 이용해서 방문과 그 이후의 후속 조치를 할 수 있도록 하기 위해서이다.

방법2 :
긴 방문 – 일대일 미팅

이 방법은 관계를 발전시키고 리더를 찾는다. 그것은 일하는 문화와 상황에 따라 40분에서 60분 정도, 때로는 더 긴 시간이 소요된다.

80대20 법칙

사람을 모집하는 것은 사람들의 관심사를 파악하고, 그 관심사가 조직의 이익과 어떻게 겹치는지 파악하는 것이 기본이다. 즉 다

 빠른 팁

시간에 대한 판단

여기서 제안하는 시간은 40분에서 60분 사이이다. 조직에는 많은 사람이 필요하다. 많은 사람을 모집하려면 많은 사람을 방문해야 한다. 한 사람과 너무 오래 시간을 보내면, 설령 그 사람이 좋은 전망을 보인다고 해도, 다른 사람을 놓치게 된다. 언제나 사람을 다시 만나볼 수 있다. 판단력과 상식을 이용해야 한다.

른 사람에 대해 배우고 싶다는 뜻이다. 따라서 당신이 해야 할 일의
대부분은 귀를 기울이는 것이다.

　　누군가를 조종하거나 무언가를 팔려고 하면 안 된다는 점을 기
억해야 한다(심지어 아이디어일지라도). 그 사람에 대해 배우고, 당신
의 조직과 그 사람의 자기이익(Self-interest) 사이에 어떤 연관성이 있
는지를 알아내야 한다.

　　이런 미팅에서는 약 80퍼센트의 시간 동안 듣고 20퍼센트의 시
간 동안 이야기하는 것이 엄연한 원칙이다. 만약 당신이 20퍼센트
이상을 말하고 있다면, 상대방에 대해 알아내기보다는 뭔가를 팔고
있는 것이다.

　　이건 잡담을 나누는 게 아니다. 목적이 있는 것이다. 상대방이
무엇을 중요하게 여기는지, 가치관이 무엇인지, 커뮤니티 관계가 어
떠한지, 얼마나 많은 시간을 가지고 있는지, 다른 어떤 단체에서 활
동하고 있는지, 자기이익이 무엇인지, 그리고 이 사람을 어떻게 움
직일 수 있는지를 알아내야 한다. 한 번의 짧은 논쟁에서 모든 것을
발견할 수는 없고, 올바른 질문을 하고 주의 깊게 들어보면 많은 것
을 알 수 있다.

머릿속에 목록을 넣고 가라

　　방문하기 전에, 조직을 위해 할 수 있는 가능한 업무 메뉴들을
염두에 둔다. 다음 내용이다.

- 단체 모임/회의에 참석하기
- 회의 알림 전단지 배포하기

- 전화하기
- 회의에 쿠키를 가져오기
- 연례 만찬에 도움이 될지 알아보기
- 대표와 약속을 잡기
- 다음 미팅은 그 사람의 교회에서 개최하도록 준비하기
- 봉투 넣기
- 사무실의 자원봉사자
- 함께 커피 마시기. 친구에게 단체에 대해 모두 이야기하고 그들의 걱정을 듣는다.
- "길 건너에 사는 메이지를 소개해 주세요. 함께 방문하지요."

그런 아이디어를 얻고, 실제 방문에서, 상대방의 한계와 관심사를 들으면서 이 사람에게 첫 번째 좋은 과제가 무엇이 될지를 생각해본다.

기계적으로 행동하지 마라

관심을 가진 척 할 수 없다. 기계적으로 경청하면 안 된다. 이것은 더 많은 회원을 모집하는 영리한 기술이 아니다. 진정으로 그 사람이 누구인지에 관심을 가져야 한다. 그렇지 않다면, 그냥 멈춰라! 만나는 것도 중단하고. 커뮤니티를 만들고 이 사람에 대해 알고 싶다고 진심으로 믿어야 한다. 그렇지 않다면, 차라리 집에서 쉬어라. 애초에 이런 일을 할 필요가 없다.

방문 계획 방법

이렇게 좋은 조언도 밖으로 나가서 직접 실행하지 않으면 아무 소용이 없다! 누군가 쉬운 사람부터 시작해 보자. 물론 방문 전에 계획을 세워야 한다. 만나야 할 사람에 대해서 다음의 정보를 채워 넣자. 이 사람에 대해 이미 알고 있는 것은 무엇인가?

❶ 가입 조직 :

❷ 과거 활동 :

----

❸ 가족 :

----

❹ 네트워크 :

----

❺ 현재 활동 :

----

❻ 단체를 위해 무엇을 요청할 수 있는가?

빠른 팁

식사와 일대일 미팅

이 일을 하면서, 심지어 식사나 커피를 마시면서 누군가와 미팅을 할 때, 음식을 많이 주문하지 않는다. 음식이 아니라 그 사람에게 주의를 기울이고 싶기 때문이다. 내가 20퍼센트만 이야기한다고 해도, 음식으로 가득한 입으로는 이야기하고 싶지 않다. 배가 고플 때도 듣기가 어렵다. 가끔은 미리 간식을 먹기도 한다.

대화 모델

이런 대화를 소개한다. 이 일대일 방문 모델에서 나는 누군가를 '범종교행동'이라는 가상의 단체로 모집하려고 한다. 이 단체는 학교를 개선하고, 저렴한 주택을 짓고, 도시의 다른 조건을 개선하기 위해 노력하는 신자들의 조직이다. 조직이 다를 수도 있고, 이슈가 다를 수도 있다. 당신은 부엌이나 피자 가게, 사무실 또는 직장에서 만날 수 있다. 그러나 (말을 많이 하는) 판매가 아닌 청취의 원칙은 동일하게 유지된다.

이 예에서 나(조직자)는 종교 신자이며, 봉사 활동에서 본 적이 있지만 잘 알지 못하는 사람들을 모집하고 있다. 일단 그녀를 '앨릭스'라고 부르자. 중간 커피타임 동안, 함께 커피를 마시자고 했다. 대화는 다음과 같은 방식으로 진행될 수 있다. 박스는 대화에 대한 나의 논평이다.

몸짓 언어는 중요하다. 편안하게, 하지만 주의 깊게. 또한 쌍방향 대화가 되도록 나 자신에 대해서도 충분히 공유하고 싶다. 사람들이 자기 자신에 대해 많이 털어놓지 않을 경우, 상대방이 자신에 대해 많은 것을 털어놓을 것이라고 기대할 수는 없다.

마이클(조직자) : 안녕하세요, 와 주셔서 감사합니다. 교회에서 자주 뵌 적이 있지만, 사실 제대로 인사를 못했어요. 저는 12년 동안 이곳에 다녔어요. 어렸을 때 뉴욕에서 자랐지만, 지금은 이곳에 살고 있어요. 아내와 두 아이가 있고, 일단 여기가 마음에 들어요. 좀더 공동체가 되기를 바라지만요. 막내 아이가 태어났을 때, 아내는 꽤 아팠고, 많은 이웃들이 우리를 도와주었어요. 요리도 해주고, 식료품을 가져 와서 현관에 놓고 가기도 하고. 그건 그렇고 주 예산 삭감을 당해서 학교가 걱정돼요. 애들이 이제 고등학교에서 밴드와 스포츠 활동을 해야 하고, 3학년 학생은 28명인데, 인원이 너무 많아요. 당신에 대해 좀 말해 주시겠어요?
그녀가 말을 쉽게 하기 위해 간단하게 열린 질문을 하면 좋다. 열린 질문이란 '예' 또는 '아니오' 답을 요구하지 않는 질문이다. 그녀가 자신에 대해 말하는 것 중에서 뭔가 꺼리를 찾아야 한다.

앨릭스(잠재 회원) : 흠, 저는 디트로이트에서 이사를 왔고요, 광고회사에서 일해요. 그래서 그런지 저는 항상 종이에 뭔가 아이디어를 그려서 정리하는 것을 좋아해요. '모리스&모리스'회

사에서 8년 동안 일했고, 남편과 여섯 살, 열 살짜리 두 아들과
함께 경마장 근처 이스트 클로버데일에서 살아요. 교회에 나온
지는 약 4년 됐고요.

마이클 : 이 교회엔 왜 오게 되셨어요?

그녀는 말을 멈췄다. 다시 이야기하게 하고 싶으면, 공통점이 있는 걸
물어봐야 한다. 다시 한 번, 열린 질문을 한다. 이 질문을 하는 건 그
녀의 가치관에 대해 뭔가 알아내고 싶어서이다. 왜 교회에 나올까요?
가족 전통일까요? 그녀에 대해 더 많이 알아내려고 하고 있고, 교회가
그녀에게 어떤 의미인지 알아내려고 하고 있다.

앨릭스 : 음, 저는 영적이고 공동체 지향적인 곳을 찾고 있었는
데, 이곳이 마음에 들어요.

몇 가지 단서 포인트가 있다. '영적이고 공동체 지향적인 곳.' 이것은
'영성'과 '공동체 지향성'이 그녀에게 중요하다는 것을 나타낸다. 공동
체 그룹에 관심이 있을 수 있다는 좋은 신호이다. 그녀가 다른 많은
말을 했을지도 모른다. 남편이나 아이들을 위해 함께 했다고 말할 수
도 있다. 여러분은 그 이야기들 사이를 들어야 한다. 그녀에게 있어서
중요한 것을 이해하려고 노력해야 한다. 그녀가 말을 많이 하지 않으
므로, 좀더 부드럽게 물어봐야 한다. 천천히.

마이클 : 어떤 점이 좋았나요?

앨릭스 : 글쎄, 사람들이 일단 친절하고, 저는 목사님과 신자
들이 사회적 행동에 관심이 있다는 게 좋았어요.

여기에 큰 단서가 있다. 그녀는 신자들이 '사회적 행동'에 관심이 있다고 말했다. 이것은 그녀가 커뮤니티와 정치 상황에 관심이 있다는 점을 말한다. 그녀는 그룹에 도움이 될 수 있는 사람처럼 보인다. 따라서 사회행동 활동을 명확히 하기 위해 좀더 구체적인 질문을 할 수 있다.

마이클 : 아, 그게 관심이 있군요?

앨릭스 : 아, 네. 전 늘 커뮤니티에 참여하려고 노력했지만, 지금은 풀타임으로 일하고 있고 애들이 있기 때문에 힘들어요.

그녀는 흥미가 있지만 시간은 제한되어 있다. 가족과 함께 보내는 시간을 심하게 침범당하는 것을 좋아하지 않을 것이라는 표시를 하고 있다. 천천히, 여러분 단체에 관여하는 것이 두 자녀와의 관계를 위태롭게 하지 않는다는 사실을 보여주어야 한다. 두 자녀가 그녀에게 매우 중요하다는 것을 나타낸다. 그녀는 이에 대해 매우 개방적이다.

마이클 : 이해해요. 저도 애들이 둘이에요. 시간이 많이 걸리기는 한데, 중요하죠. 나이든 사람은 적어도 한동안 정치에 관심이 있었지만, 지금은 예술적 측면을 탐구하고 있는 것처럼 보이네요. 그들이 어디로 갈지는 아무도 모르지요. 사람들이 하고 싶은 걸 했으면 좋겠어요. 근데 사회적 행동의 어떤 분야에 관심을 있나요?

낯선 사람과는 거리를 두지 마라. 사람들은 모두 역사, 자기이익, 그리고 자기 이야기를 가졌다. 상대방도 당신을 알게 되길 바란다. 자기 자신에 대해 이야기하는 것이 편하다고 느낄 수 있도록 충분히 자신을

드러내서 공유해야 한다. 그 관계는 쌍방향이어야 한다. 반면에 여러
분 자신에게 그 대화의 초점을 맞추지 마라.

앨릭스 : 사실, 그건 제가 하는 명상과 독서, 그리고 항상 커뮤
니티에 관여했던 부모님으로부터 온 거예요. 아버지는 은행에
다니셨지만, 거짓말을 해서 사람들에게 돈을 빌려준 구식 세대
였어요. 물론 그들이 돈을 갚을 거라는 것도 알고 있었서도요.
또 다른 단서이다. 사람의 가치관에 관심이 있다면, 조직은 가치에 기
반을 두고 있으며 구성원의 가치에 의해 유지된다는 사실도 알고 있
을 것이다. 여러분은 공유하는 가치(지역사회 복지뿐만 아니라 자신의
복지에 대한 우려 등)를 가진 사람들을 찾고 있다.
이 단서는 그녀가 아버지로부터 뭔가를 배웠다는 것을 알려준다. 우리
는 가족으로부터 가치관을 배운다. 항상 좋은 교훈은 아니지만, 가족
으로부터 배운 가치는 깊이 자리 잡고 있다. 그녀가 자신의 가치관을
어디서 배웠는지를 이해해야 한다. 어린 시절에 가족으로부터 가치관
을 획득한 사람들은 그 가치관을 지속하는 경향이 있다. 이것은 또한
그녀에게 동기 부여하는 방법을 아는 데 도움이 된다. 문학교사로부
터 가치를 받았다면 문학은 그녀의 마음이 향한 길이 될 수 있다. 위
와 같은 코멘트는 많은 것을 말해 준다. 다시 말하지만, 그녀는 오래
이야기하지 않는다.

마이클 : 그래요? 저희 부모님이 말씀하신 것 역시 오늘까지도
저에게 영향을 미쳐요. 어머니는 사회복지사셨는데 항상 옳고

그름이 있다고 하셨어요. 중간은 없어요. 옳다고 생각되는 일만 하셨어요. 잘못되었다고 생각되는 일은 하지 않았어요. 그리고 부모님이 열심히 일하는 모습을 보고 자랐기 때문에, 저도 열심히 일하는 가치에 대해 뭔가를 배웠다고 생각해요. 부모님이 가르쳐준 거에 대해 어떻게 생각하세요?

다시 한 번, 그녀의 가족 가치에 대해 더 많은 것을 알아내기 위한 다른 열린 질문. 여러분은 그녀가 자선심에서 커뮤니티 이슈에 관심이 있는지, 아니면 자기 자신을 위해 그러한지를 알고 싶다. 조직에서 잘하는 사람들은 자신의 복지에 관심을 가지고 있다. 그들은 다른 사람들에게 단지 잘해야 한다고 생각하는 공상적인 박애주의자들이 아니다.

앨릭스 : 글쎄, 부모님은 항상 우리에게 커뮤니티에 뭔가를 돌려주려고 노력해야 한다고 말하셨어요. 가진 게 뭐든 간에, 우리 자신을 위해 사용하지 말라고 하셨어요.

마이클 : 그래서 예전에 그런 일을 해본 적이 있으신가요?

여기에서 당신은 그녀가 과거에 실제로 무엇을 했는지 알아내려고 한다. 실제로 어떤 일을 했을까? 누군가가 조직에 기여할 수 있는 가장 좋은 지표 중 하나는 과거에 비슷한 일을 했는지 여부이다. 이전에 자신의 가치관을 실행에 옮겼는지를 알고 싶어 한다.

앨릭스 : 네, 제가 예전에 살았던 교회에서요, 남편이 해고되기 전에. 그리고 우린 여기로 이사를 와야 했어요. 하지만 요즘

은, 아니, 별로. 정말로 너무 바빴어요. 아이들과 일, 남편과 가
족, 그리고 엄마는 요즘 건강이 좋지 않아요. 아버지가 돌아가
신 후로 엄마와 더 많은 시간을 보내려고 해요.

**다시 말하지만, 그녀의 활동 가능성에 대한 더 중요한 단서가 있다. 이
러한 모든 정보는 그녀의 필요, 조직의 필요에 대해 판단할 수 있게 한
다. 어떻게 이 둘을 연결시킬까?**

**커뮤니티 조직을 구축하는 일은 지역사회의 일부분을 구축하는 것과
같다. 여기에는 조직의 문제를 넘어서서 사람들의 일상 삶에서 일어나
는 일에 대한 관심이 포함된다. 여러분은 조직의 구성원이자 리더로서
사람들의 삶에 대해 확인해 보아야 한다. 그녀의 가족에 관한 이 정
보는 가치가 있다. 그녀의 어머니가 아프고, 그녀와 더 많은 시간을 보
내고 싶어 한다는 점을 기억해야 한다. 그녀가 집에서 할 수 있는 일
들을 조직 내에서 찾을 수 있다. 봉투 작업을 하거나 집에서 전화를
걸 수도 있다.**

마이클 : 아, 안됐군요.
앨릭스 : 2년 전 일이고, 오랫동안 많이 아팠어요.
마이클 : 그래요, 여기 도시에 대해서는 어떻게 생각해요? 그
렇게 오래 있지 않았다고 했는데요.

**그녀의 현재 상태와 우려, 그에 대한 의견을 계속해서 듣고 싶다. 또
다른 열린 질문을 해야 한다. 이는 계속해서 경청하고 있다는 것을 확
인시키기는 것이기도 한다.**

앨릭스 : 흠, 어렸을 때 여기서 살았어요. 할아버지 할머니는 여기 출신이고, 예전에는 농부셨죠. 열 살 때 이사를 갔어요. 근처에 사촌들이 몇 명 있지만, 별로 보이지는 않아요.

그녀의 지역사회 뿌리에 대한 더 좋은 정보. 이 뿌리는 개인 역사를 소중히 여기는 공동체에서 그녀의 신뢰를 제공한다. 이제는 조직이 관여한 다른 주제로 이동해도 된다.

마이클 : 두 아이가 있다고 하셨죠. 여기 학교들은 어때요?

앨릭스 : 아, 좋아요. 나이 많은 아이들이 5학년에 너무 많지만서도. 선생님이 마음에 들지만, 그 모든 아이들에게 어떻게 관심을 기울일 수 있을지는 모르겠어요.

마이클 : PTA(학부모회)나 뭐 그런 일에 관여한 적은 있어요?

앨릭스 : 사실 하나 찾았는데, 학교에는 없는 것 같아요.

마이클 : 뭔가 할 수 있는 방법이 있다면, 좀더 나은 일을 하고 싶은 것 같네요.

이것은 중요한 질문이다. 그녀가 얼마나 기꺼이 활동을 할 수 있을지 알기 위해 질문을 했다.

앨릭스 : 글쎄요, 아마도, 전 활동을 많이 하지 못해요. 도움이 될지도 모르지만, 지금은, 어머니가 아프셔서, 별로 도움이 되지 않을 거예요. 어머니를 계속 돌봐야 해서. 정말 많이 아프세요.

그녀는 "도와줄 수 있을 것"이라고 했지만, 물러서야 할 시간이다. 그

녀가 어떻게 이 일을 할 수 있는지 생각해야 한다.

마이클 : 그래요, 힘드시겠어요. 저도 어떤 건지는 알아요. 제 이모도 건강에 문제가 있어서, 언젠가는 제가 이모를 돌봐야 할 수도 있어요. [앨릭스의 어머니의 건강에 대한 간단한 토론이 이어진다. 그런 다음 대화의 목적으로, 일대일 미팅의 목적으로 되돌아 간다.] PTA를 찾으러 갔다고 하셨죠? 어느 학교였죠?

앨릭스 : 가필드학교요.

마이클 : 그 학교 알아요! 그 학교 어때요?

앨릭스 : 교장선생님과 내가 만난 선생님들 대부분이 마음에 들어요. 열심히 하시는 것 같은데, 아이들이 너무 많아서 괜찮을지는 잘 모르겠어요.

마이클 : PTA를 찾으러 갔다고 했지요. 그리고 제가 '범종교행동' 단체에서 활동하고 있는 것은 아시죠. 여름에 아이들을 위해 수영장을 열도록 시에 요청하고, 유권자들이 고등학교와 초등학교 두 곳을 수리하기 위해 채권 문제를 통과시키려고 노력했어요. 또 은행이 더 저렴한 주택에 자금을 지원하도록 하려고 하고, 동네를 보다 안정적으로 만들 수 있도록 더 많은 것을 하려고 해요. 그런 일에 관심이 있으세요?

여기에서 그녀의 관심사와 조직의 활동이 서로 맞는 지점을 찾고 있다. 이것은 꽤 직접적인 질문이다. 그녀가 어떤 일을 기꺼이 할 수 있을지를 알고 싶어 한다.

앨릭스 : 물론, 저는 학교에 관심이 있어요. 제 아이들 때문에라도. 하지만 채권 이슈에 대해 별로 들어본 적은 없어요. 아버지가 대출과 담보 대출에 대해 이야기하곤 했지만, 나는 주택에 대해서는 잘 몰라요.

마이클 : 교회를 마치고 나서 약 1시간 동안 짧은 토론 모임이 있어요. 저를 포함해서 '범종교행동'에서 온 사람들도 있고요. 거기에 와보실래요?

여기서 그녀가 어떤 행동을 취하도록 명백하게 요구한다. 그것은 터무니없는 요청이 아니다. 그녀는 이미 교회의 일원이고, 토론 모임은 많은 걸 요구하지 않는다. 한 시간 정도라고, 분명히 말해야 한다. 그녀가 가정 시간을 잘 지켜야 한다는 걸 알기 때문이다.

앨릭스 : 언제라고요?

마이클 : 두 번째 주, 3월 20일 일요일이고요. 오전 11시부터 12시까지예요. 예배 직후에 교회 지하실에서 해요. 이런 사안에 대해 좀더 알 수 있을 겁니다.

앨릭스 : 괜찮은 것 같네요. 그럼 그때 뵐게요.

요약하기 : 모집인은 무엇을 하나요?

신입 회원 모집인(이 사례에서는 내가 대상이었다)은 대화 샘플에서 구체적인 전략을 모델링했다. 이러한 기술은 모집 미팅을 수행할 때 유용하다. 몇 가지 핵심 원칙을 강조한다.

1. 내 관심사와 생활에 초점을 맞추지 않았고, 서로 공통점이

있는 것(아이들)에 대해 이야기했다.

2. 질문을 계속하면서 상대방 스스로에 대해 생각하고 자신에 대해 이야기하도록 했다.

3. 상대방에게 어떤 일에 전념하도록 강요하지 않았고, 압력을 가하지도 않았다. 상대방의 관심 분야와 시간 제약을 고려하여 구체적인 내용을 권했다.

누군가의 집에 있을 때

누군가의 집에서는 식탁이 대화하기에 좋은 장소다(보험설계사들도 그렇게 말한다). 벽에 걸린 가족사진, 농구 트로피, 좀 떨어진 곳에 걸려 있는 벽걸이 등 집 장식은 방문처의 사람들에 대해 많은 것을 알려준다. 어떤 것이 열린 시야에 있다면, 그것에 대해 물어본다. 그것이 눈에 잘 띄어서 묻는 것은 아니다. "아, 저분들이 당신 아이들인가요?" "최근 사진인가요?" "저 농구 선수는 누구죠?"

때로는 집에서 보는 것들이 사람들의 가치에 대한 대화를 나누는 계기를 제공한다. 여긴 어디고, 왜 있는 거예요? 모두가 공정한 기회를 가질 자격이 있다고 보세요? 여자 농구 코치를 자원한 적이 있나요? 왜 어떤 학교들은 큰 체육관과 멋진 운동장을 가지고 있고 어떤 학교는 아이들이 놀 수 있는 주차장만 가지고 있는 걸까요? 왜 일부 동네 사람들은 디젤 버스에서 연기를 뿜어내고 다른 사람들은 좋은 기차 서비스를 받는 것일까? 사람들이 세상에서 옳고 그름에 대해 어떻게 생각하는지 밝혀내는 방법은 아주 많다.

음식과 음료

　제공하는 음식이나 음료를 모두 받아들여야 한다. 그것이 종교적인 믿음이나 다른 어떤 믿음에 위배되지 않는 한, 또는 특별한 의학적 이유가 있는 것이 아니라면 말이다. 음식과 음료, 심지어 물 한 잔, 어떤 것이든 성찬식을 불러일으킨다. 이것은 유대감 형성의 오랜 전통이다. 하지만 조심하라. 이래서 모집 행위는 살이 찌게 된다. 만약 주인이 정말로 마음에 들지 않는 것을 제안한다면, 물 한 잔만 부탁해라. 지난번에 방문했을 때 잔뜩 먹었다고 해도, 물 한 잔은 언제든 받아들일 수 있다. 술은 바람직하지 않다. 지금은 일을 하고 있는 중이다. 조심해야 한다.

스토리

문화의 중요성

내가 처음으로 조직한 활동 중 하나는 매사추세츠 주 리비어에서 있었다. 아일랜드인, 유대인들뿐만 아니라 이탈리아인도 많이 있었다. 이탈리아인들은 항상 나에게 음식을 먹였다. 어느 날, 아일랜드 가정의 부엌에 앉아 있었는데, 바로 내 앞에는 음식 바구니가 놓여 있었고 배가 고팠다. 그때 주인이 말했다. "우리는 아일랜드 사람이에요. 우리는 그냥 음식을 내놓아요. 특별히 먹으라고 하지는 않아요." 나는 고맙다고 말하고는 뭐 좀 먹어도 괜찮은지 물었다. 그는 그렇다고 했고, 그때야 나는 먹었다.

문화의 차이

문화적 차이를 인식하라. 다양한 음식의 의미, 심지어 물의 의미까지도 이해해야 한다. 예를 들어, 일부 아이티계 미국인은 수돗물 한 잔을 받아들이지 않을 것이다. 왜냐하면 그런 행위는 고국에서 열등하거나 심지어 위험한 것으로 간주된다는 것을 경험했기 때문이다. 그렇게 부탁하는 것을 모욕으로 받아들일 수도 있다. 문화의 차이는 사람들이 개인적인 문제에 대해 직접적으로 말하는 방식, 대화중에 얼마나 가까이 서 있어야 하는지(또는 앉아있어야 하는지), 눈 접촉의 중요성, 이름 사용, 당신보다 훨씬 나이가 많은 사람(또는 당신보다 훨씬 어린 사람) 등을 대하는 방식 등 다양하다. 이 무언의 신호에 주의를 기울여라. 문화적 미묘함이 무엇인지 잘 모른다면, 그 문화권의 멘토를 찾아 물어보라. 아니면 그 문화권에서 온 파트너와 함께 방문하는 것이 더 낫다.

나는 그 상호작용의 문화적 차원을 의식하지 못했다. 주인이 설명해 준 것은 내게는 행운이었다.

미팅이 끝난 후

기록하기

모집 대화가 끝난 후(하지만 그 대화가 진행되는 동안은 아니다), 이 사람에 대해 들었던 중요한 것들을 상기시키기 위해 메모를 하라. 이 일은 곧바로 해야 한다. 미팅이 끝난 직후에, 그 사람에 대한 기억이 사라지기 전에 시작해야 한다.

내가 일대일 미팅을 많이 할 때는, 미팅이 끝난 즉시 내 차에 가서 기억하는 중요한 사항을 모두 적었다.

이 일대일 미팅을 수백 번을 쓰고, 각자에 대한 짧은 메모를 기록한 후, 나는 사람들의 삶에 대한 세부적인 기억이 향상되었다는

 빠른 팁

간단한 3x5 카드

3x5인치(7×12cm) 카드는 유용하다. 첨단 기술은 아니지만 신뢰할 수 있다. 그리고 카드는 파일 상자에 잘 들어맞는다. 알파벳순으로 보관하라. 대화 샘플의 경우, 3x5 카드는 다음과 같을 것이다.

일대일 방문의 기록 샘플
- 방문일 : 2002년 2월 23일
- 앨릭스 스미스 : 클로버데일, 메이슨 테라스 54번지
- (핸드폰) 010-889-6756, (유선전화) 878-6750 내선번호 352
- 두 자녀, 6세 10세, 가필드학교, 부친 사망, 모친 병환
- 모친을 돌보느라 바쁨. 우리 성모교회 4년차
- 1982년 디트로이트에서 이사 옴
- 광고회사(모리스앤모리스) 근무, 기혼
- 부친은 은행원, 명상, 조부모님이 이곳 농부였음
- 이슈 : 학급이 너무 많고, 학부모회는 없고
- 3/20 모임에 참석. 그룹. 착해 보임

것을 알게 되었다. 카드에 적는 정보를 내 뇌에 아로새기는 데 도움이 되었다. 카드는 갱신할 수 있기 때문에 기억을 강화하는 데에도 유용하다. 세부적인 사항, 즉 아이들의 이름, 사람들의 고향, 좋아하는 것을 기억하면 관계가 강화된다.

자금을 가지고 있다면, 컴퓨터 데이터베이스를 구축하는 것도 좋다. 다양한 범주에 따라 참가자를 코드화하여 회원의 활동과 관심사를 추적할 수 있다.

💡 빠른 팁

지속해야 할 일 : 기록은 관계를 강화한다

생일을 기억해주면, 대개는 좋아한다. 짧은 통화, 이메일, 메모 등을 통해 감사를 느낄 수 있게 한다. 이것은 공동체를 구축하고 사람들을 돌보는 모델을 만드는 데 도움이 된다. 나는 매년 월별 달력을 잘 사용한다. 부엌에 걸려 있다. 매달 생일을 쉽게 볼 수 있고, 페이지에 있는 모든 사람들의 행복한 생일을 기원할 수 있다. 사람들의 생일날에 글을 쓴다. 이 작업에는 스마트폰을 사용할 수도 있다.

후속 조치(Following Up)

'활동가'를 발견하면 즉시 작동시켜라. 그들이 할 수 있는 일을 찾아서, 아무리 사소한 일이라도, 그들이 더 많은 일을 할 준비를 하도록 하라. 그렇지 않으면 그들을 잃게 된다.

— 프레드 로스, Sr

(조직자인 프레드 로스는 세자르 차베스를 훈련시키고, 농장노동자 노조연맹을 건설하기 위한 캠페인 과정에서 '하우스 미팅(house meeting)' 의 광범위한 실행을 개발했다.)

나는 첫 미팅에서 오랫동안 대화를 나누었던 앨릭스와 함께 다음 단계를 탐색하기 시작했다. 그녀에게 2주 후에 예배를 마친 뒤, 토론모임에 참가해 달라고 부탁했다. 누군가를 그룹에서 시작하게 하는 가장 좋은 방법은…, 사람을 시작하게 하는 것이다!

모임이 끝난 후 구체적인 일을 하겠다고 약속하면 약속한 대로 하면 된다. 후속 조치를 하고 시작한 일을 다 끝내는 것은 자원봉사자 또는 멤버를 모집하는 확실한 방법이다. 얼마나 많은 사람들이 자신이 하겠다고 말한 것을 진짜로 하는가? 그렇게 한다면, 그 지점이 특별한 것이다.

기억하는 것은 도움이 된다. 다음 미팅이나 다른 활동, 기회를 다시 알려줘도 괜찮은지 물어보라. 심지어 사람들이 전화나 이메일로, 언제, 얼마나 늦거나 일찍 전화할 수 있는지를, 어떻게 다시 알려주기를 원하는지 물어본다. 이를 모델화하려고 해야 한다.

일대일 방문 모집 방법 요약

- 20퍼센트 이상은 말하지 않는다. 80퍼센트의 시간을 듣는다.

- 조직의 이름을 분명하게 언급한다. 모집 중인 사람이 그 이름을 듣도록 한다.

- 사람들에게 자기 자신에 대해 이야기하도록 격려한다.

- 당신 자신을 속이지 말고, 진짜로 대해야 한다. 관심을 가지는 척 하면 안 된다. 상대방이 자기 자신에 대해 이야기하는 것을 편안하게 느끼도록 당신 자신을 충분히 공개해야 한다.

- 상대방에게 일반적인 그림을 그리도록 조직에 대해 충분히 이야기하는 것은 듣는 이를 지루하게 하거나 조직을 '팔고' 있는 것처럼 여길 정도까지 하면 안 된다.

- 그 사람의 가치관과 그 가치관이 어디서 왔는지를 찾아야 한다. 사회에 관한 몇 가지 기본적인 질문이 이것을 발견하는 데 도움이 될 수 있다. "왜 상황을 지금과 같다고 생각합니까?" "오늘날 사회에 기본적으로 잘못된 점이 있다고 생각하십니까?" "사람들의 생활에 대해서는요?"

- 그 사람의 네트워크와 연결에 대해 알아본다.

- 과거에 그 사람이 했던 다른 비슷한 일을 찾는다. 그 사람이 가진 다른 소속 조직에 대해 알아본다. 그 사람이 이런 저런 약속으로 얼마나 바쁜지를 알아본다. 신입 회원에게 부담주고 싶지는 않을 것이다.

- 아무리 작아도 특정 약속을 요청하라. 회비 납부, 회의 참석, 방문할 다른 사람의 이름 등

- 조직에 적합한 사람이 아니라면, 다른 후속 조치를 취하라.
- 조직의 개별 회비는 회비 납부와 기부의 기회를 주는 것이다. 조직이 회원들로부터 돈을 받는다면 미리 알려야 한다. 나중에 이 일로 놀라게 해서는 안 된다.
- 누군가의 집에 방문했다면 음식과 음료를 고맙게 받아들여라! 그렇지 않으면 의도하지 않게 주인을 모욕할 수도 있다.
- 그 사람의 집에서 보는 것을 서로 알아가는 대화의 발판으로 삼는다.
- 문화적 차이와 그 차이를 어떻게 표현할지, 특히 다른 사람의 손님이 되었을 때는 문화적 차이에 대해 더 민감하게 반응하라.
- 미팅이 끝난 후 기록하라. 기록 단계를 건너뛰고 싶은 유혹이 들 수도 있다. 일대일 미팅을 12번 정도한 뒤에는 크게 후회하게 된다.
- 후속 조치를 취해야 한다. 미팅이 끝난 후 뭔가를 하거나 그 사람을 위해 뭔가를 찾아내기로 했다면, 그렇게 하라!

일을 위한 모집

> 조직자의 의무는 사람들에게 그들이 믿는 것을 위해
> 일할 수 있는 기회를 제공하는 것이다.
>
>   - 프레드 로스. Sr.

조직에 사람들을 모집하는 또 다른 방법은 활동으로 모집하는 것이다. 많은 사람들이 그저 모임에 나가는 게 아니라 유용한 일을 하고 싶어서 나간다.

이미 관심 있는 사람들이 있다면, 그들을 더 깊이 관여시키고

스토리

쓸모 있는 것

나는 '보스턴 커뮤니티개발 대출기금'의 모금위원회에 자원봉사를 하곤 했다. 매년 12월, 스태프들은 연례 모금 파티 준비에 나를 초대했다. 테이블 위에는 음식이 놓여 있고, 수백 명의 잠재적인 기부자 명단도 있었다. 우리는 아는 사람들에게 개인 메모를 쓴 다음 접어서 편지봉투에 채워 넣었다. 우리가 쓸모가 있다는 것을 알고 있다. 기금 모금 편지에 개인 필기 메모로 기여하는 것이다. 아는 사람들에게 편지를 쓰는 것을 좋아했지만 자주 하지는 못했다. 또한 편지를 받은 사람들이 내가 가치 있는 커뮤니티 조직의 자원봉사자라는 사실을 알게 될 것이라는 게 기분이 좋았다.

동기부여를 시키고 싶어 한다. 당신은 그들이 책임을 지길 원한다. 지금 그 일을 하는 사람들에게는 너무 많은 일이 있을 것이다. 도움이 필요하다! 당신의 일은 그들이 할 일을 찾는 것이다.

사람들을 일에 끌어들이는 방법 : 돈이 아닌 의미로

자원봉사자들과 함께 일하고 있다면, 그들에게 일을 하거나 '아님 말고'라고 말할 수는 없다. 그들은 돈이 아니라 의미를 위해 일하고 있다. 그들에게 어떤 의미가 있는지 알아내야 한다. 어떻게 알아낼까? 어떻게 사람들을 일에 끌어들일까?

다음은 내가 발견한 도움이 되는 지침이다.

1 도움을 요청하라

이것이 첫째로 가장 중요한 지침이다. 사람들에게 가입을 요청할 필요가 있는 것처럼, 사람들에게 도움을 요청해야 한다. 요청을 받지 않고서는 도움을 줄 수가 없다. 만약 요청을 하지 않으면, 도움이 필요하다는 사실 자체를 알 수 없다.

2 무엇을 하고 싶은지 물어보라

전화 걸기를 싫어하는 사람에게 전화를 걸라고 부탁하는 것은 도움이 되지 않는다. 어쩌면 하우스 파티를 열거나, 교회에서 전단지를 나눠주거나, 쿠키를 구울지도 모른다. 그 사람이 무엇을 좋아하는지 알아야 한다.

3 정신적인 메뉴를 가지고 오라

음식 메뉴는 아니지만(대부분의 이벤트에서는 음식이 필수적이지만) 그들이 할 수 있는 일의 메뉴. 이 메뉴는 머릿속에 있어야 한다. 사람들을 모집할 때에는 종이로 하지 마라. 그들은 당신을 보고, 당신은 그들을 보는 것을 원한다. 종이 한 장을 주면 당신보다 종이를 보는 경향이 더 크다. 종이가 아니라 사람들과 함께 대면해야 한다. 예를 들어, "건물 주변의 울타리에 씨앗을 뿌리고, 저녁을 위해 라자냐를 굽고, 티켓을 팔고, 티켓을 모으고, 저녁 식사 때 손님에게 방명록을 받고, 도로를 따라 전봇대에 표지판을 설치하고, 사람들을 안내하고, 전화를 걸 수 있는 사람이 필요합니다."라고 해야 한다("오늘 밤 클럽에서 우리를 도와주실 수 있나요?"라고 하면 안 되고, "오늘 밤 7시부터 8시까지 10명을 불러서 클럽 회원자격으로 도와 줄 수 있나요?"라고 해야 한다.). 사람들이 무슨 일을 해야 하는지를 물으면, "당신이 뭘 하고 싶은지에 따라 달라요. 선택할 수 있습니다."라고 말하면 된다(이것은 그들이 돈을 지불하는 일이 아니다!). 그 사람이 원하는 것을 조직이 필요로 하는 것과 일치시켜야 한다.

4 프로젝트의 전반을 알아야 한다

각 부분도 알고. 사람들이 서로 부딪치지 않고 일을 할 수 있도록 많은 부분으로 나누자. 몇 가지 중요한 일보다는 작은 일들을 많이 하라. 조직에 필요한 사람은 최대한 많이 있어야 하고, 사람은 모두 필요하다고 느껴야 한다. 그리고 실제로 그들이 필요하다! 일을 시작하기 전에, 먼저 일을 나누기 위한 시간을 내라.

5 모든 사람이 할 일이 있다

참여는 더 큰 참여를 낳는다. 비록 작은 일이지만, 모든 사람이 원하는 만큼 돕도록 하라. 회의에 쿠키를 가져오고 싶지 않다면, 의자 정리를 위해 일찍 오라고 부탁하라. 모든 사람이 할 수 있는 것을 찾아라. 스스로 뭔가를 하고 싶지 않다면 다른 사람에게 일을 도와달라고 부탁하라.

6 사람들이 무엇을 좋아하는지 이미 안다고 생각하거나 추측하지 마라

설령 알고 있다고 생각해도, 무엇을 좋아하는지 물어보라. 사람들은 첫 번째 선택을 받고 싶어 하고 요청받는 것을 좋아한다.

7 할 일에 대한 맥락을 제공하라

이 일이 전체 캠페인이나 프로젝트에 어떻게 부합하는지 설명하라. 사람들은 자신의 일이 얼마나 중요한지, 그리고 그것이 전체와 어디에 맞는지 알고 싶어 한다. 체인의 모든 연결 고리가 필

스토리

함께하는 게 더 낫다!

어머니가 아버지를 처음 만났던 이야기를 들려주었다. 그분들은 시티대학 학생이었고 1930년대의 사회 및 정치단체인 '하우스 플랜'의 회원이었다. 이 단체의 조직자는 젊은 강사 맥스 와이즈먼이었다. 그는 파티를 위해 쿠키 공장에서 무료 쿠키를 얻는 작업을 위해 사람들을 모집했다. 공장은 몇 블록 떨어진 곳에 있었다. 쿠키는 무겁지 않았다. 사실 그 일은 한 사람만으로 충분했다. 하지만 조직자인 맥스는 그런 일들이 때로는 다른 기회를 만들어 낸다는 것을 알고 있었다. 참가자들 서로에게 좋을 거라고 여겼다. 그래서 다른 기회를 만들어냈다. 그렇게 되었다. 나에겐 행운이었다.

요하다. 아무도 바쁜 일을 하고 싶어 하지 않는다.

8 누군가 일을 할 때, 그 사람이 어떻게 하고 있는지 확인하라

모든 게 잘되고 있다고 여기지 마라. 사람들은 종종 자신이 무엇을 어떻게 해야 할지 몰라도 잘 묻지 않는다. 당신이 신경 쓴다는 사실을 그들에게 알려야 한다("어떻게 돼가고 있나요? 도움이 필요한가요?"). 하지만 자원봉사자들에게 여유를 주어야 한다. 해를 끼치거나, 그들이 일을 잘할 거라고 믿지 않는 것처럼 보이면 안 된다. 적절한 거리를 유지할 수 있는지가 의심스러울 때, 그들에게 다음과 같이 질문하면 된다. "매주 일이 어떻게 되는지 확인해도 괜찮을까요? 너무 자주 그런가요?"

9 그들이 하는 일에 대해 감사를 표한다

그들이 일을 잘하고 있다면, 그들에게 알려라. 돈이 별로 들지 않고 시간이 조금 들지만, 그것은 많은 가치가 있다. 힘 있게 감사의 글을 쓰라. 나는 수년간 감사 편지를 간직하고 있다. 기분이 나쁠 때면 그 중 하나를 꺼내 읽으며, 기분이 조금 좋아진다.

10 누군가 일을 잘하고 있다면, 이 자원봉사자가 어떻게 더 많은 책임을 갖게 될지 생각하라

그 사람이 더 많은 책임을 원하고 있는지 물어보고, 그것을 잘 수행하도록 격려하라("전화를 잘하시네요. 다섯 번 더 해주세요. 아니면 마리가 전화를 어떻게 하는지 알 수 있을까요?"). 그 사람에게 좋은 다음 단계가 무엇인지 생각해보라.

스토리

마지막 편지

편지를 쓰지 않는다고 불평하는 어머니를 둔 한 남자에게서 이 교훈을 배웠다.

"근데 엄마, 매주 전화하잖아요."

"하지만 앨런, 편지는 내가 몇 번이고 읽을 수 있어."

> 발레리에게,
> 어젯밤 미팅을 도와줘서 정말 고마워. 브라우니 정말 맛있었어!
> 최고야,
>
> 앨런

11 가능한 한 빨리 책임 있는 사람에게 권한을 넘기라

많은 리더십이 만들어지면 좋다. 리더십이란 책임을 지는 것을 의미한다. 더 많은 사람들이 책임을 지면 그 그룹은 발전한다.

12 약속을 지켜라

만약 딱 그만큼만 해달라고 부탁했다면, 그것을 지켜라. 일을 하는 것이 아니라 관계를 형성하고 있다는 사실을 잊으면 안 된다(더구나 조직은 관계를 기반으로 한다). 그 일을 완수하는 게 목표가 아니다. 목표는 조직을 구축하는 것이다. 특히 이런 사안은 시간 제한이 있다. 9시까지 일을 끝낸다고 했으면 9시 5분이나 9시 10분이 아니라 딱 9시에 끝내야 한다. 자원봉사자가 다시 오기를 원한다면 그렇게 해야 한다. 그들이 어디 있는지 궁

금해 하는, 짜증나 있는 배우자나 파트너가 있는 집으로 돌아가기를 원치 않기 때문이다.

13 스스로 모든 것을 하지 마라. 당신은 대단히 유능하다

당신이 새벽 4시까지 그렇게 하면 일이 잘될 거라는 걸 안다. 이런 것은 많은 리더들과 열심히 일하는 사람들의 습관이자 저항을 최소화하는 방식이긴 하다. 또한 다른 현상을 유발한다. 번아웃되고, 개인생활이 없어지며, 건강은 악화되고, 배우자는 분개하며, 조직도 없고, 회원도 없어진다. 사람들을 새로운 리더로 발전하도록 돕는 것은 당신의 주요 목표 중 하나다!

14 그들이 하겠다고 말한 것을 계속 점검하라

필요하다면 메모를 해서 그들이 한 말을 기억하라.

15 도움이 필요하다는 점을 강조하라

"당신 없이는 할 수 없어요." 진심으로 해야 한다.

16 가장 첫 번째 규칙은, 다시 한 번 말하지만 사람들에게 도움을 청하는 것을 잊지 않는 것이다

조직과 개인에 대한 기회이다

누군가에게 뭔가를 해달라고 부탁할 때, 기억하라. 그것은 개인이나 조직에 대한 호의가 아니라, 그 사람에게 기회이다. 당신과 조직은 당신 자신을 위해서만 활동하는 게 아니다. 집단은 특정한 일을 성취해야 한다. 또한 사람들은 남에게 도움이 될 무언가를 할 수 있는 기회를 가지고 싶어 한다. 그것은 균형 잡힌 행동이다.

모든 사람이 기여할 수 있도록 일감 나누기

자원봉사자를 위해 일감 메뉴가 필요한데, 이를 위해서는 큰 일을 한 입 크기의 작은 일로 나누는 방법을 알아야 한다. 다음 예에서는 프로젝트 작업을 분할하는 방법을 보여준다.

조직의 연례 만찬 및 시상식에 대한 소개

이 사례는 만찬과 시상식 행사를 개최하는 데 필요한 부분을 설명한다. 자신의 할 일 목록을 만들 때, 이벤트나 프로젝트에 필요한 전체적 작업 목록을 참조할 수 있다. 어떤 활동은 업무가 적고, 다른 활동은 더 적을 것이다. 아무리 작더라도 거의 모든 일을 더 작은 일로 나눌 수 있다.

업무 분할 샘플

■ 전체 프로젝트 : 연례 만찬

■ 큰 과제 : 저녁 식사와 모든 음식 준비하기

– 서브 과제 : 종이 제품 구매   – 서브 과제 : 음료 구매

– 서브 과제 : 저녁에 테이블과 의자 배치   – 서브 과제 : 라자냐 요리

■ 큰 과제 : 만찬 티켓 판매

– 서브 과제 : 티켓 인쇄하기   – 서브 과제 : 전화로 티켓 판매

– 서브 과제 : 만찬 전단지 발송하기

– 서브 과제 : 봉투 작업. 1월 17일 p.m. 7:00~8:00, 사무실

■ 큰 과제 : 시상식

– 서브 과제 : 시상식 연사 확보   – 서브 과제 : 상장과 상품 확보

– 서브 과제 : 상장에 캘리그라피 하기

– 서브 과제 : 수상자 전원에게 참석 요청하기

■ 큰 과제 : 만찬 프로그램

– 서브 과제 : 프로그램 인쇄하기   – 서브 과제 : 순서지 배포하기

– 서브 과제 : 만찬 방명록 테이블

앞서 소개한 일대일 대화 샘플에서, 내가 그룹으로 모집했던 앨 릭스는 교회에 참여했다. 내가 초대한 토론 그룹은 그녀가 다른 사 람들을 만날 수 있는 기회가 된다. 또한 그녀의 아이들을 위해 더 나은 학교 교육을 받아야 할 필요성을 충족시키는 데에도 도움이 된다.

업무 분할

이 연습은 실행에 도움이 된다. 프로젝트를 수행할 때, 모든 업무를 작은 조각
으로 나누어라.

전체 프로젝트 : ....

■ **큰 과제I :** ....

　　　서브 과제 : ....

　　　누가 할까? ....　언제쯤? ....

　　　서브 과제 : ....

　　　누가 할까? ....　언제쯤? ....

■ **큰 과제II :** ....

　　　서브 과제 : ....

　　　누가 할까? ....　언제쯤? ....

　　　서브 과제 : ....

　　　누가 할까? ....　언제쯤? ....

■ **큰 과제III :** ....

　　　서브 과제 : ....

　　　누가 할까? ....　언제쯤? ....

　　　서브 과제 : ....

　　　누가 할까? ....　언제쯤? ....

조직운영을 위한 모집

조직 구성원이 직접 소유하고 운영하는 조직을 어떻게 만드는 가? 랩을 배우는 것보다 더 많은 게 필요하다. 민주적 이상('국민의, 국민에 의한, 국민을 위한')에 접근하려면, 조직은 구성원을 위해 봉사하거나 옹호하는 것 이상을 해야 한다. 구성원들은 조직의 복지에 대해 적극적으로 책임져야 한다. 조직에서 이런 일이 일어나길 원한 다면, 조직에 대한 책임을 지고자 하는 구성원을 모집할 때 의사소통을 해야 한다.

구성원이 조직을 정말로 소유하고 있다는 것을 전달하는 것은 쉽지 않다. 잠재적인 구성원들로부터 의심과 저항이 있을 수 있다. 구성원들은 참여가 가치 있고, 조직을 소유하고 있다고 잘 믿지 않는다. 어쩌면 민주적 이상일지 모른다.

강력한 도구로서 역할극

이 아이디어를 소통하려고 할 때, 단어가 제대로 나오지 않는 경우가 있다. 회원 주도성의 필요성을 완전히 이해하고 내면화하지 못했기 때문일 수 있다. 회원 주도성의 개념을 전달하려면 먼저 안쪽을 들여다봐야 한다.

동영상으로 녹화된 역할극이 도움이 될 수 있다. 가볍게 볼 일이 아니고 더 깊이 들어가야 한다. 역할극에서 사용하는 정확한 낱말은 회원 주도성에 대한 아이디어를 효과적으로 전달하는 방법에 대한 귀중한 단서를 제공한다. 역할극에서 사용하는 특정 낱말에 초점을 맞추면 자신의 행동(역할극에서 말하는 낱말)이 당신이 믿는 것과 어떻게 충돌하는지를 볼 수 있다. 역할극 형식을 이용해서 모집에 접근하는 방법을 연습하고, 당신이 말하는 것과 믿는 것 사이의 갈등을 파악하여 해결하는 방법을 연습한다. 갈등을 검토하면서, 행동을 수정하여 참여의 가치를 전달할 수 있는 능력을 향상시킨다.

대본 그 이상

이 기록된 피드백으로 조직의 가치와 필요가 충돌할 수 있는 모집자의 생각과 감정에 대해 배울 수 있다. 여러분은 특정한 낱말에 숨겨진 가설을 주의 깊게 들어야 한다. 특정 낱말의 사용에 의문을 가지고 그 뒤에 있는 생각, 감정, 추론을 탐구해야 한다. 이것이 의사소통의 효과성을 높이는 방법이다.

대화 녹음은 그 자체로 힘이 있다. 사람들은 자신의 목소리로 자신의 낱말을 들을 때, 사람들과 어떻게 마주치는지를 이해할 수 있다. 그런 다음 프레젠테이션을 수정해서 좀더 설득력 있게 만들 수 있다. 기록된 피드백은 그들이 실제로 말한 것에 대해 실제로 느끼게 한다. 사람들이 의사소통하고 있다고 생각하는 것에서 벗어나서 실제로 말한 것과 다른 사람들이 어떻게 듣는지를 볼 수 있게 한다. 이것은 말의 효과를 더 잘 이해할 수 있도록 한다.

이 역할극을 하려면 적어도 세 명의 참가자가 필요하다. 자신의
접근 방식을 실행하고자 하는 조직자, 잠재회원의 역할을 수행하는
사람, 그리고 경험이 풍부한 조직자로서 비평을 해 줄 관찰자이다.
역할극을 마친 후에는 녹음된 피드백을 듣고 접근 방식을 개선한다.

만약 세 사람이 없는 경우에는, 관찰자가 비평을 하면서 잠재
회원의 역할을 하도록 하면 된다. 다른 방법은 전체 역할극을 한 다
음에 다시 돌아가 녹음을 듣고 함께 비평을 하는 것이다.

다음 사례 연구는 이것이 어떻게 작동하는지를 보여준다. 초기
역할극은 부엌에서 잠재회원과 조직자 사이의 일대일 미팅의 상황으
로 설정했다.

'데이비'는 교육훈련 조직자이다. 내 역할('마이클')은 그가 회원 주
도성를 내면화하고 전달하는 데 있어서 발생한 장애물을 이해하도록
해준다. 이것은 조직에 참여할 회원을 모집하는 효과적인 방법이다.

사례 연구

역할극과 비평을 이용한 모집 연습

데이비(피교육자) : 안녕하세요. 제 이름은 데이비 말콤입니다. 제가 하려고 하는
것은 동네에서 가능한 한 많은 사람들과 무슨 일이 일어나고 있는지를
이야기하는 것입니다. 어떤 사람들은 학교에 대해 불만이 많고, 어떤
사람들은 건강보험에 대해, 어떤 사람들은 병원에 대해 불만이 있습니
다. 나는 가능한 한 많은 사람들과 이야기를 나누고자 합니다. 무엇이
불만인지, 그리고 우리가 어떻게 할 수 있는지를 알아보기 위해서입니

다. [그는 앞 장에서 보여준 모집 대화 모델처럼, 사람들의 우려에 대해 잠재회원과 토론을 시작할 계획이다.]

마이클(관찰자) : [데이비를 방해한다.] 데이비, 당신이 "가능한 한 많은 사람들과 이야기하려고" 한다고 말하면, 듣는 사람들에게 어떤 영향을 미칠 거라고 생각합니까? 내가 중요하지 않다는 기분이 들게 할 거 같은데요. "대화할 사람이 그렇게 많다면, 이제 다른 곳으로 가보는 게 좋을 거예요. 나랑 여기서 뭐하는 거지요?" 여기서 걱정하면서 앉아있지 말고. 1대1 방문 미팅에서 바로 앞에 있는 당사자를 걱정한다는 사실을 전달하는 게 중요합니다. "당신이 무엇을 걱정하는지 알고 싶어서 왔습니다."라고 말하는 대신에, "나는 가능한 한 많은 사람들과 이야기를 하려고 합니다"라고 왜 그렇게 말하는 겁니까?

데이비 : 내가 이 사람의 집에 와서 물어보는 게 약간 이상해 보여서 그렇게 말한 거거든요.

마이클 : 이상하다고 생각하세요? 주인이 이상한 일이라고 생각할 만한 일을 했거나, 말을 했나요?

데이비 : 아니, 그런 게 아니라. 그게 나를 놀라게 해요. 내가 잘 모르는 사람이 내 집에 들어와서는, 내가 들어본 적도 없는 이 조직에 대해서 이야기하도록 내버려둘까요?

마이클 : 그럼, 그냥 감사하는 것으로 시작하면 되겠네요. 근데 이 가족이 당신을 자기 집으로 들여보낸 이유가 뭐라고 생각하세요?

데이비 : 사람들이 자주 방문하기 때문에 집으로 들여보내준 것 아닐까요? 적어도 옛날에는 방문하는 사람들에게 익숙했잖아요. 내가 도끼를 휘두르는 미친 사람이 아니라는 건 확실하니깐요.

마이클 : 당신이 그들에게 폭력을 행사하지 않을 거라고요?

데이비 : 그렇죠.

마이클 : 주인이 말했거나, 아니면 그 가족이 당신을 두려워했다고 생각하게 만든 뭔가가 있나요?

데이비 : 물론 없지요.

마이클 : 그럼 그들이 당신을 두려워할 거라고 생각하게 만드는 게 뭐죠?

데이비 : 글쎄, 누군가 우리 집에 들어오는 것은 두려워요. 나라면 아무도 들어
오지 못하게 할 거예요.

마이클 : 그러니까, 누군가를 집에 들여보내지 않을 거란 생각이 드는군요. 이
가족도 같은 경우인가요?

데이비 : [웃음] 왜 안 돼요?

마이클 : 그들에게 무슨 일이 일어나나요?

데이비 : 물론이죠.

마이클 : 근데 그게 항상 그렇게 돼요?

데이비 : 음, 아니오.

마이클 : 이 집 사람들에 대해 그런 느낌을 갖게 할 만한 게 있나요?

데이비 : 아니오.

마이클 : 그러니까, 그들도 그렇게 생각해야 한다고 하는 게 사실 대부분 당신
때문이란 말이잖아요? 그들이 말하거나 한 행동이 없기 때문에, 당신
이 그렇게 생각한 거지요.

데이비 : 그래요, 그건 사실인 것 같아요.

마이클 : 그 함정에 빠지지 않고 대화를 시작하는 방법은 다음과 같습니다. "안
녕하세요, 저는 '지역행동(Neighbors in Action)'에서 온 마이클 브라운
입니다. 우려하시는 일에 대해 이야기를 나누고 싶어요. 우리는 도시
전체의 회원 조직이에요. 당신이 걱정하는 게 뭔지를 알고 싶습니다."

이성과 감성을 살피기

이 경우, 새로운 조직자는 잠재회원을 방문하는 것에 대해 불
편함을 느낀다. 그래서 그는 "가능한 많은 사람들을 방문하고 싶다"

고 말한 것이다. 그는 불편한 기분을 느끼고, 잠재회원 또한 이런 기분을 가질 거라고 여기고 있다(심리학자들은 이를 '투사(projection)'라고 한다). 결과적으로 무의식적으로 잠재회원에게 조직은 상대방이 생각하는 것에 별 관심이 없다는 점을 전달해 버린 것이다. 이것은 잠재회원을 제거하는 것과 같다.

이론적으로 조직자는 회원 주도성을 믿는다(그렇다고 말한다.). 그러나 그는 집으로 방문하는 사람들에 대해 이상하게 느끼고, 다른 사람들도 같은 방식으로 느낄 거라고 여긴다. 따라서 그는 잠재회원이 조직자가 이야기해야 하는 많은 사람들 중의 단지 하나일 뿐이라는 다른 가치를 전달한다. 그의 이런 감정은 그가 믿고 전달하고자하는 것을 전달하는 데 방해가 된다.

음성녹음이나 영상녹화는 이런 사실을 밝혀내는 데 도움이 된다. 녹음을 검토한 결과, 조직자는 자신의 낱말이 잘못된 추론에 근거한다는 것을 알 수 있다. 이런 방법으로 회원 주도성의 가치를 더 효과적으로 전달할 수 있게 해준다.

회원 주도성을 만드는 것은 결코 쉽지 않다. 조직의 가치를 전달하려면 적절한 말보다 더 많은 것을 배워야 한다. 의사소통을 하려는 의도를 확실히 전달할 수 있도록 생각과 감정을 조사해야 한다.

성공은 성공을 낳는다

인식과 보상

성공적인 조직은 사람들을 인정하고 보상한다. 선거운동 책임자인 캐시 클레멘트 살레는 매사추세츠 주지사 짐 마질리의 선거운동 사무실 벽에 자원봉사자의 이름과 즉석사진을 붙였다. 사람들은 벽에 얼굴을 대고 보는 것을 좋아했다. 중요하고, 인정받고, 감사하다고 느꼈다. 또한 사람들이 서로를 알게 하는 데에도 도움이 되었다.

일단 사진을 찍고 붙여놓으면, 이제 그들은 자원봉사자이며 크루(crew)의 일원이 됩니다. 일할 준비가 된 거지요.

- 캐시 클레멘트 살레

사람들은 인정받길 좋아한다. 감사하다는 말 한마디는 언제나 환영받는다. 선물과 다른 유형의 상 또한 동기를 부여한다. 가장 간단한 종이 증명서조차도 자원봉사자들에게 영감을 불어 넣는다. 누군가 상을 받을 때 미팅의 에너지 수준이 높아진다. 그 상은 개인에게 보상을 주고 다른 모든 사람들의 사기를 높여준다. 누군가 공개적으로 인정을 받으면 사람들은 다음 번엔 자신이 상을 수상하고 그룹의 박수를 받을 수 있다고 여긴다.

축하!

효과적인 조직은 축하한다. 조직에 가입하는 사람들은 복잡한 소망과 희망, 꿈들을 함께한다. 효과적인 조직은 사람을 우선하는 것(갈등을 해결하고, 감사하다고 말하고, 개인적인 문제를 듣고, 축하하는 것)이 과장이 아니라는 점을 인식한다. 이것은 효과적인 조직을 만드는 데 필수적인 부분이다. 파티나 음악, 춤, 음식(음식을 잊지 마라. 조직은 군대와 같아서, 위장 속을 행진한다)은 모집이나 조직 활동의 중요한 요소이다.

7장

리더 계발[15]

다음날 모세는 백성들 사이에 치안판사로 앉아 있고, 사람들은 아침부터 저녁까지 모세 곁에 서 있었다. 하지만 모세의 장인이 모세가 백성들을 위해 얼마나 많은 일을 해야 하는지를 보고서 말했다. "백성의 일을 어찌 이렇게 처리하는가? 아침부터 저녁까지 모든 사람들이 주위에 서 있는 동안 왜 혼자 앉아서 일을 하는가?" 모세는 장인에게 대답했다. "사람들이 하나님의 뜻을 묻기 위해 저에게 와서 그러는 겁니다. 저는 이웃 간의 문제를 재판하고, 하나님의 법과 가르침을 알려 줍니다."

모세의 장인이 말했다. "그런 방식은 옳지 않아. 이렇게 하다가는, 자네뿐만 아니라 자네와 함께 있는 이 사람들도 아주 지치고 말거야. 이 일은 너무 힘들어서 혼자서는 할 수가 없거든. … 또 사람들 가운데서 능력과 덕을 갖춘 사람, 즉 하나님을 두려워하며, 참되고 거짓이 없으며, 부정직한 소득을 싫어하는 사람 중에서 유능한 사람을 뽑아서 백성 위에 세워야 하네. 그 위에 그들을 천부장, 백부장, 오십부장, 십부장으로 세워서, 사람들을 판단하게 하게. 그래서 사건이 생길 때마다 백성을 재판하도록 하게. 큰 사건은 모두 자네에게 가져 오게 하고, 작은 사건은 모두 자기 스스로 재판하도록 하게. 이렇게 자네와 짐을 나누어 가지면, 일이 훨씬 가벼워지네. 그래야 자네도 일을 쉽게 처리할 수 있을 것이고, 백성도 모두 걱정 없이 자기 집으로 돌아갈 걸세."

— 출애굽기, 18:13–23

리더는
무엇을 하는가?

조직을 구축할 때 모세조차도 혼자서 모든 것을 할 수 없었다. 유능한 도움을 받는 것이 그룹에게도 좋고 리더에게도 좋다.

리더들은 여러 분야에서 조직과 잘 어울리도록 한다. 조직에는 여러 종류의 리더가 필요하다. 모든 것을 할 수 있는 리더란 없다.

1. 리더는 조직 내 사람들의 리더십에 대해 생각하고 발전시킨다. 그들은 다음과 같이 질문한다. 리더십을 계발하기 위해 필요한 것은 무엇인가? 조직에 대한 책임을 지는 단계는 어떤 것인가?

2. 리더는 조직 전체와 필요에 대해 생각한다. 그룹 전체가 어떻게 더 강해질 수 있을까? 어떻게 힘과 영향력을 강화할까?

리더 서클

음악가이자 지휘자이며 조직자이자 교육자인 제인 사프는 리더십 스타일 측면에서 아프리카계 미국인의 '콜 앤드 리스폰스(call-and-response)[16]' 음악 전통을 나에게 설명해 주었다. '콜 앤드 리스폰스'는 많은 리더가 필요하고, 많은 사람들이(아마도 서로 다른 시간에) 이끌 수 있고 이끌어야 한다는 점을 강조한다.

'콜 앤드 리스폰스'를 위해, 그룹은 원을 형성한다. 누군가 원의 중심에 발을 들여놓는다. 그 사람의 역할은 사람들에게 무엇을 해야 하는지를 알려주는 것이 아니라, 어떻게 그 집단이 목소리를 찾고, 공통점을 찾아서 행동하는지, 노래하고 박수를 치고 행진하는 것을 촉진하는 것이다. 그리고 그렇게 할 수 있는 사람은 한 사람뿐만 아니라, 다른 사람이 끼어들 수도 있다. 그 순간에 뭔가를 제안할 수 있지만, 그 순간은 지나갈 수 있다. 이 원에는 항상 기여를 할 수 있는 사람이 있다. 리더는 그 순간에 원 안에 서 있는 사람이다.

때로는 한 사람이 몇 분 동안 리드를 하고, 때로는 오랜 시간 동안 리드한다. 이 전통은 수년 동안 그 역할을 맡은 유명한 노래 리더가 있다. 그 역할은 목소리와 리더십이 영감을 불어 넣고, 상상할 수 있는 누군가에게 커뮤니티가 부여하며 (사람들이 다른 구절을 만들 때처럼), 희망을 주고 행동 촉구를 듣는다. 특별한 것은 그 원이 항상 새로운 리더십에 열려 있다는 것이다. 그 순간 동안 원 안에 기꺼이 서고, 에너지와 상상력, 행동 의지를 가져 오는 사람에게 있다.

리더의 첫 번째 임무는 리더 계발이다

많은 사람들이 해결해야 할 문제를 발견하고, 그것을 신속하게 해결할 수 있다고 믿는다. 문제를 해결하는 대신 리더를 계발하는 것은 오래된 습관을 바꾸고, 많은 상황에서 '기본적인' 행동을 변화시키는 일을 포함한다.

리더를 계발하는 것으로 조직을 구축하는 행위는 매우 어려울 수 있다. '도움'이 된다는 것과 '어떻게' 돕는지가 의미하는 바가 무엇인지를 근본적으로 다시 생각하게 만든다.

다음의 이야기는 도움을 주는 일의 복잡성을 보여준다. 초점은 문제를 해결하는 게 아니라, 리더를 계발하는 것이다. 커뮤니티에서 강력한 리더십의 부재는 방치된 쓰레기보다 더 중요한 문제이다. 즉 즉각적인 문제를 빨리 해결하는 것보다 리더를 계발하는 것이 더 중요하다는 것이다.

이것은 너무 단순하다. 또한 우리가 자신감으로 충만해 당면한 '이슈'나 문제에 빠져 있을 때, 다른 사람의 리더십을 발전시키는 것을 기억하는 것이 얼마나 복잡하고 어려운 일인지를 상기시킨다. 문제를 얼마나 쉽게 고칠 수 있는지 알게 되면, 곪아터지는 문제를 바라보고 있는 것이 오히려 쉽지 않다.

스토리

대형 쓰레기통, 오래된 친구, 새로운 리더

내가 알고 있는 한 조직자는 도시 한가운데에 위치해 있으면서도 합법적이지 않은 지역에서, 그래서 통합되지 않은 도시 구역에 사는 저소득층 사람들을 조직하기 위해 일했다. 한때 이곳은 '구멍난 도넛'으로 불리기도 했다. 비포장 도로는 움푹 패였으며, 가로등은 고장난 채 방치되었다. 보도도 없고 가로수도 없었다. 심지어 쓰레기 수거함도 없었다.

주민들이 모여서 문제를 이야기할 때 쓰레기 수거함 부족이 가장 큰 문제인 것처럼 보였다. 그들은 쓰레기를 수거하는 것이 어렵지 쓰레기함을 구하는 것은 그리 어렵지 않을 거라고 생각했다. 그것은 큰 비용이 들지 않을 것임으로.

조직자인 조이는 도시에서 자랐다. 그는 시의회 의원 중 한 명과 친했다. 조이는 시의회 의원 친구에게 전화를 걸면 일주일 안에 쓰레기함을 치울 수 있을 거라고 확신했다. 주민들은 행복할 것이다. 쓰레기가 마당에 쌓이지 않을 것이다. 여름이 곧 다가온다. 냄새가 아주 고약해질 수도 있다.

그것은 매력적이었으나 의원 친구에게 전화를 걸지는 않았다. 자신의 첫 번째 임무가 쓰레기를 치우게 하는 게 아니라, 주민 그룹의 리더를 조직하고 계발하는 것이라는 것을 알고 있었기 때문이다. 만약 그 의원 친구에게 전화를 걸어 개인적인 친분을 바탕으로 부탁을 했더라면, 주민들은 연줄이 있는 사람들이 호의도 베풀 줄 안다는 교훈을 얻었을 것이지만, 다른 사람들은 권력자의 자비 속에서 그냥 가만히 있었을 것이다.

조직자가 전화를 걸기만 하면 훨씬 더 간단하고 빠르게 될 것이다. 즉 '문제는 해결'되었을 것이다. 그러나 ('그러나'가 중요하다), 어떤 조직도 만들지 못했거나 어떤 리더도 계발하지 못했을 것이다.

조직자는 항상 조직을 구축하고 다른 리더를 계발하려고 한다. 모든 행동은 이 목적을 향해 움직인다. 조직자들이 직접 책임을 맡아서 '문제를 해결한'다면, 커뮤니티는 시작했을 때보다 더 나을 것이 없을 것이고, 다른 문제들이 뒤따라서 발생할 것이다.

그래서 조이는 시청에 직접 가서 쓰레기함을 요구할 수 있는 동네 사람들을 찾았다. 그러면 힘의 관계가 변하기 시작할지도 모른다. 이전에 쓰레기 수거 루트에서 벗어난 사람들, 마을에 영향력이 거의 없는 사람들을 위해 다른 사람이 대신 그 일을 하는 게 아니라 자신을 위해 발언하고, 스스로 무언가를 얻어야 한다. 조직자는 사람들을 위해 모든 일을 대신 하지 않는다. 조직은 사람들이 스스로 할 수 있는 방법을 찾는다. 이런 방법으로 리더십, 책임, 조직을 구축한다.

리더와 자기이익

리더를 식별하는 중요한 요소는 누가 리더가 될 가능성이 높고 왜 그런지를 아는 것이다. 커뮤니티 조직의 전통적인 모델은 리더를 식별하고, 모집하며, 계발하기 위한 기초로서 개인적인 자기이익(self-interest)을 지적했다. 현대 커뮤니티 조직 기술과 이론을 많이 계발한 사울 알린스키(Saul Alinsky)는 자기이익이 사람들을 행동하게 하는 것이라고 이해했다. 성공적인 조직자는 사람들이 자기이익을 확인하고, 집단적인 자기이익(collective self-interest)을 위해 협상할 사람들을 조직하도록 한다. 알린스키는 조직된 집단의 힘이 없이는 저소득층 사람들이 자기이익을 향상시키고 필요를 충족시킬 수 없다고 주장한다. 이 자기이익은 종종 빈약한 주택이나 오염, 안전하지 않은 교통조건, 빈약한 도시 서비스 등 지리적 커뮤니티의 주민들이 가진 공통적인 문제를 의미한다.

알린스키의 접근 방식은 기업 소유주의 권위에 대항할 수 있는 힘을 만들기 위해 단결된 노동자를 조직하는 노동조합 조직 모델을 기반으로 했다. 일반적으로 많은 사람들을 모아서 단결하고, 힘 있는 사람들과 협상하는 다양한 전술이 이러한 종류의 조직 특징이었다. 이런 접근법은 여러 상황에서 타당하다.

알린스키에게 있어서 자기이익은, 억압받는 사람들을 '고양'시키고자 하는 공상적 사회개혁론자와 같은 유형의 사람들을 피하기 위해, 사리사욕이 없는 것과 구별했다. 알린스키는 그러한 사회봉사 정신을 강하게 반대했다. 그런 태도가 '못 가진' 사람들을 소외시킬 것이라고 했다. 그것은 애초에 그들을 '못 가지게' 했던 힘의 관계를 변화시킬 수 있는 권한을 부여하지 않을 것이다. 그는 '못 가진' 또는 '조금 더 갖고자 하지만 적게 가진'(그가 말했듯이)' 이들이 자신의 문제에 대한 해결책을 계획할 때만, 삶을 효과적으로 개선할 수 있을 것이라고 했다. 그들 자신의 자기이익으로, 자신의 단체와 함께, 자신의 전투를 할 수 있도록 격려하기 위해 사람들을 뒤흔들어 놓는 것(알린스키의 표현으로 '불만의 쓰린 상처를 긁어모으는 것')을 옹호했다.

또한 전통적인 조직화는 자기이익과 이기심을 구별했다. 이기심은 다른 사람들을 고려하지 않고 개인의 필요에만 초점을 맞춘다. 이기심은 너무 제한적이다. 그러나 자기이익은 건강하다. 자신을 위해 자기 스스로 일어서지 않으면, 누가 대신 그렇게 할까?

알린스키를 읽지 않고 커뮤니티 조직을 하고 싶다면, 그곳에서부터 교육을 시작하라(물론 이 책[17]을 다 읽고 나서!).

자기이익 : 그렇게 단순하지 않은

하지만 자기이익을 정의하기가 쉽지 않다. 알린스키는 주로 생활 여건이 개선되고 경제적인 자기이익이 있다고 이야기했다. 하지만 그게 전부라고는 생각하지 않는다. 나는 다양한 커뮤니티 조직에서 활동하는 사람들을 알고 있다. 부모들은 거리에 '아이들을 조심하세요!'라는 표지판을 붙이려고 활동을 한다. 지역 리더들은 세금 기록을 조사하기 위해 시청을 방문한다. 다른 이들은 공청회를 조직하여 공공요금을 낮추고 저렴한 주택을 만들기 위해 수년간 활동하고 있으며 다른 개선을 위해 싸운다.

알린스키가 그 개념을 이해했던 것처럼, 어떤 수준에서는 그들의 자기이익 안에 있다. 아이들이 더 안전하게 길을 건널 수 있을 것이다. 세금이 내려갈 수도 있고, 가스 요금이 인하될 수도 있으며, 안정된 생활 주거공간을 가질 수도 있다.

그러나 이러한 특정 분야의 활동을 하는 리더들이 참여한 이유는 경제적 자기이익이나 개인적 안전보다 더 복잡하다. 많은 리더들에게 자기이익에 대한 좁은 정의는 적합하지 않다. 사람들은 또한 자신의 삶을 의미 있게 만들려고 노력한다. 변화를 만드는 것은 그들에게 중요하다. 자신의 가치에 따라 살고, 자신의 신념을 위해 말하는 것은 그들의 정체성의 중요한 부분이다. 이것 또한 자기이익의 강력한 부분이 될 수 있다.

다시 말해, 자기이익은 일차원적인 것이 아니다. 조직에 가입하는 사람들, 특히 리더십을 발휘하는 사람들은 의미나 커뮤니티, 영적 성취 및 연결에 대한 갈망뿐만 아니라 경제적 자기이익에서도 동기부여를 한다.

학교 개선을 위한 캠페인에서 알게 된 두 리더는 오래 전에 자녀를 키웠고 손주들도 더 이상 동네에서 살지 않는 어르신들이었다. 그들은 사회 보장과 노후 연금으로 살고 있었다. 그러나 도시의 학교를 개선하도록 세금을 인상하기 위해 노력했다. 그들의 동기는 즉각적인 경제적 자기이익이 아니라 모든 사람들에 대한 기본적인 예

사례 연구

리더십 계발과 자기이익

캠필드세입자협회의 거주자 리더는 저소득층 주택 개발을 위해 수년간 일했다. 그녀의 리더십으로의 여행은 1992년 어느 날 아침 HUD의 건물 매각 공고문에서부터 시작되었다. 나중에 그녀는 말했다.

"그 공고문을 보자마자 다섯 아이와 함께 '어디로 가야 하나?'라는 생각이 들었죠. 남편과 저는 둘 다 평범한 직장인이에요." 그러면서 보스턴에서 일어난 모든 퇴거 조치들을 기억해냈다. 이 도시는 소수 민족을 쫓아낸 역사가 있다.

가만히 앉아서 아무것도 하지 않았을 때, 무슨 일이 일어날지 알고 있었던 것이다. 나는 시민권과 베트남이 이슈였을 시기에 성장했다. 행동주의는 무시당하지 않았다. 잭 켐프의 HOPE 프로그램에 대해서 들은 적이 있었다. 켐프는 주민들이 재산에 기득권을 가지고 있다면 커뮤니티들이 발전할 것이라고 생각했다. 나는 두 딸과 왜 친구들이 집에 놀러 오지 않는지에 대해 이야기를 나누었다. "주차장에 커다란 쓰레기통이 있는데 누가 오겠어?" 아이들이 직면해야 할 문제가 많았다. 그들은 자신이 사는 곳을 부끄러워해서는 안 된다. 나는 가족들이 무언가를 더 많이 성취해서, 주류사회로 이주할 수 있다면 좋겠다고 생각했다. 단지 안정되고 편안한 삶을 살기 위한 곳이 필요했다.

그래서 그녀는 10년 동안 싸움에 달라붙었고, 그녀와 그녀의 그룹은 목표를 달성했다.

재개발이 될 시기에는 개발지에서 계속 세입자 생활을 하기보다는 캠필드 가든 개발지에서 벗어나 집을 사는 것이 자신의 재정적 자기이익이었을 것이다. 그렇게 할 수도 있었다. 그러나 그녀 가족의 시민권 투쟁에 대한 참여 역사는 그녀에게 커뮤니티를 되돌려 놓게 했다.

그녀는 확실히 사심이 없었다. 재개발을 위한 10년 캠페인에서 얻은 기술과 자신감은 석사 학위를 취득하고 학교 비서직에서 학교 교사로 승진하는 데 도움이 되었다. 다른 리더십 기술을 습득하고 정부 공무원 및 기타 전문가와 관계를 맞어 다른 전문 환경에서 더 많은 돈을 벌 수 있었다.

하지만 그녀의 '자기이익'은 늘 그렇게 명백하지 않았다. 그것은 가족 역사와 의미 만들기, 개인적인 발전과 효능, 그리고 다른 사람들과의 연결이라는 복잡한 거미줄이었다.

의와 관심에서 비롯되었다.

내 자신의 동기는 자기이익의 거미줄, 의미를 갈망하는 것, 돈, 안전, 힘, 흥미로운 활동, 영적 성취, 가족의 역사, 친구, 공적인 인정 등 사람들의 삶을 변화시키는 만족감이다. 자기이익을 이해하는 것은 우리가 누구이고, 무엇을 원하는지의 핵심에 도달하기 위해 자아의 층위를 잘라내는 것이다. 그래서 이야기(story)가 그렇게 중요한 것이다. 그래서 관계가 중요한 것이다. 조직은 서로의 이야기를 알고, 우리의 경제적 자기이익을 통해, 관계를 통해 네트워크를 구축한다.

리더를 찾는 데 있어서 경제적 자기이익을 무시할 수는 없다. 하지만 누군가의 자기이익에 대해 좁은 판단을 내리면 많은 기회를 놓치게 된다.

자기이익은 모든 복잡성에서 리더를 확인하고 커뮤니티 조직을 구축하는 데 있어 필수적이다. 자기이익을 강조하는 것은 다른 사람을 단지 돕고 싶어 하는 사람들만을 조직하는 함정을 피하고자 함이다. 어떤 사람들은 세상을 개선하기 위해 고래나 황야지대, 브라질의 가난한 아이들과 같이 다른 사람들을 돕는 일을 계획한다. 조직의 행동이 구성원의 자기이익과 관련이 없다면, 그러한 행동이나 조직은 오래 가지 못할 것이다. 사람들은 자기이익과 관련이 없는 노력을 오래 지속하지 못한다.

> **"나를 도와주러 오겠다면 그냥 집으로 돌아가라. 하지만 당신의 해방이 내 해방과 연결되어 있다면, 당신은 여기에서 환영받을 것이다."**
>
> - 브라질 농민

고래를 구하거나, 멸종 위기에 처한 종을 보호하거나, 먼 이국 땅의 노예제도를 종식시키고 싶을 수 있다. 만약 우리가 사람들에게 동기를 부여하는 개인적인 이야기를 탐구한다면, 겉보기에는 멀고 먼 프로젝트에서 자기이익을 발견한다면, 우리는 더 강력한 조직을 구축할 좋은 기회를 갖게 될 것이다. 그렇지 않다면 조직의 행동은 또 다른 그냥 '착한' 프로젝트가 될 것이다. 다른 이슈가 발생하면 그냥 휩쓸려 버릴 것이므로.

진정한 이야기를 듣고, 자기이익을 드러내기

> 부모의 삶보다 자신의 환경과 특히 자녀에게 심리적으로 강한 영향을 미치는 건 없다.
>
> - C. G. 융

자기이익을 확인하기 위해, 사람들이 자신의 이야기를 하도록 한다. 왜 조직에 들어왔나? 어디서 왔나? 그룹에 참여하도록 무엇이 동기를 부여했나?

비록 우리 과거의 고통스러운 부분을 덮을지라도, 그들은 우리와 함께 남아 있다. 부모님이나 조부모님의 힘든 시절의 이야기…, 우리는 이것을 물려받았다. 그것이 우리를 강력하게 장악하고 있다.

긍정적인 면도 우리에게 영향을 미친다. 우리가 배운 가치와 가족에게서 관찰한 행동은 계속해서 영향을 미친다. 우리 자신의 경험의 멋진 순간 또한 동기를 부여한다. 우리의 야망, 희망, 꿈들. 우리 자신과, 다른 사람들과, 우주와 함께 하나라고 느꼈던 그 시간들. 지구상에서 해야 할 일을 하고 있다는 것을 알았던 순간들. 우리는 그 느낌을 되찾고 싶다.

이야기를 하면 좋은 것과 고통스러운 것, 성공과 상실을 떠올릴 수 있다. 그것은 자신의 자기이익과 다른 사람들의 자기이익과 동기를 더 잘 이해할 수 있게 해준다. 타인과 믿을 수 있는 강한 관계를 갖기 위해 이러한 이해가 필요하다.

이런 이유로, 조직자는 이야기를 하려고 한다. 때로는 누군가에게 동기를 부여하는 것에 집중해야 할 때도 있다. 우리는 사람들이 자신의 자기이익을 이해해야 하기 때문에 이런 일을 한다. 또한 그들이 그룹에 충실할 것이라고 믿기 위해 그들의 이야기를 이해해야 한다. 오랫동안 주변에 있을 사람들, 우리가 믿고 의지할 수 있는 사람들이 필요하다.

당신이 단지 그들을 위해서만 그 일을 하고 있다고 여긴다면, 노숙자 누구도 당신의 도움을 원치 않을 것이다. 만약 그 일을 당신 자신을 위해서 하지 않는다면, 그들은 당신을 믿지 않을 것이다. 그들의 신뢰를 얻는 데는 그다지 효과적이지 않을 것이고, 심지어 그들에게 피상적인 도움을 주는 것조차도 그다지 효과적이지 않을 것이다. 또한 당신이 자기 자신을 위해 이 일을 하지 않는다면, 당신의 도움은 오래가지 못할 것이다. 노숙자, 빈곤, 저렴한 주택의 부족은 급하게 해결될 문제가 아니기 때문에 오래 지속되지 않는 도움은 효과적이지 않다. 만약 당신이 자기 자신을 위해 이 일을 하지 않는다면, 다른 이유로 인해 주의가 산만해지기 쉬울 것이다.

이야기를 하기 위해서는 능력이 필요하다

왜 자기 자신을 위해 이런 일을 하는지를 알 필요가 있을 뿐만 아니라, 도움을 원하는 사람들을 포함해서 다른 사람들에게도 분명히 설명할 수 있어야 한다. 그래서 누구나 이해할 수 있는 방식으로 자기 이야기를 하는 연습을 해야 한다. 저녁 파티에 참석한 여성은 노숙자를 돕기 위한 열정과 자기이익을 가질 수 있지만, 아무도 이것을 알지 못한다. 도움을 주려는 이유가 자기 스스로도 분명하지 않을 수도 있다. 우리는 암시를 가지고 있을 수도 있지만, 자신에게 정직하고 다른 사람들에게 동기를 설명할 수 있도록 기억과 이유를 함께 짜야 한다. 드러나게 활동하는 것은 쉽지만, 조금 더 진지하게 생각한다면, 자기 자신을 이해하고 자신을 정말로 움직이게 하는 것에 도달해야 한다.

표면 아래

자기이익에는 우리 전체 자아, 이야기와 기억, 그리고 친한 친

조직의 고고학 : 이야기, 의미, 동기 파헤치기

"노숙자를 돌봐요." – 어머니의 이야기

이 사례 연구는 리더나 조직자가 누군가의 이야기를 어떻게 드러내는지를 보여준다.

나는 친구 집에서 파티를 하고 있다. 더 활발한 정치적 활동을 하고 싶다고 하는 한 여성을 만난다. 그녀는 노숙자에 대해 우려하고 있으며 그 문제에 관여할 생각을 하고 있다고 설명한다. 그 이유를 묻는다.

"집이 없는 사람이 있는 게 잘못이라고 생각해요."

"동의해요. 근데 왜 그렇게 생각하시는 거죠?"

"음, 그건 그냥 잘못된 거예요. 비윤리적이고 비도덕적이잖아요. 세상이 그렇게 되어서는 안 된다고 생각했을 뿐이에요. 그럴 만한 이유는 없어요."

이 시점에서 나는 그녀가 노숙자에 그렇게 관심이 있는 이유가 있을 것이라고 생각하고 있다. 그녀는 개인적인 것을 나타내는 열정, 이론적인 것 이상의 뭔가를 말하고 있다. 그녀의 목소리는 강렬하다. 뭔가를 기억하려고 애쓰는 것처럼 눈이 약간 가늘어진다. 그녀의 몸이 긴장한다.

"네, 그래요. 하지만 왜 그렇게 생각하시죠? 노숙자에 대한 강렬한 감정과 이 이슈에 대해 이끌리는 뭔가의 이야기가 있나요?"

그녀는 내 눈을 똑바로 본다. 내가 무슨 일을 하려는지 조금 알고 있다. "무슨 이야기요?" 그녀가 묻는다.

"그래요, 왜? 왜 다른 일에는 별로 신경 쓰지 않는데 이 일에 대해서는 그렇게 신경을 쓰시는 건가요? 이게 당신한테 왜 그렇게 중요해요?"

"흠, 저는 몇 년 전에 이혼했어요. 애가 3명인데, 돈은 거의 없고, 그래서 그냥 노숙자가 될 것이라고 생각했어요. 지금은 재혼해서 잘 지내고 있지만, 그런 적이 없었거든요."

그녀는 자신의 이야기를 몇 개 들려주었다.

"좋아요, 중요한 건 당신이 다른 누군가를 효과적으로 돕고 싶다면, 누가 노숙자든지 간에, 당신에게 무엇이 있는지를 알아야 하기 때문이에요."

일부는 이 사례 연구처럼 모델링해서 밀거나 푹 찌르는 것에 반대할 수 있다. 얼마나 밀어붙일 것인가는 문화적 규범, 설정, 그리고 그 사람을 아는 데 걸리는 시간과 그 사람을 향한 자신의 느낌에 달려 있다. 얼마나 멀리까지 밀고 가야 할지 의심스러울 때, 당신은 이렇게 물을 것이다. "내가 이런 질문을 해도 괜찮을까? 내가 너무 밀어붙이는 건가? 내가 이렇게 질문하는 이유는 우리 둘 모두에게 이 이슈에 대한 당신의 관심 저변에 무엇이 있는지를 아는 게 중요하다고 생각하기 때문이에요. 그래서 당신과 내가 이 일에 더 효과적일 수 있도록 말이에요. 제가 계속 이 일에 대해 물어봐도 괜찮을까요?"

구와 가족과의 관계가 포함된다. 그것은 우리를 진드기처럼 만드는 모든 것과 그 이유를 포함한다. 도로의 차량 속도를 줄이거나, 세금이 줄거나, 어린이들을 위한 더 나은 학교를 원할 수 있다. 경제적 자기이익이 핵심이지만, 기억과 의미 또한 중요한 역할을 한다. 완전히 이해된 자기이익은 표면 아래에, 겉모습 너머에 있다.

중산층 활동을
위하여

자기이익을 찾지 못하면, 연결할 기회를 놓친다

가장 넓은 의미에서 자기이익을 조사하지 않으면 지역사회에서 경제적으로 유리한 사람들의 문제가 가려진다. 많은 사람들은 과로나 가족 스트레스, 세계화와 해고로 인한 경제적 불안정, 가정 폭력, 약물남용 및 기타 문제로 고통을 겪는다. 겉으로 잘 보이고 싶어 하는 문화와 자기 가족 구성원의 필요를 조사하길 꺼리는 문화가 가장 가까이에 존재하는 문제를 가리는 것이다.

경제적 자기이익 또한 쉽게 발견할 수 없을 것이다. 경제적 수단이 풍부한 사람들은 경제적 어려움에 처한 다른 사람들, 즉 부모나 이웃, 동료 신자 또는 다른 사람들과 긴밀한 관계를 맺을 수 있다. 자기이익은 개인을 넘어서서, 적어도 직계 가족과 친구, 그리고 가까운 사람들에게까지 확대된다.

경제적 이점이 더 있는 사람들의 경향은 자기이익의 경계를 조사하고 확장하지 않으며, 또한 자신이 원하지 않을 수도 있는 방식으로 삶을 제한한다. 더 분명한 결핍에 처한 사람들과의 공통점을 확인하는 것이 더 어려워진다. 즉 그들과 정직한 관계를 발전시키는 것을 어렵게 만든다. "난 괜찮아. 문제가 있는 사람은 다른 사람들이고, 난 그들을 도울 거야." 생각하면 자신과 다른 것 같지만 실제로는 아닐 수도 있는 사람들과 연결할 기회를 잃는 것이다.

경제적으로 유리한 사람들은 때로 네트워크와 관계에서 '다양성의 부족'을 한탄함으로써 그러한 한계를 인식한다. 그들은 자신이 삶에서 무언가를 놓치고 있다는 것을 인식한다. 자기이익의 복잡성을 조사하는 것은 그러한 한계를 극복하는 데 도움이 될 수 있다.

연결하기

자기이익을 살피는 걸 꺼리고, 더 많은 자선활동을 선호하는 것은 경제적으로 유리한 사람들이 고치고 싶어 하는 바로 그 문제를 지속하는 것으로 이어진다. 가장 효과적인 도움은 종종 정부의 조치나 새로운 정책에서만 올 수 있다. 예를 들어, 1980년대 초반 이후에 가족 노숙자가 증가하는 원인은 저소득층에 대한 주택지원을 축소하려는 연방정부의 결정에 있었다(1970년대에는 매년 525,000개의 신규 저소득층 주택이 공급되었다. 2003년에는 약 115,000개가 공급되었을 뿐이다.). 기존 노숙자 쉼터를 재단장하거나 개별 가족을 수용하려는 최선의 노력조차도 정부의 조치 내에서는 이 문제를 해결할 수 없다.

특권층의 관심사는 다른 경향의 자선에 있다. 이 사람들이 자기 자신의 고통과 자기이익을 폭넓게 바라본다면, 다른 사람들의 고통에 공감할 수 있는 능력을 갖추게 될 것이다. 그들은 '다른 사람들'과 다르다고 느끼지 않을 것이다. 자신의 필요와 자기이익을 확인하면 자신과 달리 보이거나 재정 자원이 적은 사람들과도 관계를 맺을 수 있다. 그런 다음 개선하고 싶은 문제의 근본 이슈를 해결하고

자 하는 정치적 노력이나 정치적 주도권을 개발하거나 참여할 가능
성이 더 크다.

리더를
계발하는 방법

조직의 리더 계발

사람들은 대부분 리더가 된다. 누군가에게 부탁하고 격려하기
때문이다. 당신과 함께 있는 누군가가 당신에게 책임져달라고 요청
하고 격려했을 것이다. 이제 누군가 당신에게 해 준 일을 다른 사람
을 위해 할 차례이다.

첫 번째 단계 : 자신의 역할을 기억하라

풀뿌리 조직을 새로이 시작하거나 기존의 조직을 강화하기 위
해서는 또 다른 리더, 즉 그룹에 대한 책임을 지는 사람들을 계발해
야 한다. 리더를 계발할 때 첫 번째 단계는 이것이 당신의 일임을 아
는 것이다!

리더의 임무는 다른 리더들을 계발(발굴)하는 것이다.

우리는 다양한 조직 업무에 관여한다. 돈을 모으는 일, 프로그램 및 회의 계획하기, 그리고 그 운영과 음식, 공간 준비 등. 그러나 가장 중요한 일은 리더를 계발하고, 사람들이 조직에 대해 계속해서 책임을 갖도록 하는 것이다. 이것을 하지 않으면, 자신의 임무를 하지 않는 것이다.

어떤 직업과 마찬가지로 리더 발굴도 시간과 집중력이 필요하다. "우리가 책임을 너무 많이 떠맡고 있어서 다른 사람들이 책임을 공유할 여지를 주지 못하고 있는 걸까? 다른 사람들이 할 일을 대신하고 있는 걸까? 조직화의 '철칙'(사람들이 스스로 할 수 있는 일을 결코 대신 하지 않는다는 것)을 실천하고 있는 걸까?" 스스로에게 지속적으로 질문해야 한다.

리더 계발은 하나의 과정이다. 조직에서의 리더십은 개인적 자질이나 특성이 아닌 역할(직무)이다. 우리는 리더를 계발하는 것이지, 리더가 완전히 형성되어 있다고 생각하지 않는다.

실행하기

몇 년 전, 동료 안토니 티그펜이 내게 말했다.

"조직화는 1퍼센트의 영감과 99퍼센트의 후속 조치다."

사람들이 지침에 동의하게 만드는 것은 비교적 쉽다. 실행이 어렵다. 매직펜으로 큰 전지에 약속 내용을 잘 적어서, 사람들이 자주 볼 수 있도록 적절한 장소에 부착한다. 시각적으로 도움이 된다.

어떤 약속 목록

회원들이 더 많은 책임을 지도록 하는 한 가지 방법은 그러한 책임을 명시적으로 만드는 것이다. 어떤 세입자 단체에서 함께 일했던 리더십 그룹은 다음과 같은 지침을 제시했다.

1. 예를 들어 가족이 아프다거나 등등의 이유로 사무실에 전화해서 참석할 수 없거나 늦을 것이라고 말하지 않는 한, 모든 회의에 참석한다.

2. 제시간에 도착해서 회의가 끝날 때까지 참석한다.

3. 다음 회의에 대해 주민들에게 공지한다.

4. 할 수 없는 일을 하겠다고 약속하거나, 할 수 있는 일을 의심하지 마라.

5. 계약에 대한 리베이트는 받지 않는다.

6. 주민들의 우려를 위원회에 전달한다.

7. 글쓰기나 말하기 기술이 필요하다면 도움을 받아야 한다.

8. 스태프에게 자신의 가능한 일정을 알려준다.

9. 자신의 권위를 남용하지 마라.

10. 다른 사람들을 이해하는 연습을 해라. 아프리카계 미국인과 히스패닉계는 서로를 이해해야 한다(여기는 아프리카계 미국인과 히스패닉계 집단이다. 회의 날짜가 문제인지를 물어보라. 종교 의식과 음식에 대해 살펴보고, 전단지를 이해할 수 있는 언어로 입력하라.).

11. 비밀 유지. 비밀로 말한 정보를 퍼뜨리지 마라.

12. 회의에서 항상 정중한 태도를 가져라. 즉 시끄럽거나 거친 태도로 행동하지 말라는 뜻이다. 말을 함부로 하지 말고, 욕설하지 마라.

13. 재산 파손 금지. 이것은 기물 파손을 하지 말라는 뜻이다. 바닥에 떨어진

서류를 정리하고, 울타리에 올라가 있는 아이들을 보면 내려오게 해야 한다. 주민들에게 쓰레기와 유리조각을 치우라고 말해야 한다.

14. 계속해서 배우고 자신을 교육하라. 주민 및 미래 거주자를 위한 워크숍 및 기타 교육에 참석하라.

15. 리더십을 연습하라. 이것은 위원회 회의 전에 멤버들에게 발언하게 하는 것을 의미한다. 위원회 회의에서는 세입자의 구체적인 관심사에 대해 이야기하고, 다른 사람들이 리더가 되도록 도와야 한다.

초기에는 그러한 상세한 약속을 할 필요가 없을 수도 있다. 그러나 사람들이 조직에 관여하고 리더십(책임)을 받아들이기로 동의한 후에는, 집단 규범을 수립하고 구성원, 특히 리더에게 명확한 원칙을 세워야 한다.

멤버를 대상으로 리더십 계발 계획 세우기

리더십 계발은 한 번에 한 명의 리더에게 진행한다. 리더를 계발하는 방법은 조직 내에서 그 사람의 리더십을 계발할 수 있는 간단한 계획을 세우는 것이다. 리더십 능력을 보여준 특정 인물에 대해 생각할 시간을 조금 남겨 두자.

폴 오스터만은 산업부문재단(Industrial Areas Foundation, IAF)[18] 조직의 커뮤니티 조직자가 리더로 발전할 수 있는 느낌을 설명하면서 한 여성을 인용한다.

주디 도노반(조직자)은 나를 각성하게 하고, 도전하게 하며, 리더십 직책에 배치하여 내가 배운 것을 적용할 수 있도록 했습니다. 전 이렇게 말했

어요. "전 도움이 필요해요, 공동 담당자가 필요해요, 이 회의를 진행할 사람이 필요해요, 이 일에 대해 조금만 말씀해주셨으면 해요. 트레이닝에서 배운 것을 이야기하고 다른 사람들과 공유해 주세요." 저희는 여러 가지 이슈를 다루는 주(州) 집회에 참석해 달라고 요청을 받았고, 돌아와서 그룹에 보고했습니다. 기본적으로 그것은 배운 것을 행동을 통해서 적용했어요. 여러 번 해왔기 때문에 내게는 매우 편안해졌고, 내 정체성의 일부가 되었습니다.

- 폴 오스터만, 『Gathering Power』(2002년)

누군가와 강한 관계를 맺은 후, 자신이 하는 일에 대해 투명하게 말한다. 다음과 같은 말할 수도 있다.

"전 당신의 리더십을 계발하려고 노력 중입니다. 그건 비밀스럽거나 인위적인 게 아니에요. 여기 던킨 도넛츠 가게에 앉아서 지금 하려는 게 바로 그거예요. 당신의 리더십을 위해 적절한 다음 단계가 무엇인지 생각하고 있는데요. 어떻게 생각하세요? 무얼 하고 싶으세요?"

이 분야에서 오래 일할수록 이런 대화를 더 많이 하게 된다. 조직자의 역할을 분명하게 설명해야 한다. 리더를 계발하고 리더십 계발을 동시에 가르치는 방법은 내가 무엇을 하고 있는지, 왜 그런지를 설명하는 것이다. 일단 라포(rapport. 친밀감, 신뢰감)가 형성되면 이러한 설명이 유용하게 된다.

조직 내 리더십 계발 계획 수립

조직자와 리더는 항상 조직이나 특정 프로젝트를 기획해야 한다. 조직 내 사람들이 어떻게 리더십을 개발할 수 있는지에 대한 계획을 세우는 게 중요하다. 이 연습이 도움이 될 것이다.

이 연습은 약 10분 정도 소요된다. 완성하면 그것을 잘 보이는 곳에 두고서, 자주 언급해 보라. 자신이 어떻게 하고 있는지를 모니터링하라. 계획을 수정해도 된다.

리더십 개발 체크리스트

완료한 날짜 : --

작성자 : --

리더의 이름 : --

❶ 이 사람을 가입시킨 사람은? --

❷ 가입 시기? --

❸ 배경 : ---

❹ 이 사람의 핵심 가치는 무엇인가? ---

❺ 그 사람은 어디서, 어떻게 이런 가치를 얻었나? --------------------------

(이 사람의 이야기를 좀 알아봐야 할 것 같다. 이 사람이 왜 특정한 일에 관심을 갖는지, 부모나 교사, 경험에서 나온 것이든, 기본적인 가치를 어디서 받았는지에 대한 개요를 알아야 한다.)

❻ 이 사람이 관심 있는 이슈는 다음과 같다.

(사람들은 영향을 받는 특정한 이슈의 묶음 그 이상이지만, 그 사람의 즉각적인 자기이익과 현재 행동하게 된 이유에 대한 일반적인 생각을 가져야 한다.)

❼ 네트워크 :

(이 사람은 네트워크가 있는가? 가족, 친구, 교회, 직장, 또는 다른 단체 등. 아니라면 리더의 자질에 의문을 제기해야 한다. 그 사람은 누구와 관계를 맺고 있는가? 그 사람이 자기 집이나 직장에서 회의를 할 때 누가 커피를 가져다줄 수 있을까?)

❽ 과거의 조직 업무 :

(그 사람이 실제로 조직이나 다른 곳에서 어떤 일을 했는가? 그 사람이 말만 하고 실제로 아무 행동도 하지 않았나? 그 사람이 하우스 파티를 열어본 적이 있는가? 사람들을 회의에 데려왔고, 전단지를 만들었고, 전화도 했고, 사무실 업무도 도와주었나? 기부는 했나? 프로그램 계획을 도와주었나? 이것은 이 사람이 무엇을 하고 싶은지, 격려를 통해 무엇을 할 수 있는지에 대해 알 수 있다.)

❾ 리더십을 위한 다음 단계 :

(이 사람의 리더십을 계발하기 위해 무엇을 할 수 있을까? 다음 단계는 다를 수 있다. 다음 단계로는 어떤 것이 좋을지를 물어보는 것이 좋겠다.)

❿ 무엇이 다음 단계가 되어야 한다고 생각하는가?

(이 사람에 대한 지식에 차이가 있다는 사실을 알게 되어도, 괜찮다. 알아야 할 것을 알아보기 위해 그 사람과 다시 대화를 나누면 된다.)

후속 조치

코멘트 :

철칙1 : "스스로 할 수 있는 일을 절대 대신 하지 않는다."

많은 규칙과 마찬가지로 '철칙'도 실제로 복잡하고 미묘하다. 철칙은 사람들이 스스로 할 수 있는 일과 할 수 없는 일을 설명하지 않는다. 사람들이 할 수 없다고 생각하는 일을 하도록 격려하거나 밀어붙일 필요가 있다면, 그게 언제인지도 말해주지 않는다.

리더는 경험과 행동을 통해 발전한다. 철칙에 따라서 행동을 장려하고 새로운 경험을 육성하기 때문에 리더는 계발된다. 이 사례 연구는 리더에게 더 큰 책임을 지고 새로운 기술을 배우도록 밀어붙였던 방법을 보여준다. 물론 포기하게 만들 정도로 강압적인 것은 아니었다.

다음 단계 : 문을 두드리는 것

엘리자베스는 매사추세츠 주 리비어에서 자랐고, 아버지가 돌아가신 후 어머니와 단둘이 살고 있다. 그녀는 지역 가톨릭학교인 '성심학교'에 다녔고, 정의와 가난한 사람들에 대한 가톨릭의 관심을 물려받았다. 20대 초반, 그녀는 내가 일하고 있는 커뮤니티 단체에 전화를 했다(우린 대부분 회원이 될 만한 사람들을 찾아 나섰다.). 그녀를 보러 갔다. 그녀의 부엌에 앉아 이야기를 나누고 차를 마셨다. 엘리자베스는 그 단체에 가입해서 작은 모임에 참석하기 시작했다. 몇 달후, 내가 자주 그랬던 것처럼 엘리자베스에게 집집마다 방문해서 신입 회원 모집을 도울 수 있겠냐고 제안했다.

그녀는 꺼려했다. "그럴 수는 없었어요. 누군가의 문을 두드린다? 그것도 내가 사는 동네에서!?"

나는 그녀가 할 수 있을 거라고 생각했다. 조금 수줍어했지만, 그녀가 배우고, 성장하고, 도시를 변화시키고 싶어 한다는 것을 느꼈다. 이를 위해 사람들에게 말하는 데 약간의 기술을 습득해야 한다는 것을 알았다. 집집마다 나와 함께 가는 것은 그녀가 시작하는 한 가지 방법이었다. 그녀는 긴장한 것 같았지만, 그 전망에 완전히 겁먹은 것은 아니었다.

"좋아요, 엘리자베스. 그냥 나랑 같이 가는 건 어때요? 문을 두드리고 모든 이야기를 할 겁니다. 당신을 이웃으로 소개할 수도 있지만, 원치 않으면 아무 말도 안 해도 돼요. 나중에 하고 싶다면 그건 당신에게 달렸어요. 어때요?"

이쯤 되면 내가 자신을 참을 수 없는 정도의 상황에 처하게 하지 않을 거라는 걸 믿었다(아마 조금 불편하긴 하지만 참을 수 없을 정도는 아니었다.). 나는 그녀의 몸짓을 보며 단서를 찾았다. 엄청난 두려움을 보지 못했고, 그저 조금 꺼려했을 뿐이다. 내가 리드를 하면서 그녀와 함께 문을 두드렸다.

어느 이른 저녁, 우리는 그녀가 사는 동네를 노크하기 시작했다. 문을 두드리고 기다렸다.

"안녕하세요, 제 이름은 마이클 브라운이고 리비어 페어 셰어(Revere Fair Share)에서 일합니다. 이쪽은 엘리자베스 미글리오지이고요, 이웃이에요. 101공원에 살고 있어요. 저희는 그저 이야기를 듣고 싶은데요, 전력회사의 새로운 요금 인상이나 주 전체의 새로운 세법, 아니면 근처에 당신과 관련된 다른 것들에 대해서요. 그런 일에 대해 우려가 있으신가요?"

그래서 대화가 이어졌다. 가끔 우리는 집 안으로 초대받았다. 대부분은 5분 동안 문 앞에 서서 귀를 기울였다. 엘리자베스는 점차 그 말을 알아듣고 있었다.

"이번에는 당신을 소개하고 싶은데 어때요?" 내가 물었다.

"좋아요." 그리고 옆집에서 그녀는 자신을 소개했다.

"다른 얘기를 해 볼래요? 내가 한 말 중에 몇 가지는 할 수 있을 것 같은데."

"좋아요, 해 볼게요."

"원하지 않으면 괜찮아요. 그냥 편한 대로 해봐요."

"알았어요." 그녀가 말했다.

그래서 옆집에서는 그녀가 조금 더 말했다. 그리고 그 다음에 그 집에서 조금 더 말했다. 저녁이 끝날 무렵에는 집집마다 가는 게 더 편해졌다.

엘리자베스는 혼자서 집집마다 갈 수 없었다. 누군가와 함께 가는 게 도움이 되었다. 나를 지켜보면서, 한 번에 조금씩 하라는 요청에 따라서 진행하다 보니, 이 활동에 익숙해졌다. 격려를 받아야 했던 것이다. 조금은 밀어붙였지만 너무 많이는 아니었다. 그 길을 따라 한 걸음 한 걸음씩, 그녀에게 조금 더 하는 것이 편한지 물어볼 것이다. 거절을 하더라도 기꺼이 그녀의 반응을 받아들여야 했다.

단순한 철칙은 없다

"자기 자신을 위해 무엇을 할 수 있고 무엇을 해야 하는지"를 어떻게 아는지에 대한 간단한 규칙은 없다. "자신을 소개하는 게 괜찮을까요?" 내가 엘리자베스에게 처음 물어본 질문 중 하나였다. 사람들은 준비가 되면 스스로 할 것이다.

철칙의 한 가지 목적은 회원들이 가능한 한 많은 책임을 지도록 하는 것이다. 이것이 사람들에게 더 많은 일을 할 기회를 주는 이유이다.

적절한 일을 찾는다는 건 판단을 내리는 것이다. 엘리자베스에게 문을 두드리라고 부탁하는 건 가능한 일 중 하나였다. 그것이 그녀에게 적절한 다음 단계라고 생각했다. 그녀는 작은 모임에 여러 번 왔다. 다른 멤버들과 편안함을 느꼈다. 만약 그녀가 리더십을 계발하고자 한다면, 그녀가 낯선 사람들과 이야기하는 것이 더 편할 거라고 여겼다. 그녀가 약간의 도움과 격려로 이 일을 할 수 있다고 생각했고, 실제로 할 수 있었다.

조직의 철칙 : 왜 그리고 어떻게

철칙에 따라 회원들은 조직에 대한 더 많은 책임을 지도록 권장한다. 조직은 소수의 리더나 유급 스태프보다는 더 많은 구성원이 조직에 대한 책임을 진다면 더욱 강해질 것이다.

철칙은 조직을 구성할 뿐만 아니라 개별 구성원을 돕는다. 그들은 새로운 기술과 자신감을 개발한다. 철칙의 기초는 사람들에 대한 가정이다. 소비자 또는 고객으로 움직이기보다 조직에 대한 책임을 갖게 되면, 자기 자신에 대해 더 잘 느끼고 개인적 효능감을 갖게 된다. 철칙은 사람들은 자연스럽게 리더십을 갖게 되고 효과적이기를 원한다고 가정한다. 그들은 단지 그렇게 할 수 있는 격려와 기회가 필요한 것이다.

이 일이 어떻게 실행될 수 있을까? 이것은 작은 일에서 시작된다.

쉬운 것 : 새로 고침

처음 철칙을 사용하려고 했을 때, 작은 것들부터 시작했다. 그 말은 내가 모든 다과(간식)를 회의에 가져가지 않았다는 뜻이다. 회원들에게 의지했다. 이것은 회원들이 '자기 자신을 위해' 할 수 있는 일이다.

나는 커피와 도넛을 가능한 한 많은 사람들에게 가져다주는 일을 나누었고, 그것은 거의 모든 사람이 할 수 있는 쉬운 일이었다. 한 사람은 커피를, 또 한 사람은 설탕을, 다른 사람은 우유를, 또 다른 사람은 컵을 가져왔다. 내가 직접 하는 것보다 시간은 훨씬 오래 걸렸다. 그 모든 일을 스스로 후다닥 하고 싶은 유혹을 참아야했다(내가 그렇게 하면 확실히 할 거라는 것을 알지만서도). 사람들에게 무엇을 가져올 수 있는지 물어보는 데 많은 시간을 보냈다. 모든 사람이 참여하기를 원했기 때문에 다과를 아주 작은 조각으로 나누려고 노력했다. 내 목적은 모든 사람에게 할 일을 나누고, 이 작은 방법으로도 가능한 한 상호 의존적으로 모든 사람을 만드는 것이었다.

가끔은 모든 사람이 할 수 있는 일을 찾기란 어려웠다. 하지만 끈질기게 고집했고, 다른 사람이 할 수 있는 일은 늘 있었다. 일을 할 수 있는 사람이 자신이 일을 하지 않았다고 느끼기를 원하지 않았다. 가끔은 힘들기도 했다. 특히 아무도 도넛을 가져오지 않을 때 사람들이 짜증을 내는 경우가 더더욱 그랬다. 가끔은 커피가 있지만 컵이 없었다.

그것은 그룹에 더 큰 의미를 지닌 작은 문제였다. 그것은 회원들에게 조직 내에서의 삶이 어떻게 될 것인지를 알린다. 조직은 당신에게 봉사하기 위해 사업을 하는 것이 아니다. 회원인 당사자도 책임을 져야 한다.

누가 그 일을 하는지 보여준다

사람들에게 참여하라고 요청하기 시작하면 어떤 사람은 그 일을 해내지만, 어떤 사람은 그렇지 못하다. 그러면 변명을 한다. 사람들에게 일을 맡아달라고 요청하면 누가 그 일을 하는지를 알 수 있다.

작은 일(도넛처럼)부터 시작하면, 큰 피해를 입을 가능성이 거의 없는 상황에서 누가 할 것인지를 알 수 있다. 사람들에게 더 큰 책임을 맡기기 전에 작은 일을 성취할 수 있는지 확인해야 한다.

커피와 도넛을 건너뛰면 철칙은 더 위험하고 복잡해진다. 하지만 원칙은 여전히 남아 있다. 사람들 스스로 일을 할 수 있는 데도 대신해서 그 일을 하지 마라. 장기적으로는 볼 때, 다른 사람을 위해 일을 대신하는 것이 당신과 조직을 곤경에 빠뜨리게 한다.

도넛 움직이기

'자신을 위해 무엇을 할 수 있는지'를 아는 게 쉬운 일이 아니다. 예를 들어, 한 동료가 저렴한 주택을 짓고자 자금을 모으려는 종교 단체를 위한 기금모금 하우스 파티를 준비하고 있었다. 그녀는 지역의 여러 교회를 대표하는 개인들의 그룹인 지역 "타운 팀"을 구성하려고 했다. 그들을 한데 모아서, 지역의 자존심을 쌓고, 조직과 공동체의식을 개발하고자 했다. 또한 각 가정의 사적 공간에서 수표를 쓰는 것보다 그룹으로 참여하면 더 많은 돈을 모을 것이라고 생각했다. 한 마을의 핵심 인물이 하우스 파티를 주최하기로 했다. 하우스 파티는 누군가의 리더십을 시험하는 좋은 방법이다. 사람들을 집으로 데려올 수 있는 사람은 리더십 기술을 가지고 있다.

'하우스 파티'는 친구를 집으로 초대해서, 조직을 위해 돈을 모으거나 공통 관심사에 대한 아이디어를 논의하는 작은 행사이다.

내 동료인, 조직자는 지역사회의 12개 교회에서 몇 명의 주요 개인을 하우스 파티에 초대하고자 했다. 평신도 리더들을 초대하려면 지역의 신부, 랍비, 목사들에게 그들의 주요 평신도 리더들의 이름을 물어봐야 한다.

누가 전화를 할까?

일반적으로 호스트는 손님을 하우스 파티에 초대한다. 이 경우, 스태프 조직자는 지역 종교 및 교회 지도자들과 관계를 맺었기 때문에 초대를 할 수 있는 위치에 있었다. 그녀는 전화를 했다. 이것은 호스트 스스로 효율적으로 만들 수 없었던 전화라는 걸 잘 알고 있다. 조직자는 철칙을 적용했지만 전반적인 상황에서는 판단을 해야 할 것과 민감하게 반응해야 할 게 있다.

사람들(자원봉사자, 회원)이 스스로 일을 하도록 격려하기 위해 조직을 늘

밀어붙인다(이 경우 전화걸기와 같은). 어떤 작업은 분명히 할 수 있다. 하지만 어떤 작업은 조직자가 확신하지 못할 수도 있다. 어쩌면 많은 도움을 받아 그 일을 할 수 있을지도 모르지만, 사람들이 '자기 스스로' 할 수 있는 일은 언제나 판단(judgment)을 요한다. 사람들이 '자신이 직접' 하도록 만드는 데 얼마나 많은 시간이 걸릴지 판단하는 것이다. 각 회원에게 많은 시간을 할애한다면, 회원들이 스스로 할 수 있다고 나서게 될까? 회원들이 이 일을 스스로 한다는 게 가치가 있을까? 전화는 얼마나 효과적일까? 통화를 잘하지 않으면 어떻게 될까? 위험은 무엇인가? 커뮤니티 회의에 다과를 준비하는 것은 위험을 줄이는 것이다. 회의에 도넛이 준비되지 않았다면. 목사님이 전화를 했다하더라도, 위험이 더 커진다. 파티에 오는 사람은 거의 없으며 온 사람들도 실망하게 된다.

각 상황은 이와 같은 복잡한 역학 분석을 기반으로 한 판단이 필요하다.

팀 스스로 일을 해냄

하우스 파티가 끝난 후, 타운 팀은 저렴한 주택 건설을 도운 조직이 있는 이웃 도시 투어를 하고자 했다. 타운 팀원들은 스스로 준비할 수 있다고 생각했다. 여행용 전단지를 만들고, 버스와 운전사를 고용했으며, 사람들을 데려왔다. 조직자가 방문할 곳을 찾았지만 사실상 회원들이 이 투어 조직 작업의 대부분을 수행했다.

이 상황에서 조직자는 또한 철칙을 따랐다. 조직자는 회원들이 이 일을 잘할 수 있다는 점을 깨달았다. 스태프나 경험이 풍부한 리더들은 먼저 "다른 사람이 이 일을 할 수 있을까?"라고 묻지 않고 업무를 대신한다. 이 유혹에 굴복하면 그 일은 잘 수행할 수 있지만, 새로운 리더십은 개발되지 않고, 스태프나 리더는 과로의 위험에 빠진다.

철칙 : 멈추고 질문 한다

철칙은 우리에게 "이것은 다른 사람이 할 수 있는 일인가?"라고 묻도록 한다. "어떤 일을 제대로 해내고 싶다면, 직접 해라!"라는 격언과 대조된다. 이는 조직을 세우거나 리더십을 발전시키는 것은 말할 것도 없이, 자아를 부추기고 소진시키는 방법이다.

조직의 일상적인 활동의 업무에서 손을 뗄 수 있다면 그렇게 하라. 이것은 회원 주도권과 새로운 리더십을 구축한다. 이것은 매우 중요한데, 왜냐하면 우리의 일상생활에서 많은 것들이 수동적으로 만들고 시민생활에 참여하려는 충동을 빨아들이기 때문이다.

조직자는 주문처럼 철칙을 자신과 다른 사람들에게 반복한다. 그것은 우리 문화 속으로 폭격처럼 쏟아져 내리는 모든 반대 메시지를 반박하는 데 도움이 된다.

> **조직의 철칙 :**
> 스스로 할 수 있는 사람들을 위해, 일을 절대 대신 하지 마라.

당신을 떠나지 못하게 하는 것은 무엇인가?

멤버들이 책임을 지는 것은 힘들지라도, 그것은 철칙을 실행하는 데 직면하는 어려움을 인식하는 데 도움이 된다.

철칙을 실행하는 데 가장 어려운 부분 중 하나는 자신이 속한 사업에 대한 사고방식을 바꾸는 것이다. 당신은 다른 사람들을 돕는 게 아니며, 적어도 '도움'이 일반적으로 이해되는 방식은 아니다.

당신의 목적은 리더를 계발하는 것이다. 다른 사람들이 조직에 대한 책임을 지도록, 그리고 스스로에게 책임을 지도록 최선을 다한다. 새로운 습관을 계발하는 데는 시간과 연습이 필요하다.

　세상을 개선하기 위해 일하는 많은 사람들은 다른 사람들을 돕고 싶어서 그렇게 한다. 도움을 원하는 우리의 욕구는 그 자체로 조직을 만드는 데 문제가 될 수 있다. 큰 문을 열려고 애쓰는 어린 아이를 보면서 우리의 자연스러운 반응은 도움을 주는 것이다. 우리는 아이가 노력하는 것을 본다. 우리는 그 아이의 좌절감을 느낀다. 거기 서서 기다리기 어렵고, 쉽게 할 수 있는 일을 하지 않고 기다리기가 어렵다.

우리와 함께 할 일은 무엇인가?

　다른 사람이나 조직이 필요로 하는 것들에 대해 생각하기보다는, 우리 내부에서 일어나는 일, 우리의 감정과 욕망에 더 많이 집중해야 한다.

도움 제안을 받아들이기

　철칙의 이면은 "항상 도움의 제안을 받아들이는" 것이다. 그것은 다른 사람들이 우리 스스로 할 수 있는 것을, 우리 스스로 하도록 했던 바와 같이, "스스로 할 수 있는 사람들을 위해, 일을 절대 대신 하지 마라"는 훈련을 한다.

역철칙

나는 세 살짜리 딸을 유모차에 태우고 있었다. 지하철을 타기 위해서 계단을 내려가야 했다. 혼자서 아이를 유모차에 태우기 위해, 유모차를 가지러 가는데 앞에 있던 젊은 남자가 도와줘도 되겠냐고 물었다. 처음의 반응은 이러려고 했다. "아니오, 제가 할 수 있어요." 하지만 꾹 참고서 "그래요."("언제나 도움을 받아들일게요.")라고 대답했고, 계단을 내려갈 때 유모차 바닥을 잡도록 했다. 그는 일곱 살 난 딸과 함께 있는 것이 얼마나 즐거운지 내게 말했다.

스스로 하지 않으면, 쉽게 익힐 수 없다

열두 살 때 과학 프로젝트를 해야 했다. 나는 구름의 방을 만들고 싶었다. 땅콩버터 유리병을 뚫어야 했다. 아빠가 이 일을 할 수 있어서, 아빠가 어떻게 하는지를 지켜보았다. 그리고 내가 직접 해 보았다. 드릴을 하자마자 병을 깨뜨려버렸다. 내가 연습할 수 있는 땅콩버터 병은 많이 남았는데, 아빠는 내 손에서 드릴을 빼앗아 나를 위해 직접 해주었다. 그건 자연스러운 모습이었다. 하지만 나는 몇 년이 지나도록 드릴 사용법을 배우지 못했다.

이건 작은 사건이었다. 다른 사람에게 도움을 청하는 법을 배워야 할 때처럼 도움을 받는 것도 기억해야 한다. 철칙을 실천하는 것은 어려울 수 있다. 특히 다른 사람들을 돕고 싶어 하는 사람들에게는 더욱 그렇다. 그것은 본능이나 습관에 어긋날 수 있다. 가능한 한 자주 도와주겠다는 제안을 받아들여야 한다. 그러면 도움을 제

철칙에 대한 질문 : 내면을 들여다보기

조직의 철칙을 내면화하는, '외면하기'를 시작하는 한 가지 방법은 자신의 생각과 감정을 조사하는 것이다. 여기까지 읽은 사람이라면, 당신은 일을 제대로 처리하는 데 책임을 지는 습관이 있는 사람이다. 아마도 모든 사람이 당신과 같지 않다는 것을 어딘가에서 알아냈을 것이다. 스스로 할 수 있는 사람들을 위해, 일을 하지 않는 것은 끊임없는 분란을 일으킬 수 있다. 이 연습이 도움이 될 수도 있다. 여러 가지 프로젝트와 과제를 위해 여러 번 연습을 하고 싶을 수도 있다. 그렇다면 별도의 종이에 답을 써라.

❶ 조직에서 수행해야 하는 특정 프로젝트나 일을 생각해 보라.

----

❷ 당신이 할 수 있는 일이나 책임을 내려놓고 다른 사람이 그렇게 하도록 내버려두는 데는 무엇이 방해가 되는가?

----

❸ 제대로 하지 않으면 어떻게 되는가?

----

❹ 그렇게 하지 않을 거라면, 어떻게 할 것인가?

----

❺ 당신이 모든 일을 했던 결과는 무엇인가?

----

❻ 제대로 할 수 있다고 해도, 이 일이 당신을 어디로 이끌까?

----

❼ 다른 생각과 반성 :

대로 받을 것이다. 철칙의 본질인 '모든 책임을 스스로 지지 않도록' 훈련하는 데 도움이 될 것이다.

외면하기

나는 때로 철칙을 '외면하기'라고 묘사한다. 고통스럽고 부자연스러울 것이다. 다른 사람을 돕고 싶어하는 이들은 종종 사람들이 할 수 있는 일을 하도록 그냥 내버려두는 데에 어려움을 겪는다. 능력과 자원을 가진 사람은 도와주고 나누고자 하는 인간의 본능적 반응을 느낀다. 유능한 사람이라면 자신의 능력을 발휘하지 않고, 다른 사람을 그저 단순하게 바라보는 게 어려울 수 있다.

철칙2 : 책임을 모두 감당하지 마라

사람들에게 쉽게 해주지 마라

조직자들은 구성원들에게 책임을 진다는 것이지, 높은 지위에서 책임을 진다는 뜻이 아니다.

조직 동역학을 훈련하는 프로그램인 '파워앤드시스템(Power and Systems)'의 설립자 배리 오슈리는, 조직의 '정상부'가 '하부'에 있는 사람들과 파트너십을 맺는 게 아니라 오히려 어떻게 '책임성을 앗아가' 버리는지에 대해 종종 이야기한다(배리 오슈리의 『Seeing Systems』(1995년)을 참조하라.).

조직자는 문제를 다른 사람을 위해 고정시키지 않는다(철칙을 기억하라). 도전하고, 문제에 대면한다. 이것이 항상 쉬운 것은 아니며, 모든 상황에 맞는 것이 아닐 수 있다. 타이밍이 중요하다. 그런

도전할 시간

때로는 리더십을 계발하기 위해 누군가에게 도전해야 한다. 위험도 있지만 잠재적인 혜택도 있다.

레베카는 교회에서 청소년 그룹에 속한 학생이었다. 그 그룹은 주말에 수련회를 갔다. 나중에 레베카가 말했다.

나는 거들먹거리는 태도를 가진 십대였어요. 저쪽, 옆에서 담배도 피웠어요. 수련회는 엿 같았어요. 집으로 돌아오는 버스에서 청소년 그룹 리더가 물었어요. '수련회는 어땠어?'

나는 '엿 같았어요'라고 뻔뻔스럽게 얘기해 줬어요. 그가 듣고 싶어 하는 말을 하고 싶지 않았거든요.

그가 내게 돌아왔어요. '그래서 그게 무슨 문제야? 그건 어떡할 건데?'

난 '아무것도요.'라고 했어요.

그러자 그는 일어나서 걸어가 버렸어요. 그게 날 화나게 했어요. 그래서 그에게 달려가서 말했어요. '무슨 뜻이에요? 제가 뭘 할 수 있다고요?'

그는 제가 에이즈에 관한 프로젝트를 할 수 있겠냐고 말했어요. 그리고 제가 에이즈에 관한 행동을 믿는지를 물었어요. 그 문제에 대해 청소년 그룹에서 프로그램을 이끌 것인지를 요청했어요.

"이건 정말 깜짝 놀랄 일이었어요. 그가 나에게 어떻게 할거냐고 묻자, 그걸 하겠다고 그런 거예요. 그저 어떤 불완전한 성인 프로그램에 단순하게 참여하는 것을 원치 않았어요. 내가 그걸 하길 바랐던 거예요."

도전이 언제 긍정적인 결과를 가져올지 알 수 있도록 충분히 가까운 관계를 유지해야 한다. 이런 방식이 언제나 모든 사람에게 효과적인 도전일 수는 없다. 도전을 받을 만큼 충분히 강한 사람과 신뢰하는 관계가 필요하다.

이런 경우, 청소년 그룹의 리더 래리는 레베카를 잘 알고 있었다. 그는 기회를 잡아서, 나중에 레베카가 말했듯이 "어느 쪽이든 갈 수 있었어요."라고 할 수 있었다.

"그건 어떡할 건데?"라는 말은 상대와 확고한 관계를 구축하고 상대가 그런 퉁명스러움을 받아들일 수 있다는 사실을 알 때만, 효과적으로 사용할 수 있는 표현이다. 하지만 이런 방향으로 나아가서, 문제가 무엇이든 가장 영향을 많이 받는 사람에게 책임을 떠넘길 필요가 있다. 조직자들은 다른 사람들에게 위험을 감수하라고 요구한다. 그렇게 하려면, 자기 스스로 어느 정도의 위험을 감수해야 한다.

리더 계발하기 : 상기시키기

조직의 본질은 상기시키는 것이다.
- 프레드 로스, Sr

조직의 필요, 이벤트, 그리고 그들이 동의한 임무에 대해 사람들에게 상기시켜라.

사람들은 종종 이렇게 묻는다. "내가 왜 미팅 일정을 상기시켜 줘야 합니까? 그들이 올 거라고 했는데요." 그렇다. 하지만 사람들은 잊어버린다. 뭔가가 떠오른다. 비가 온다. 해야 할 일이 기억난다. 사람들은 쉽게 약속을 바꾸곤 한다. 책임을 지우거나 상기시키는 사람들에게 익숙하지 않다.

골칫거리가 되는 것에 대해

당신은 자신이 골칫거리라고 생각할지도 모른다. 이 일에 대해 너무 걱정하지 않아도 된다. 사람들은 보통 상기시켜주는 것에 감사해한다. 왜냐하면 상기시켜주는 사람들이 성공하도록 도와주기 때문이다. 여러분의 기억으로 인해 그들이 그 일을 해내도록 도와줄 가능성이 높다. 이 일에 대해 신경 쓰는 사람이 당신에게 분개할 가능성은 거의 없다. 당신이 그 일에 대해, 그 사람들의 공헌에 대해 얼마나 신경을 썼는지를 보여주기 때문이다.

🔦 빠른 팁

유머는 도움이 된다

유머가 도움이 된다. "여보세요, 지금 당신의 친절한 골칫거리가 전화를 하고 있어요. 목요일 미팅을 상기시켜주려고요." "아, 그래요, 오실 거죠, 좋아요, 그럼 그때 봬요." 이건 예술이다. 다른 예술과 마찬가지로 연습도 필요하다. 사람들에게 단지 상기시키기 위해서 전화하는 게 별로 내키지 않는다면, 오는 길을 알려주거나, 주차할 장소나 미팅이 끝날 시간을 알려주거나, 미팅에서 기분 좋게 지내는 데 도움이 되는 몇 가지 세부적인 사항들을 설명하면 된다. 사람들은 자신이 배려받고 있다고 느끼고, 자신의 존재가 중요하다고 느끼기를 원한다. 그런 사려 깊은 전화에 짜증을 낼 것 같지는 않다. 사람들이 어떻게 느끼는지에 대한 두려움 때문에 미팅을 상기시키는 전화를 하지 않을 이유가 없다.

업무를 분산하라

다른 리더를 계발하는 것이 목표이기 때문에, 다른 리더들이 그 사실을 상기시켜주기를 원한다. 일이 쌓이면 곧 사건이 일어나고, 리스트에 있는 모든 사람을 알 수 있다는 사실을 잊기 쉽다.

우선 전화할 리스트를 사람들에게 주는 것으로 시작하겠지만, 사실 사람들이 요청받은 일을 완수하는 것보다 그 이상을 수행하길 원한다. 당신은 사람들을 상기시켜서 그들이 책임성을 느끼기를 바란다. 일단 사람들을 알게 되면, 일반적으로 그 일을 잘해나가는지, 무엇이 책임성을 느끼게 하는지를 알게 될 것이다. 모든 사람들이 다 따라오지는 않을 것이다. 당신의 임무 중 하나는 그들이 하겠다고 한 것을 누가 하는지, 누가 변명을 만드는지를 보는 것이다. 이 책임을 내면화하는 데는 일대일 대화가 필요하다. 한 사람이 연락할 수 있는 사람은 아주 많다. 당신의 일은 사람들을 이벤트에 끌어들이거나 일을 완수하는 게 아니라, 다른 리더를 계발하는 것임을 기억하라.

15 'Develop Leader'를 '리더 계발'로 번역했다. 인간의 잠재능력을 일깨우는 게 계발(啓發)의
   뜻이다. 반면 개발(開發)은 잠재능력이 없어도 단지 상태를 개선해 나간다는 포괄적인 의미
   이다. 주로 물질적인 것과 어울린다.(역주)
16 메인 보컬, 백그라운드 보컬, 각 악기 등이 서로 호응하면서 하는 연주 방식. 앞에서 이끄는
   소리에 호응하는 노동요에서 전형적으로 볼 수 있다.(역주)
17 『급진주의자를 위한 규칙』, 사울 D. 알린스키, 아르케출판사, 2016년(역주)
18 1940년에 사울 알린스키가 설립한 커뮤니티 네트워크 조직. 전 세계 65개 지부를 두고 있으
   며, 교육과 자문, 조직자 훈련을 진행한다. 세액 공제를 받는 '501(c)(3) 비영리 조직'이다.(역
   주)

8장

회의

혁명 이전에는 세금이 괴롭히고,
혁명 이후에는 각종 회의가 들볶는다.
– 중국 속담

사람들을 동원한다는 것은 회의(meeting)를 의미한다. 조직의 사업은 대부분 회의를 통해 발생한다. 회의는 생산적이고 유용하며 심지어 재미있을 수도 있다. 회의를 잘 진행하려면 세부 사항에 대한 기술과 주의가 필요하다. 다음은 회의를 생산적으로 만들기 위한 몇 가지 지침이다.

회의를 위한
가이드라인

사람이 사람을 데려온다

누군가를 회의(미팅)에 데려 오기 위해서는 그 사람과 관계를 맺고 그 사람을 직접 대면으로 초대하는 것이 최선이다. 그 다음으로는 전화로 초대하는 것이다. 이메일은 멀리, 세 번째로 멀리 떨어진 것이다. 가까운 관계가 아닌 상태에서 전단지나 이메일, 공고문을 보고 회의에 나오는 사람은 드물다.

지역에서 제안된 유독성 폐기물이나 쓰레기 소각장 같은 핫 이슈에 대한 전단지나 우편물은 사람들을 회의에 초대할 수 있다. 하

스토리

참가자 모집의 마술은 없다

새로운 조직자는 상하수도 요금 인상에 대한 도시 전체의 청문회에 사람들을 참여시키기 위해 노력하고 있었다. 수천 장의 전단지를 나눠주고 케이블 TV에 청문회 개최를 알렸다. 가가호호 방문하여 서명을 받은 많은 사람들에게 전화도 했다. 회의에 참석하겠다는 수백 명의 사람들을 체크했다. 그는 흥분해서 100명의 사람들이 청문회에 올 거라고 말했다. 그러나 그가 개인적으로 아는 사람들만이 나타났을 뿐이었다. 전단지와 방송이 사람들을 데려오지 않는다는 사실을 잊은 채, 실망했다. 사람이 사람을 데려온다.

지만 이런 것들이 지속적인 조직을 만들지는 않는다. 전단지와 우편물을 이용해서 사람들에게 다가오는 사건을 상기시켜 줄 필요는 있지만, 주요 모집 도구는 아니다.

핫 이슈가 없을 경우, 나는 한 사람을 회의에 끌어들이는 데에 평균적으로 1,000장의 전단지가 필요함을 관찰했다. 1,000장의 전단지를 손으로 나눠주는 것보다, 여러 사람을 직접 대면 접촉하는 것이 더 효과적이다.

미디어와 우편은 모집 전략으로 자리 잡고 있으며, 효과적으로 사용할 수 있다. 당신의 그룹에 대한 신문이나 잡지 기사를 복사하는 것은 도움이 된다. 언론 보도는 조직에 합법성을 부여한다. 하지만 사람들을 회의에 끌어들이지는 않는다.

몇몇 사람들(극히 소수)은 스스로 참여한다. 그들은 홍보물을 보고 나타난다. 따라서 언론의 공지 서비스와 광고로 새로운 회원을 모집할 수도 있다. 스스로 참가한 사람들은 자기 동기 부여 속에서 열심 회원이 될 것이다. 하지만 그들은 다른 조직에서도 바쁘게 활동하고 있을 것이다. 소수의 사람보다 더 많은 사람이 필요하다면, 주요 모집 전략을 우편물이나 미디어를 통하지 말아야 한다.

언제 회의를 소집하나?
회의(미팅)의 첫 번째 규칙은 다음과 같이 묻는 것이다.
"이 회의가 꼭 필요한가?"

이 질문을 하위 부분으로 나눌 수 있다.

- 왜 이 회의를 하나?
- 목적이 무엇인가?
- 회의 이전에 비해 회의가 끝났을 때 조직이 어떻게 달라지기를 원하는가?

Stop!

왜 회의(미팅)를 하는지 모른다면, 개최하지 마라! 만약 이유가 분명하다면, 합리적인 목적이 있다면, 개최하라. 그렇지 않다면 기다려야 한다.

회의의 목적

회의(미팅)에는 몇 가지 기능이나 목적이 있을 수 있다. 이 회의의 목적을 알아야 한다.

- 의사결정을 하기 위해
- 그룹이 어디로 가야 하는지에 대한 아이디어를 브레인스토밍하기 위해
- 승리를 축하하고, 사기를 높이고, 리더십을 인정하거나 보상하기 위해
- 함께 모여서 업무를 수행하기 위해(기금모금 편지 작성, 봉투에 넣기, 기금을 요청하기 위한 명단 작성 등)
- 교육이나 학습의 기회를 제공하기 위해

빠른 팁

목적(Goal)

회의의 목적을 확인하라. 그것을 글로 적으면 좋다. 그래서 그 자리에 있는 모든 사람이 알게 해야 한다. 큰 전지나 A4 종이를 벽에 붙이고, 작은 박스를 그려서 (목적을 달성한 후 체크용으로), 그 옆에 다음과 같이 적는다.

■ 목적 :

그 옆에는 회의의 목적을 적는다. 예를 들어,

■ 목적 : 조직 확대를 위한 아이디어를 브레인스토밍하기 위해

만약 두 개 이상의 목적을 가지고 있다면, 이런 양식으로 모두 나열한다.

회의는 여러 가지 목적을 가질 수 있다. 그게 무엇인지 분명하게 밝혀서, 모두 적는다. 회의에서 실제로 성취하고자 하는 바를 참석자들로부터 동의를 구한다.

회의의 적절한 시간과 장소는?
규칙1 : 정시 시작, 정시 종료

회의가 얼마나 걸릴까? 한두 시간이면 충분하다. 회의가 늘어지도록 하면 안 된다.

스토리

사람들의 시간을 존중하라

내가 처음 공사장에서 일할 때, 새벽 5시에 일어나 현장까지 운전을 했고, 하루 종일 합판을 바닥에 붙였고, 오후 5시 또는 6시에 집으로 돌아왔다. 저녁 7시에 열리는 커뮤니티 회의에 가기가 힘들었다. 나보다 앞선 수백만 명의 사람들도 나와 비슷했을 것이다. 초기 교육은 얼마나 많은 사람들이 자기 자리에 머물러 있는지를 가르치는 것이었다. 육체노동으로 인한 피로 때문에 저녁 9시가 지나면 도저히 눈을 뜨기가 어려웠다.

한 가지 교훈은 다음과 같다. 제 시간에 회의를 종료하는 것. 이것은 직장에서 고단한 하루를 보낸 후 저녁 모임에 나온 사람에게 감사를 표하는 것이다. 대부분의 사람들이 낮에 일을 한 뒤에도, 책임감 때문에 조직에서 일을 한다는 것을 알아야 한다.

규칙2 : 9시 5분 전 법칙

회의가 저녁 7시 30분에 시작되었을 때, 저녁 8시 55분이면 사람들이 자리에서 꿈틀거리기 시작하는 게 관찰되었다. 이것은 그만 끝내고 싶어 한다는 표시이다. 나는 그것을 '9시 5분 전 법칙'이라고 불렀다. 8시 59분에 회의를 끝내라. 그러면 사람들이 다음 회의에도 올 것이다.

규칙3 : 즐겁게 진행하라

회의는 가능한 한 편안하게 진행하라. 쾌적한 환경이 도움이 된다. 사람들이 들락날락하거나 전화벨이 울리는 것과 같은 주의를 분산시키는 것을 최소화하기 위해 공간 분위기를 마련하라. 모두에게 휴대폰을 끄라고 요청하라.

기본 규칙

어떤 그룹(특히 회원들이 그룹에 대해 지속적인 관심을 원한다면)은 회의를 할 때, 참가자들이 살필 수 있는 가치와 행동에 관한 지침이나 기본 규칙을 채택한다(1회용 회의에서도 참여자의 행동에 대한

💡 빠른 팁

똑똑한 자리 배치

사람들은 회의 자리에서 서로를 볼 수 있어야 한다. 회의 목적에 따라 그 방법은 다양하다. 참가자를 위한 테이블은 사람들이 종이에 뭔가를 쓰거나, 보고 싶어 하는 회의 성격에 맞추어 보다 전문적인 환경으로 제공되어야 한다. 원이나 말굽 모양으로 앉으면 평등한 느낌이 생긴다. 적절한 조명과 공기 순환도 생각하는 데 도움이 된다.

기대하는 사람 수보다 의자를 적게 배치하는 게 좋다. 빈 좌석은 사기를 꺾는다. 의자를 내주는 것은 승리이다. 더 많은 사람들이 도착하면 쉽고 빠르게 의자를 들여올 수 있게 준비하면 된다.

회의의 물리적 경계를 명확하게 설정한다. 문을 닫아야 한다. 참석자 숫자보다 방이 너무 크면, 공간에 따라 그룹이 왜소해지지 않도록 시각적 구분선이나 파티션으로 구획한다. 접이식 테이블을 잘 활용하면 된다.

빠른 팁

효과적인 회의를 위한 기본 규칙 활용하기

회의의 기본 규칙

1. 다른 사람의 말을 들어라. 그래야 이해할 수 있다. 다른 사람이 당신을 억지로 이해시키도록 하지 마라.
2. 차이에 감사하라.
3. 유머 감각을 유지하라.
4. 관심을 갖는 것에 집중하는 책임감을 가져라.
5. 아이디어를 비판하는 것은 괜찮지만 사람 자체를 비판하지 마라.
6. 할당된 몫보다 더 많이 말하지 마라.
7. 방해하지 마라.
8. 의견 사이에 침묵을 허용하라.

말할 수 있다

"이 규칙을 제안합니다. 회의가 원활하게 진행되도록 할 겁니다. 다들 괜찮지요? 추가하고 싶은 게 더 있나요?"

(응답을 기다리며…, 침묵을 허용하라…, 방 안을 둘러보고…, 모든 사람을 볼 시간을 가져라.)

그런 다음 회의에 참석한 모든 사람이 읽을 수 있을 만큼 큰 전지에 이 지침을 적어 두라. 회의 장소의 벽에 종이를 붙인다.

이 포스터를 시간이 지나도 망가지지 않도록 비닐로 덮어서, 모든 사람이 볼 수 있도록 벽에 테이프로 붙인다. 시각적으로 알리는 데 도움이 된다.

기본 규칙은 유용하다).

제시된 샘플은 상당히 일반적인 기본 규칙 목록이다. 조직에 맞게 조정할 수 있다. 예를 들어, 어떤 집단은 기본 규칙 목록에 '기밀성'을 추가한다. 사람들은 때때로 그룹에서 안전하다고 느끼기 위해 이러한 지침이 필요하다. 집단의 기밀성은 결속력과 신뢰를 구축할 수 있다. 다른 경우에는 그것을 무시해도 된다.

기본 규칙에 대한 합의를 반드시 얻어야 한다. 규칙을 눈에 띄게 유지하면 그 규칙에 따라 집단이 함께 움직일 수 있다. 누군가 길을 잃으면 벽에 있는 규칙을 가리키고 참가자들에게 동의를 상기시킬 수 있다. 명문화된 규칙이므로, 어떤 한 사람이 그 말에 동의하지 않았다고 주장하는 것이 곤란하게 된다.

어떻게 결정할지를 결정하기

회의는 부분적으로, 일련의 합의이다. 그룹은 어떤 일을 맡는 데 동의할 수도 있다. 누군가 대표나 간사를 선출하는 것에 동의할 수 있다. 건물 주인을 방문해서, 모든 회원이 살고 있는 건물의 개선을 요청하는 것에 동의할 수 있다.

더 큰 합의에 도달하기 전에 어떻게 결정할지(의사결정 방법)를 결정해야 한다.

- 투표를 통해 다수결로 할 것인가?
- 3분의 2 이상의 동의로 결정을 내릴 것인가?
- 합의에 의한 동의로 결정할 것인가?

💡 빠른 팁

당신의 규칙이 헨리 로버트의 규칙[19]보다 낫다

많은 조직이 어떻게 결정을 내릴지를 결정하지 못한다. 의견 차이가 있을 때, 그
냥 로버트의 규칙을 적용하고 만다. 이것은 큰 실수이다.

로버트의 규칙은 집단의 의사결정을 위한 복잡하고 절차적 형식에 짜인 체계이
다. 의회 절차를 공부한 미 육군교수인 헨리 M. 로버트(Henry M. Robert) 장군
에 의해 개발되었다. 그는 1876년에 『로버트의 토의절차 규칙』을 처음 발표했다.
합의된 의사결정 과정이 없다면, 회의에 참석한 누군가가 항상 이러저러하게 '움
직이도록' 하거나 '동의를 하도록' 할 것이다. 대부분의 사람들은 다소 복잡한 로
버트의 규칙에 대해서 잘 알지 못한다. 우리는 대부분 이해하지 못하는 어떤 공
식적 절차에 겁을 먹고서 조용히 옆으로 비켜 서버리고 만다.

집단이 로버트의 규칙에 의지하려는 이유는 로버트의 규칙이 '올바른' 방법이며
회의를 운영하는 '가장 민주적인' 방법이라고 배웠기 때문이다. 그러나 이것은
사실이 아니다.

로버트의 규칙을 사용하면 민주적 의사결정에 도움이 되는 것보다 사람들을 혼
란스럽게 만드는 경향이 있다. 이 규칙은 실제로 소수의 사람들(또는 아무도)만
이 그것을 이해하며, 많은 공동체 환경에서는 민주주의를 약화시킬 수 있다. 참
여자 주도적 조직에서 마지막에 사용하는 수단이어야 한다.

자기만의 규칙을 생각해 내는 게 좋다.

그렇게 해야 당신은 그들을 이해하고 믿을 것이다. 그들은 당신을 위해 일할 것
이다. 조직의 의사결정을 어떻게 내릴지 미리 결정해 놓아야 한다. 로버트의 규
칙에 빠지지 마라. 그것은 나쁜 수렁이다.

논쟁이 과열되었을 때 어떻게 결정할지를 결정하려고 하는 것은 훨씬 더 어렵다. 그래서 의사결정에 대한 결정을 일찍 정해놓는 게 좋다.

개인도 그렇듯이 집단에게는 결정이 힘들 수 있다. 집단이 의사결정을 미루는 경향을 가볍게 보지 말아야 한다. 우리들 중 많은 사람들처럼, 집단은 결정을 쉽게 미룰 수 있다. '결정'이라는 단어는 '절단'이라는 뜻의 라틴어 뿌리에서 유래했다. 그래서 결정을 내릴 때마다 우리는 다른 것을 '절단'하고 있다. 이것은 고통스럽다. 따라서 뭔가 의사결정을 내리기 위해서 회의의 목적을 정하기 전에, 회의에서 결정을 내리기로 동의했는지를 확인하고, 어떻게 결정할 것인지 방법에 동의해야 한다.

회의 잘하기

회의를 잘하기 위해서는 연습해야 한다. 조직 생활에서 가장 어려운 기술 중 하나다.

회의 전의 회의
회의는 준비를 해야 한다. 여기 몇 가지 지침이 있다.

누가 참석하는지 알아야 한다

무슨 일이 일어나야 하는지를 먼저 자문해보라.

문제를 예측하기

사람들이 어떤 일을 하거나 어떤 말을 하는 것이 문제를 일으킬지를 예측하라. 나는 이것을 '회의 전의 회의'라고 부른다. 논쟁의 여지가 있는 주제가 있다면 회의 전에 사람들에게 이야기하라. 그들에게 어떻게 생각하는지 물어보고 조언을 구하라. 회의는 적어도 4시간의 준비 시간이 걸린다. 사람들에게 귀중한 상품인 시간을 달라고 부탁한다. 비생산적인 회의로 낭비하지 마라. 회의 전에 문제를 논의하여 문제를 피하라. 위원회 보고서가 있다면 보고서를 작성하는 사람이 회의 전에 서면 보고서를 보내고, 보고서를 요약하는지를 확인하라. 만약 그 사람이 추천을 받았다면, 그것을 만들고 질문을 하라. 회의에 10명이 참석하고 보고가 필요 이상으로 10분을 초과했다면, 결과적으로 100분 정도가 낭비된 것이다. 회의에 새로운 사람들이 있다면, 그들과 미리 만나서 경과 과정을 따라잡을 수 있게 하라. 한두 가지만 알아야 하는 질문으로 모두의 시간을 빼앗지 마라.

회의 참석을 상기시켜라

개인적으로 초대하라. 교통편, 아이돌봄, 접근성 등 장애물이 되는 개인적 요구가 있는지 물어보라.

오는 길을 알려주라

회의 장소가 익숙하지 않은 경우 오는 길을 알려주고, 약도와 글로 써서 제공하라. 사람들은 다양한 방식으로 배운다. 어떤 사람은 말로 해도 알아듣지만, 어떤 사람은 그림이 필요할 수도 있다.

 빠른 팁

정확한 안내

오는 길 안내는 불안을 완화시키고 모든 사람이 환영받고 편안하다고 느끼게 한다. 오는 길 안내는 거리까지 표시하면 좋다. ("0.6km 후 우회전하시오." "오른쪽에 있는 큰 공장을 지나쳐서, 왼쪽에 있는 커다란 흰색 교회를 지나가시오.") 랜드마크는 사람들을 안심시킨다. 사람들은 작은 일들이 잘 풀릴 때, 더 나은 마음의 틀과 조직에 대한 자신감으로 회의에 참석할 것이다.

참가자들에게 구체적인 과제를 만들어라

사람들에게 진행과정이나 일부 미션을 주어서 책임을 지도록 요청하라. 이것은 출석을 보장하고, 일을 전파하고, 커뮤니티를 만들고, 사람들이 서로 의지하도록 돕는다. 조직을 구축하고, 자신의 조직임을 깨닫도록 한다.

일찍 와야 한다

회의실을 셋팅하고 안내 표지가 잘 되었는지를 확인하라. 사람들이 한 번도 가본 적이 없는 회의 장소라면, 쉽게 길을 잃을 수 있다고 가정해보자. 당신이 그곳에 가는 방법을 안다고 해서 다른 사람들도 당신의 훌륭한 방향 감각을 알고 있다고 여기지 마라.

조직자를 위한 툴킷

상시 휴대 : 즉석에서 표시를 할 보드와 종이, 검정색 마커, 투명 테이프, 접착 테이프(회의 장소가 갑자기 바뀌거나 방향이 헷갈릴 때 더 많은 표지를 부착하기 위한 테이프). 노랑 종이에 검정색은 스쿨버스처럼 눈에 확 띈다. 가위가 있는 포켓 나이프는 바람이 부는 날에 덕트 테이프를 자르거나, 표지판을 걸거나, 현수막에 바람구멍을 내는 데에 유용하다.

투명 테이프는 페인트칠이 된 벽에 사용하기 좋다. 이때 페인트칠이 벗겨질 수도 있어서 벽에 마스킹 테이프를 붙이는 것을 사람들이 싫어할 수도 있다. 투명 테이프는 페인트를 손상시키지 않는다. 더 비싸지만 그게 사용하기에 더 좋다.

회의 시작하기

자기소개와 역할 확인하기

이것이 명확하지 않은 경우, 회의 의장으로 지정된 과정을 설명한다("지난번 회의에서 이 회의 의장으로 선출되었어요." "올해 초,

회의 의장직을 바꾸기로 했고, 오늘은 내 차례입니다."). 이것도 아니라면 그룹으로부터 동의를 구해야 한다("누군가 회의 진행을 봐야 하니, 오늘 밤은 자원해서 제가 하겠습니다. 모두들 괜찮은가요?").

환영하기

특별한 손님을 소개하고 특별한 일을 한 사람에게 감사의 인사를 한다.

참가자들 자기 소개하기

서로 모르는 사이라면 자기 소개 시간을 갖는다. 이미 서로를 잘 알고 있다면, 긍정적이며 짧은 아이스브레이킹은 팀워크와 단합을 도모하는 데 도움이 된다("브리플리, 최근에 당신에게 무슨 좋은 일이 일어났나요?" "자기 이름과 여기에 왜 왔는지를 '한 문장'으로 말해볼까요?" 아는 사람부터 먼저 시작한다. 아는 사람이 없다면, 간단한 방법을 샘플로 직접 보여주면 된다). 또한 이름표는 큰 회의에서 서로의 이름을 외우는 데 도움이 된다.

기본 규칙과 과정을 설명하기

기본 규칙에 대한 합의를 얻는다(발언하고 싶은 사람은 손을 들어 표시하기 등).

회의의 의사결정 방법에 대해 언급한다

안건을 검토한다

회의의 목적을 명확하게 한다. 전지에 쓰인 안건은 회의를 진행하는 동안 계속 상기시킨다. 안건 검토를 하면서 안건을 변경하거나 추가할 수 있다. 각 안건을 소개하고 해당 항목의 목적을 명확히 한다. 예를 들어, "오늘 이 항목에 대해서는 결정을 내려야 합니다." "이 안건은 정보만을 위한 것입니다." "이 항목에 대해서는 질문할 시간이 있습니다." 회의는 일련의 합의이다. 회의에서 첫 번째로 동의해야 할 것은 안건에 대해 합의하는 것이다. 중요한 항목을 우선 배치해야 한다. 각 안건 항목에 대해 소요되는 시간을 추정하고 전지에 할당된 시간을 기록한다. 이 방법은 회의 시간이 초과하지 않도록 안건 논의를 적절히 통제하는 데 도움이 된다.

회의 종료 시간을 명확히 한다

그 전에 누가 먼저 가야 하는지 물어본다. 손을 들어달라고 한 다음, 회의장을 나갈 때 조용히 손을 들고 나가달라고 요청한다. 이렇게 하면 누군가가 회의장을 떠날 때, 다른 사람들이 그 이유를 알게 되기 때문이다. "제니스가 8시쯤에 회의장을 나갈 때, 그건 화가 나서가 아니라, 아들을 데리러 가야 해서 그런 걸로 아시면 됩니다." 언제나 유머 감각을 잃지 말아야 한다.

모두 서명을 했는지 확인하라

방명록을 놓치지 마라! 클립보드에 넣어두는 것이 좋은데, 종이 낱장은 잃어버리기 쉽기 때문이다. 아무도 그걸 가지고 떠날 수 없도록 테이블에 테이프로 붙이는 게 좋겠다. 큰 회의에서는 여러 장의 방명록을 두어서, 서명을 빨리 할 수 있도록 한다. 이 규칙을 기억하고, 조직자는 방명록을 꼭 챙겨야 한다.

회의 진행 중에

당신의 역할은 교통경찰과 같다

회의 의장은 의견을 표현하기 위해 거기에 있는 게 아니라, 회의를 원활하게 진행하고 사람들이 말하고 들을 수 있는 기회를 보장하는 데 있다.

당신의 권한을 대화가 원활하게 진행되도록 하는 데에 사용하라

만약 공격을 당한다면, 의장의 권한은 집단에서 나온다는 사실을 기억하라. 그때는 다음과 같이 질문한다. "제가 계속 회의 의장을 맡아도 되겠습니까? 손을 들어 표시해 주십시오." 대부분이 손을 들면, 계속 진행한다. 이것으로 당신의 권위를 다시 의장으로 되살린다. 만약 누군가가 매우 무분별하게 군다면, 그룹의 권위를 이용해서 조용히 하도록 한다. "우리의 기본 규칙은, 발언은 의장의 지명을 받아서 하는 겁니다. 이렇게 계속 운영해도 되겠습니까?" 대부분, 아마도, 그 그룹은 동의를 표명할 것이고, 그러면 그 무분별한 사람은 조용해질 것이다. 만약 그래도 효과가 없다면, 그 사람에게 직접적으로 지적할 수도 있고, 의장으로서 자신의 권한을 행사할 수도 있다. 의장은 한 사람이다. 가끔은 사람들이 다른 사람에게 말을 하라고 할 수도 있다. 이런 일이 일어나게 두지 마라. 당신은 의장이고, 사람들이 손을 들어서 발언 신청을 하게 하는 것이고, 의장은 이 사실을 상기시켜 주어야 한다.

타임키퍼를 지정한다

타임키퍼(시간관리자)는 각 안건의 처리 시간을 점검하고, 해당 안건을 다루는 시간에 대해 의장에게 알려야 한다. 그런 다음 의장은 참석자의 의견을 물어서 진행 방법을 결정한다. 타임키퍼의 역할은 시간을 점검하는 것이지, 토론을 중단시키는 것이 아니다. 회의 진행은 오직 의장에게 달려 있다.

가능한 많은 사람들의 참여를 이끌어내라

조용한 사람들을 포함한 다른 사람들에게도 발언할 수 있도록 부탁한다.

결정에 대해 합의를 했는지 확인하라

회의가 진행됨에 따라 토론과 결정을 요약한다. 사람들이 결정에 동의하는 것처럼 보이면 그렇게 말하고, 당신의 요약에 동의하는지를 물어본다("모두들 우리가 트럭을 팔아야 한다고 동의하는 것 같군요. 맞나요? 이 문제에 대해 더 논의할 필요가 있나요?"). 어떤 결정이든 다시 한 번 되풀이 말해서, 분명하고 정확하게 기록되었는지를 확인한다.

현재의 주제에 토론 초점을 맞추어라

참가자들에게 반복적인 발언을 피하도록 요청한다("그 발언은 몇 번 한 것 같은데요. 추가할 만한 새로운 것이 있나요?").

어떤 안건에 대해 더 많은 시간이 필요한 경우, 동의를 구하라

해당 항목에 5분(또는 10분, 또는 다른 적절한 숫자)을 더 쓰고 싶은지 그룹에게 물어본다.

빠른 팁

토론 촉진을 위한 3단계

일반적으로 회의를 진행할 때 특정한 주제가 무엇이든 간에 다음 세 단계를 거쳐 그룹을 이끈다.

A. 제안서 제출(Proposal) : "이번 회의의 목적은 우리 건물의 조건에 대해서 따지기 위해, 시장을 방문해야 하는지를 결정하는 것입니다."

B. 이해 여부 확인(Understanding) : "내 말뜻을 모두 이해하십니까? 이 회의의 목적에 대해 질문하실 분 있나요?"

C. 동의 여부 확인(Agreement) : "이 회의에서 우리가 하고 싶은 일이 바로 이거라는 데 동의하십니까?"

회의를 끝낼 때

결정한 내용 검토하기

중요한 결정을 다시 확인한다. 사람들이 한 약속과 개별 구성원에게 주어진 모든 과제를 검토한다. 사람들은 그 그룹이 완성하기를 기대하는 모든 행동을 분명히 이해해야 한다.

다음 회의의 시간과 장소를 정한다

일련의 회의 날짜를 미리 정하는 것이 가장 좋다.

회의 평가

"뭐가 좋았나요? 더 나은 논의를 할 수 있었던 게 있었나요?"

평가적인 발언에 대한 토론은 피한다. 나중에 참고할 수 있도록 그냥 적어둔다.

긍정적인 메모를 구체적으로 한다

정시 종료

제가 정시에 끝낸다고 했나요?

회의가 끝난 후

청소하기

처음 그대로 방을 정리한다. 특히 다른 사람의 것이라면 더욱 그래야 한다.

메모나 의사록을 직접 기록하거나, 아니면 다른 사람이 서기 역할을 확실히 하도록 한다

의사록을 즉시 보내기

참석한 모든 이에게 그 기록이 정확한지를 물어본다. 피드백 후에 필요한 변경사항이 있으면 정정한다.

행동 단계에 따라 다음 회의를 계획한다

빠른 팁

회의를 통해 조직을 구축하거나 파괴하는 방법

구축하기 :

1. 안건에 충실한다.
2. 의장을 지원한다.
3. 모든 사람이 공유하는 요소들을 통합한다.
4. 회의에서 사람들에 대한 신뢰를 강조한다.
5. 서로의 일과 노력에 감사한다.
6. 그룹의 사명과 목표에 대해 책임을 진다.
7. 사람들의 좋은 의도와 태도에 대해 언급한다.
8. 정중하게 듣는다.
9. 다른 사람들이 말할 수 있는 기회를 가진다.
10. 개인의 행동에 문제가 있다면, 회의장 밖에서 직접 그 사람에게 이야기 한다.

여기에 자신의 것을 추가하시오 :

파괴하기 :

1. 회의가 시작되자마자 안건을 창밖으로 던져버린다.
2. 의장에 반대한다.
3. 회의에서의 사람들 사이의 차이점을 지적한다.
4. 회의장에 있는 사람들을 믿지 못하겠다고 말한다.

---

5. 서로의 노력을 비건설적으로 비판한다.

6. 리더십을 파괴하기 위해 하위 그룹(파벌)을 구성한다.

7. 사람들에게 그들이 조직의 목적이나 사명을 충족시키지 못하고 있다고 말한다.

8. 사람들의 동기를 공격한다.

9. 방해하기. 주어진 시간 이상을 차지한다.

10. 그룹 회의에서 사람들을 조롱하거나 비난한다. 그들에 대해 등 뒤에서 이야
    기한다.

여기에 자신의 것을 추가하시오 :

---

19 1876년 미국 육군사관학교 교수였던 헨리 로버트(Henry. M. Robert)가 만든 회의 진행에 대
한 지침서를 말함. 로버트 회의법의 기본 원칙은 ①다수결의 원칙 ②한 번에 한 가지 ③토론
의 자유 ④구성원 평등 ⑤소수자의 권리 존중 ⑥공정성 ⑦신의 ⑧질서 ⑨예의 등이다.(역주)

9장

돈 마련하기

돈을 내는 사람이 노래를 신청한다.
　　　　　　　　　　　－ 속담

기금 모금은 의지의 실현이다.
　　　　　　　　　　　－ 출처 미상

작고 비공식적인 것을 제외한 모든 커뮤니티 조직은, 돈이 필요하다. 세상에 영향을 미치는 조직을 구축하려면 스태프, 사무실 공간, 전화, 우편, 컴퓨터, 음식 및 기자재에 돈이 필요하다.

　돈은 어려운 주제일지 모르지만, 그것에 대해 솔직해야 한다. 어디서 왔는지, 어떻게 키워야 하는지를 알아야 한다.

초기 자금이 일어서게 한다

내가 유대인 조직을 시작할까 생각했을 때, 처음엔 단지 모호한 생각이었다. 친구한테서 우편으로 25달러 수표를 받았다. "마이클 브라운, 유대인 조직 발기인 전무이사"라고 적혀 있었다. 당시에 유대인 조직 구상이 없었다. 그룹도, 구성원도 없었다. 확실히 '전무이사'도 없었다. 그 아이디어를 좋아하는 누군가가 서면으로 아이디어를 적고, 수표를 보내기 위해 '전무이사'라고 이름을 붙였던 것이다. 첫 번째 수표를 받은 것이 내게 영감을 주었다. "오, 이제 이 25달러를 써서 아이디어를 발전시켜야 해. 그냥 맥주에다 날려버릴 순 없어. 기증자를 위해 그걸 조직에 써야 할 의무가 있어."

돈은 도움이 된다. 진정한 도움의 범주에 속하며, 최고의 지원이다.

아마도 이것이 비즈니스를 시작하는 사람들이 첫 번째 달러 지폐를 벽에 걸어서 모든 사람들이 볼 수 있게 하는 이유일 것이다. 1달러에는 특별한 점이 있다. 이 책에는 우리가 사업에 대한 믿음을 가지고 있다고 나와 있다. 식료품점이든, 지역사회 조직을 시작하든, 1달러는 사업의 지속성과 성공에 대한 믿음의 표시다.

돈을 주는 사람들은 조직에 영향을 미친다. 만약 회원들로부터 돈이 온다면, 그들은 영향력을 행사할 것이다. 바니 프랭크 하원의원은 '정치인들은 수천 달러를 주는 사람들이 자기들에게 아무런 영향을 미치지 않는다고 주장하는 유일한 사람들'이라고 농담했다. 우리 대부분은 더 잘 알고 있다.

회원과 돈

돈을 내는 자가 움직인다

조직의 사명이나 목적, 조직구조, 구성원과 리더의 필요성에 대해 생각하는 만큼 조직의 자금에 대해서도 생각해야 한다. 초기에 돈이 많이 필요하지 않더라도, 돈에 대해 생각해야 한다. 조직이 지속적으로 운영됨에 따라 비례해서 돈이 필요하다. 차기 회의용 복사

비와 쿠키 등 간식비에 단돈 1달러밖에 사용하지 않더라도, 비용을 지불해야 한다. 모자를 돌려서 모금을 해야 하나? 조직을 시작하는 사람들은 이런 일을 꺼린다. 하지만 당신이 돈을 지불한다면, 그것은 당신의 조직이 된다. 회원들이 비용을 지불하면, 그것은 그들의 조직이 된다. 개인숭배가 아니라면, 당신은 그들 조직에 속하기를 원한다.

사람들은 자신이 지불한 것을 가치 있게 여기고, 그 조직에 뭔가를 기대한다. 회비 문제가 제기되면 어떤 사람들은 이렇게 묻는다. "그냥 시간을 내서 자원봉사하면 안 되나요?" 그러면 내 동료는 그냥 일상적으로 답한다. "전화 요금을 지불하기 위해 전화회사에 가서 자원봉사할 순 없잖아요?" 우표, 종이, 종이클립, 이동수단, 상근자를 원한다면 돈이 필요하다. 어디선가 돈을 구해야 한다.

돈이 가치를 평가하는 유일한 방법은 아니지만, 그렇게 하는 한 가지 방법이긴 하다. 누구에게나 돈을 요청한다. 그것은 모든 사람이 가치를 가지고 있다는 생각을 강화시킨다. 모든 회원은 자신의 의미 있는 기여가 무엇인지를 찾아야 한다. 돈이 많지 않은 사람들은 다른 사람들에게 자신이 무얼 할지 물어볼 수 있다.

또한 사람들은 자신이 지불하는 것을 위해 일할 것이다. 사람들이 상당한 회비를 지불할 때, 그들은 돈이 어떻게 사용되는지를 살피면서, 조직을 위해 일할 가능성이 더 높다. 자원봉사는 종종 돈을 동반한다.

어디서 돈을 받는지는 조직에 대해 많은 것을 말해 준다. 회원이 조직에 대해 비용을 지불하면, 그것으로 조직을 운영한다. 다른 사람이 돈을 지불하면, 다른 사람이 조직의 일에 대해 큰 발언권을 가진다. 만약 마약방지 단체가 맥주회사로부터 돈을 받았다면, 그 돈의 출처로 인해 그 행동에 영향을 받겠는가? 상상할 수 있는 일이다. 시민단체가 시청에서 돈을 받는다면, 그것이 시 정부에 대한 행동과 태도에 영향을 미치겠는가? 그럴 가능성이 높다고 봐야 한다. 이런 상황에 대해 들어본 적이 있다. 그것은 바로 나에게 분명한 이유가 된다. 회원이 조직의 비용 전부 또는 대부분을 지불하면, 회원은 조직이 하는 일을 결정한다.

돈이 정부나 다른 출처에서 나온 것이거나, 회원과 다른 관심사를 가지고 있는 경우, 분명 꼬리표가 붙어 있을 것이다. 꼬리표는 분명하거나 모호한 것처럼 보이겠지만, 꼬리표의 주인은 분명하게 존재한다. 이것은 확실하다.

재정관리가
생명줄이다

변화를 위한 활동도 비용이 발생한다

너무 많은 커뮤니티 단체들이 생존하기에는 너무 적은 돈의 원천에 의존하고 있다. 당신의 돈이 단지 몇 가지 출처에서 나온다면, 그룹은 위험에 처해 있다고 봐야 한다. 그 자원들 중 누구라도 언제든 자신의 지지를 철회할 수가 있다. 그럼 어떻게 할 건가?

열정과 자원봉사로 시작하는 조직은 매우 강력할 수 있다. 성장하면서 더 많은 힘을 갖기 위해서는 통상 상근자가 필요하다. 일반적으로 돈이 있는 조직은 돈이 없는 조직보다 효과적이다. 자원봉사자들은 아무리 책임감이 강하거나 의도가 좋더라도 곧 지쳐버린다. 그들의 직업이나 가족은 그들의 조직 활동에 방해가 된다. 조직이 성장하고 더욱 효과적으로 되려면 조직의 업무를 구축하거나 수행하는 상근자를 채용해야 한다.

스토리

조직 없이 결과 없다 : 조직된 돈 없이 조직 없다

20대 때, 나는 스키 리조트 근처에 콘도미니엄을 짓는 건축 일을 했었다. 어떤 남자가 새 건물이 마을의 식수로 흘러 들어가는 개울에 아주 가깝다고 생각했다. 우리는 지역신문에서 건설 프로젝트에 대한 환경 청문회에 대해 읽은 바가 있었다. 정확히 무슨 계획이었는지는 알 수 없었지만, 그 사실을 알아내야 한다고 생각했다. 그래서 그날 점심시간에 환경 청문회에 참석하기 위해 시내로 차를 몰았다. 청문회장은 정장 차림의 남자들로 가득했다. 우리는 현장 작업복과 안전모를 쓰고 있어서 자리를 잡지 못했다.

건설 감독관은 우리를 보고 놀랐다. 그는 우리가 개울 근처에 있는 개발 건물에 대해 의문을 제기하기 시작했을 때, 더욱 놀랐다.

우리는 이처럼 작고 엉뚱한 짓 때문에 해고당하지는 않았다. 상사는 화를 내기보다는 오히려 놀라워했다. 우리의 존재와 개발에 대한 질문은, 그 자체로 놀랍기는 하지만, 개발자에게는 거의 문제가 되지 않았었다. 그건 우리가 숙제를 하지 않기 때문이었다. 우리는 법을 몰랐다. 점심시간이 길기는 하지만 다른 시간은 뺄 수 없었다. 젊었었고 '올바른 일'처럼 보이는 일에 대해 기꺼이 위험을 감수했지만, 우리가 할 수 있는 일은 거의 없었다. 우리는 효과적이지 않았다. 개발이 개울을 오염시킬 수 있다고 해도, 그에 대해 어떤 조치도 취할 수 있는 조직적 지원이 없었던 것이다. 조직이 없었고 돈도 없었다. 근무시간에 전화를 걸 능력도 없었다. 아침 7시부터 오후 4시까지 일을 해야 했기 때문이다. 일을 포기할 여유가 없었다. 우리를 지지하거나 함께 일할 노조나 환경단체기 없었다. 만약 식수에 문제가 발생했더라도 그에 대해 어떤 조치도 취할 수 없었을 것이다.

개발자들은 변호사와 전문가를 고용하고 있었다. 그들은 청문회에 가서 조사를 할 수 있고, 결정을 내린 주 공무원과 이야기할 수 있었으며, 후속 조치를 취할 수 있었다.

주 정부 공무원들은 건설 현장에 방문해서 무슨 일이 일어나고 있는지를 보지 않았다. 우리는 하루 종일 그곳에 있었고, 모든 것을 보았다. 하지만 그들은 우리에게 말을 걸지 않았다.

돈은 살릴 수도, 죽일 수도 있다

모든 조직은 돈을 잘 관리해야 한다. 첫째, 회계를 제대로 하지 않으면 당신의 비영리적 지위를 위태롭게 할 수 있다. 둘째, 재정을 제대로 관리하지 않고 있으면 어떤 사람들은 당신이 하는 모든 일에 의문을 제기할 것이다. 종종 사회적 변화를 위해 일하는 조직을 불신하게 하는 한 가지 일반적인 방법은 재정을 공격하고, 잘못 지출된 돈을 찾거나, 잘 알려지지 않은 부분을 찾는 것이다. 돈을 관리하는 방식은 세상을 변화시키려는 당신의 열정에 직접적인 영향을 미칠 수 있다.

처음부터 받은 돈과 지출한 돈에 대한 기록을 잘 보관해야 한다. 회계가 당신의 강점이 아니라면, 회계를 배우거나 할 수 있는 사람을 찾아라. 자격 있는 회계사의 도움을 받아야 한다. 지금 당장은 불필요한 일처럼 보일지 모르지만, 장기적으로는 당신과 당신의 조직의 돈을 절약할 수 있을 것이다.

돈을 따라가라

1960년, 마틴 루터 킹목사는 몽고메리개선협회와 앨라배마의 남부기독교지도자회의(Southern Christian Leadership Council)에 기부한 비과세 돈을 증명하고자 했다. 두 그룹의 돈은 그의 개인 은행 계좌를 통해서 빠져나갔다. 그 돈을 조지아로 옮기려고 할 때 앨라배마의 회계감사관으로부터 지속적으로 추적당했고, 킹목사는 이 모든 비용을 증빙할 수 없었다. 킹목사는 국세청에 500달러의 세금을 물었고 앨라배마 주에 1,667달러를 지불해야 했다(이것은 테일러 브랜치 저서 『Parting the Waters』(2013년)에 쓰여 있다).

당당하게 기부를 요청하라

사람들에게 돈을 요청한다는 것은, 그들에게 돈으로 뭔가 좋은 일을 할 수 있는 기회를 주는 것이다. 사람들은 어딘가에 돈을 쓸 것이다. 조직이 일을 잘하고 있다는 것을 알고 있기 때문에, 효과적이고 가치 있는 일을 할 수 있는 기회를 돈으로 줄 수 있다. 또 사람들이 어떤 일에 돈을 쓸지를 생각해 보라. 여러분 조직보다 더 나은 곳이 있는가?

돈을 모으는 것은 큰 주제이다. 여기에서 풀뿌리 조직에서 특히 중요한 핵심 사항을 제시한다. 수년에 걸쳐 나는 여러 조직자와 조직이 돈과 기금 모금 분야에서 전화를 거절당하거나 나자빠지는 것을 보았다. 이 장에서는 당신이 경험할 수 있는 장벽을 예상하고, 필요한 자금을 성공적으로 조달할 수 있도록 구조와 해결책을 제시한다.

빠른 팁

성공적인 기금 모금을 위해 기억해야 할 것들

- 자신이 지불한 것을 얻는다.
- 큰 일을 하고 싶다면, 큰 돈이 필요하다.
- 원하는 것을 성취할 수 있는 자원과 하고자 하는 관심사를 일치시킨다.

스토리 : 돈에 맞게 일을 진행하라

나는 한때 커뮤니티 중재자를 위한 자원봉사자 조직을 도와달라는 요청을 받은 적이 있다. 그들은 훌륭한 사람들이었다. 많은 자원봉사자들이 민사 및 형사 사건의 문제를 중재하기 위해 매주 몇 시간씩 법정에 앉아 있었다. 그들은 더 많은 일을 하고 싶었다. 그 조직은 법무장관 실에서 3만 달러의 보조금을 받았고, 이것으로 파트타임 코디네이터 한 명과 다른 비용을 지불했다. 그들은 자신이 할 수 있는 일에 대해 큰 생각을 가지고 있었다.

나는 그들이 원하는 모든 일을 하는 데 드는 비용을 달러로 표시하는 과정을 거쳐야했다. 큰 전지에 프로젝트별 의제를 적었고, 각 프로젝트를 수행하는 데 드는 비용에다가, 각자가 동의한 달러 금액을 적어 넣었다. 총액은 12만 달러였다. 그들은 고작 3만 달러가 있었을 뿐이었다. 고통스럽지만 자신이 원하는 모든 것을 할 수 없다는 것을 깨달았다. 그래서 자신들의 우선순위가 무엇인지에 대해 다시 논의했고, 자신의 프로그램을 줄였다.

- 모든 회원은 뭔가를 지불해야 한다. 심지어 가장 가난한 사람들조차도. 사람들이 돈을 내는 것을 방해하지 말아야 한다. 아무리 적더라도.
- 단체에 대한 돈을 낸 사람이라면 누구든지 관여할 수 있다. 만약 당신이 조직의 멤버가 되기를 원한다면, 몇몇 사람이나 재단이 모든 비용을 감당하도

록 하면 안 된다.

- 시간과 돈. 사람들에게 돈을 요청할 때 성공의 열쇠는 요청하는 일에 대해 괜찮다고 느끼게 하는 것이다. 많은 이들이 사람들에게 돈을 요청하는 것에 대해 미안함 또는 좋지 않은 감정을 느낀다. 그것이 비록 자기 자신을 위한 게 아니라, 우리가 믿는 조직을 위한 것이라 해도 그렇다. 조직을 믿고 조직이 효과를 발휘하려면 돈이 필요하다는 것을 안다면, 조직의 사명과 목적에 투자할 것을 사람들에게 당당하게 요청해야 한다. 조직은 사람들의 시간, 접촉, 사고, 아이디어가 필요하듯이 돈이 필요하다. 나는 종종 같은 조직이나 캠페인에 시간과 돈을 기부한다. 둘 다 필요하다. 문을 두드리거나 미팅에 참석할 수 있다. 하지만 내 돈만이 사무실 임차료나 전화 요금, 상근자 급여를 지불할 수 있는 것이다.
- 출자/기부하기. 사람들에게 돈을 요청할 때, 그것을 조직에 대한 출자를 요청하는 것으로 생각하라. 출자란 자기 자신의 일부를 부여하는 것을 의미한다. 지금 돈을 주면 다른 도움이 뒤따를 수 있다. 새로운 접촉을 소개하거나 새로운 아이디어를 떠올리거나, 새로운 구성원을 불러들여 당신의 능력과 기술을 향상시킬 수도 있다.

출자/기부를 요청하는 방법

돈을 모으는 가장 효과적인 방법은 돈을 가진 사람에게 물어보는 것이다. 방문 시간과 이동에 소요되는 비용은 실로 미미하다. 홀을 빌리거나, 스파게티를 요리하거나, 쿠키를 굽거나, 보조금을 쓰거나, 밴드를 고용하거나, 햇빛을 위해 기도할 필요가 없다.

빠른 팁

사람들에게 돈을 요청하기 위한 지침

- 요청하지 않으면, 얻을 수 없다. 반드시 기억해야 할 중요한 부분이다.
- 기부를 요청하려는 사람에 대해 가능한 한 많이 알아내라. 기부를 요청하기 전에 말이다. 그래서 얼마를 요청해야 하는지를 가늠해보아야 한다.

스토리 : 숙제를 해라

어떤 여성의 집에 가서, 내가 일하고 있는 조직에 돈을 기부해 달라고 부탁했다. 그녀의 성을 알고 있었고, 중간에 붙은 이니셜 'R'을 알고 있었다. 나는 벽을 한 번 둘러봤다. 분명히 보기 드문 사립학교에 다녔었다. 비싼 골동품들이 많았다. 나는 1,000달러를 요청했다. 그녀는 즉시 "네."라고 대답하고 남편에게 수표책을 달라고 했다. 1,000달러에 대해 얼마나 쉽게 승낙했는지를 보고 나는 더듬거렸다. "아니면 1,500달러를 줄 수 있다면⋯, 그게⋯, 더 좋은데요." 그녀는 1,500달러짜리 수표를 썼다.

그녀의 중간 머리글자가 무엇을 의미하는지는 알아내지 못했다. 유명 가문의 이름 첫 글자였다. 그녀는 결혼이름을 사용했다. 훨씬 더 큰 수표를 쓸 수도 있었다. 내가 조사를 했다면 5,000달러 이상을 받았을지도 모른다. 1,500달러를 가지고 돌아오는 게 좋았지만, 그녀가 누군지 몰랐다는 건 어리석은 짓이었다.

- **전반적인 목적을 말하라.** 기부하는 사람들은 자신의 기부가 큰 그림에 어떤 영향을 미치는지 알고 싶어 한다. 얼마나 큰

기여를 하는지에 대한 느낌을 주어야 한다.

- **숫자를 말하라.** 특정 숫자를 요청하고, 그렇게 할 수 있는지를 요청하고, 그 다음에는 침묵을 지킨다. "1,000달러를 기부했으면 좋겠습니다. 그렇게 할 수 있을까요?"라고 말하라. [침묵] 대답을 기다려라. 가장 어려운 순간이지만, 침묵하라. 대답을 할 때까지 기다려야 한다. 만약 승낙을 하면 즉시 감사의 말을 하고, 언제 어떻게 수표를 받을 수 있는지를 물어본다. 만약 "너무 많은 금액이군요."라고 답한다면, "얼마를 기부할 수 있으십니까?"라고 묻는다.

- **사람들은 조직뿐만 아니라 당신에게도 출자하고 있다.** 조직의 목적이 얼마나 훌륭하든, 잠재적 기부자가 믿음과 얼마나 일치하든, 대부분의 사람들은 자신이 믿는 조직에 돈을 현명하게 기부할 것이다. 조직에서 당신이나 다른 사람들이 얼마나 신뢰와 신용을 받는지와 당신이 형성하고 있는 관계성이 기금 모금 결과를 결정한다.

스토리

나중이 아닌, 바로 지금 돈 모으기

내 친구이자 동료인 리 스테이플스가 이 이야기를 들려주었다.
리의 조직은 회원 모집을 위해 하우스 파티를 열고 있었다.
그는 손님들에게 가입비와 회비를 요청할 예정이었다. 그러기 위해서 미리
하우스 파티의 호스트에게 회비를 납부할 거라는 사실을 공개적으로 알려

달라고 준비를 시켰다. 사람들은 그녀를 존경했기 때문에 리는 그들이 따라
갈 거라고 여겼다. 리는 모든 준비가 잘된 줄 알았다.

저녁이 되자, 사람들이 왔다. 그는 동네에서 눈에 거슬리는 것들과 다른 동
네의 주민들이 그것을 어떻게 개선했는지에 대한 슬라이드를 보여주었다.
거실에 있던 모든 사람들이 이야기를 나누고 약속을 했다.

리가 준비한 것처럼 호스트는 이렇게 말했다. "예 그래요, 회비를 납부할 게
요. 크리스마스 쇼핑을 마친 다음 달에 할게요."

초대받은 모든 사람들이 그녀의 뒤를 따랐다. 회비는 도착하지 않았다.

악마는 디테일에 있다. 누군가 회비를 내겠다고 하면, 현금이나
수표를, 나중이 아니라, 지금 받아야 한다.

기부를 요청하는 것은 초콜릿을 주는 것과 같다

이제 여러분의 대답을 살펴보자. 나의 추측으로는 당신은 기부
에 대해 기분이 꽤 좋았을 것이다. 나는 이 질문을 수백 명의 사람
들에게, 다양한 소득과 배경을 묻는 질문을 했다. 거의 100%가 베
푸는 것이 '좋은' 느낌, '훌륭한' 느낌이라고 말한다.

하지만 반대로 많은 이들은 다른 사람들에게 돈을 요청하는 것
을 좋아하지 않는다. 비록 요청받는 사람들이 돈을 줄 때 기분이 좋
을 것 같지만 말이다! 모든 데이터가 누군가를 기분 좋게 만들 것이
라는 것을 보여 주지만, **기부 요청을 하는 사람들은, 대부분 누군가
를 기분 나쁘게 만들 것이라고 걱정하고 있다!**

객관적인 증거에도 불구하고, 심지어 집단적으로 이런 질문을
할 때에도, 심지어 모든 사람이 돈을 주는 것에 대해 기분이 좋다고

기부 요청에 대한 긴장 극복하기

기부를 요청하는 것이 돈을 모으는 가장 쉬운 방법이라는 사실에도 불구하고, 많은 조직자와 리더들은 돈을 모으는 데 실패한다. 사람들에게 돈을 요구하는 것을 두려워하기 때문이다. 그들은 쑥스러워하고 심지어 미안함을 느낀다. 어떤 이들은 기부를 요청하는 것이 기부자들에게 다른 방법으로 할 수 있는 것을 오히려 하지 못하도록 강요하고 있다고 여긴다.

이 연습은 조직에 돈을 기부한 자신의 경험을 돌이켜보는 데에 잠깐의 시간이 필요하다. 돈을 요구하는 사람이 당신의 요청에 대해 어떻게 느끼는지를 이해하는 데 도움이 될 것이다.

❶ 어떤 조직에 돈을 기부한 적이 있나요?

☐ 네　☐ 아니오

❷ 돈을 기부했을 때 기분이 어땠나요?

❸ 당신이 느끼기에 많은 돈을 기부한 적이 있나요?

☐ 네　☐ 아니오

❹ 누가 요청했나요?

----

❺ 얼마를 기부했나요?

----

❻ 어떤 조직이었나요?

----

❼ 왜 기부했나요?

----

❽ 기부했을 때 기분이 어땠나요?

말함에도 불구하고, 누군가를 기분 나쁘게 만들 것이라는 느낌을 극복하는 데에는 시간과 노력이 필요하다. **사람들에게 초콜릿을 주면 아마 기분이 좋을 것이다.** 사람들에게 돈을 달라고 하는 것은 그들에게 초콜릿을 주는 것과 똑같다. 그것은 그들의 돈으로 뭔가 좋은 일을 할 수 있는 기회이기 때문이다.

회의에서 확인해 보라. 사람들이 기부를 할 때 어떤 기분인지를 직접 들어보면, 그 데이터를 수집하는 데 도움이 될 것이다.

사람들은 항상 '아니'라고 말할 수 있다

사람들에게 출자 요청을 하는 것에 대해 여전히 미안함을 느낀다면, 그들이 항상 거절할 수 있다는 점을 기억하라. 당신은 그들의 머리에 총을 겨누고 있는 것이 아니다. 당신은 위협이나 영향력이 없다. 다만 여러분의 조직이 해야 할 일을 하고 있다는 것 외에는 말이다. 그것이 기부할 돈이다. 결정은 그들에게 달려 있다. 당신은 그들의 기금으로 뭔가 좋은 일을 할 수 있는 기회를 제공하는 것이다.

그로부터 얻은 게 더 많다

부가 없다고 해서 더 많은 돈을 가진 사람들 사이에서 돈을 모으는 자신의 영향력을 사용하지 못할 이유는 없다.

스토리

그로부터 얻은 게 항상 더 많다

내가 일했던 조직의 가장 큰 기부자 중 한 명은 매년 5만 달러를 기부한다. 그가 다른 조직에도 비슷한 액수를 기부한다는 사실을 알고 있다. 내가 존경하는 두 명의 동료가 조직을 시작할 때였다. 나는 이 기부자에게 이 조직이 왜 잘하고 있다고 생각하는지를 편지를 써서 상세하게 설명했다. 그들과 통화할 때 그를 만나도록 격려했다. 둘 다 기증자와 미팅을 가졌고, 초기 출자액은 5,000달러였다.

나는 좋은 일을 하는 사람들을 도울 의무가 있으며, 이 기부자에게 그것을 소개해 주는 것이 좋은 일이라고 느꼈다. 물론 기부자가 기부를 하든 말든 그건 기부자에게 달려 있다. 나는 그것이 우리 조직에 더 적은 돈을 의미할 것이라고는 결코 생각하지 않는다. 그리고 실제로 그렇지도 않았다.

달콤한 유혹, 보조금

재단의 자금 지원

재단의 보조금은 훌륭하며, 조직의 예산 요구에 대한 '쉬운' 해결책처럼 보일 수 있다. 하나의 보조금으로 전체 프로젝트 자금을 마련할 수 있을 것이다. 이것은 조직이나 프로젝트를 시작하거나, 일시적으로 자금을 조달하는 데 차이를 만들 수 있다. 실제로 많은 단체들이 재단 기금을 추구한다.

하지만 보조금에만 지나치게 의존하면 조직의 미래가 얽매일 수도 있다. 이는 지역사회 단체를 지원하는 재단이 일반적으로 3년에서 5년 후에 지원을 중단하기 때문이다(아니면 더 빠를 수도).

조직은 한두 가지(또는 세 가지) 자금 출처에만 의존해서는 안 된다. 만약 그렇다면, 당신은 매 순간 파괴될 위험에 처해 있다.

스토리

더 이상 그런 일에는 관심이 없어요

1980년대에 나는 평화 캠페인 활동을 했다. 우리는 록펠러재단과 회의를 갖고, 육아를 위한 연방기금을 늘리기 위한 캠페인에 대한 자금 지원을 논의했다. 그들은 몇 년 동안 이 일을 해왔고, 주요 자금 제공자였다.

"하아, 이제 더 이상 그런 일에는 관심이 없어요." 미팅을 시작하자마자 재단 프로그램 책임자가 말했다. "가정폭력에 대해 뭔가 해 볼 원해요. 그게 정말 큰 문제가 될 같아요."

나는 그를 바라보았다. 그러고는 맨해튼이 내려다보이는 록펠러센터의 커다란 창밖을 내다보았다. 그를 창밖으로 던져버리고 싶었다. 품질이 좋고 저렴한 보육을 찾는 도전은 지난 몇 년 동안 해결되지 않았다. 대부분의 저소득층 부모들은 여전히 양질의 보육을 받을 수 없었다. 하지만 록펠러재단에 따르면, 보육은 더 이상 '안'에 있지 않았다. 재단은 더 이상 그것에 관심이 없었다. 그들은 또 다른 관심사로 옮겨갔다(이것은 1988년이었다. 몇 년 후인 지금도 더 나아지지 않았다.).

그들이 우리 활동에 돈을 지불하는 자금의 원천이 되는 한, 그들이 중요하다고 생각한 것에 따라 우리는 살거나 또는 죽을 것이다. 육아 캠페인에 대한 다른 재정 지원이 거의 없었으며 곧 접을 수밖에 없었다.

조직자의 관점에서 본 재단 관행

왜 재단이 몇 년에 한 번씩 우선순위와 수혜자를 바꾸는지를 이해하기 위해서, 알린스키의 전통적인 조직 관점과 자기이익의 측면에서 재단의 행동을 살펴보는 게 도움이 된다.

사회의 '가진 자'와 '가지지 않은 자' 사이의 평등을 증진시키는 미션을 가진 재단은 보통 저소득층에 접근하지 않고, 사람들에게 봉사하거나 지원하는 지역사회 단체에 후원한다. 예를 들어, 그러한 재단은 저소득층(수혜자 단체가 자주 봉사하는 사람들)에게 부를 재분배하기 위해서, 부유한 사람들(자신과 같은 사람들)에 대한 세금을 인상하려는 공공 정책을 변경하기 위한 목적으로 풀뿌리 활동에 자금을 지원할 수 있다. 그들의 보조금은 부유층과 특권층이 재단 이사회에 앉아있는 사람들임에도 불구하고, 일단 부유층이나 특권층의 상황을 선호하지 않는다.

다시 말해, 이러한 재단이 일반적으로 자금을 지원하는 활동은 경제적 자기이익이나 재단 창립자, 기부자 또는 기증자의 이익에 위배된다. 이러한 활동은 재단 대차대조표의 장기적인 이익을 향상시키지 못한다. 그래서 장기적인 투자를 할 재정적 인센티브가 재단들에게는 부족한 것이다.

게다가 재단은 일반적으로 프로그램 프로세스를 감독하고, 기금을 제공할 단체를 선택하며, 보조금 요구 사항을 충족시키는 데 수혜자가 어떻게 수행했는지를 평가하기 위해 전문 프로그램 관리자를 고용한다. 프로그램 관리자는 새로운 프로그램과 조직을 찾는 업무를 하며 급여를 받는다. 가족 재단에서는 새로운 가족 구성원

(자기들만의 표식을 만들고 싶어 하는 사람)이 가입할 때 동일한 역학 관계가 발생한다. 이것은 자금을 조달하기 위해 새로운 무언가를 찾는 걸 의미한다. 새로운 조직에 펀딩을 하거나 새로운 기획을 추구한다. 이전 수혜자에게 보조금을 갱신해주지 않는 것은 재단 스태프와 가족재단 이사회의 신입멤버의 자기이익과 일치하기 때문이다.

이 두 가지 사항을 합치면(장기 지원을 위한 제도적 인센티브가 거의 없고, 단기 투자에 대한 개인적 인센티브가 매우 크다는 점), 비교적 짧은 기간 동안에 자금을 지원하는 재단만 있을 뿐이다. 그런 다음 단기적으로 자금을 지원하는 것이 결과적으로 조직에 좋다고 말한다. 왜냐하면 민간단체 스스로가 '자급자족을 구축'해야 하기 때문이라고 한다. 이 이론을 뒷받침할 자료는 거의 없다. 많은 사회변화 조직의 구성원은 매우 저소득층이며 재단 보조금 수준에서 그들의 조직을 지원할 수 없다.

이러한 역학은 일반적으로 커뮤니티 기반 조직을 지원하는 재단 풀의 전형이다. 그 결과, 우리 사회를 더 평등하게 만들기 위한 장기적인 전략을 가진 커뮤니티 조직은 재단 지원을 믿고 장기 전략을 계획하거나 실행하기가 어렵다. 커뮤니티 조직이 이를 믿고 활동을 계획한다면 재단의 계획 변화에 매번 활동 계획을 바꾸거나 보조금이 마르면 직원을 해고할 수 있다. 두 전략 모두 조직을 약화시킨다.

후원자의 자기이익과 일치하는 관행을 가진 다른 재단이 있다. 이들은 현 상태를 유지하거나 부유하고 특권을 가진 사람들의 상황을 향상시키는 데 도움이 되는 미션을 가진 재단이다. 그들은 일반적으로 부유한 사람들에 대한 세금을 낮추기 위해, 정부에 영향을 미치려는 활동을 하는 보수적인 이유로 자금을 지원한다.

아이러니하게도 이러한 재단은 수년 동안 동일한 수혜자 조직에 자금을 지원하는 경향이 있다. 그들은 공공정책의 변화가 3, 5년 안에 일어나지 않는다는 것을 알고 있다. 그들은 시간이 지남에 따라 지원 수익을 올릴 가능성이 높기 때문에 현실적인 장기 전략을 가진 조직에 기꺼이 지원할 용의가 있는 것이다.

미국에서 조직 성공과 사회적 변화에 미치는 자선 활동의 영향은 매혹적이고 복잡한 주제이다. 2002년 7월 15일자『The American Prospect(미국의 전망)』에 실린 로버트 커트너의「자선활동 운동(Philanthropy in Movements)」기사에서 이 딜레마에 대한 흥미로운 분석을 볼 수 있다.

정부 또한 변덕스럽다

정부 자금에 대한 의존도는 특히 행정부가 바뀔 때 문제가 된다.

지금은 그걸 보지만, 당시에는 보지 못했다

1980년에 나는 '매사추세츠 페어 셰어'에서 일했다. 커뮤니티 조직자에게 지불하는 조직 예산의 상당 부분은 지미 카터 행정부가 운영하는 VISTA 프로그램(미국 자원봉사자 서비스)에서 나왔다.

1981년 1월 20일 정오 12시에 로널드 레이건이 대통령으로 취임하였다. 오후 12시 15분에 법 집행 기관의 레이건 임명자로부터 전화를 받았다. 그는 75,000달러의 보조금이 폐지되었다고 말했다. 이 비용은 저소득층 지역에서 동네 안전 문제를 해결하는 여러 조직자에게 지불될 급여였다.

그날 오후에 전국의 저소득층 및 농촌지역에서 일하는 커뮤니티 단체들도 비슷한 전화를 받았다. 한 사례로, 그 동안 연방재난관리청(FEMA)은 클리블랜드의 커뮤니티 조직에 보조금을 지급했었다. 클리블랜드 조직자가 워싱턴DC의 한 관리에게 왜 보조금을 지급하지 않는지를 물었을 때, 그 관리는 대답했다. "우리가 지금 권력을 잡았고, 당신은 나가기 때문이에요."

(이 이야기는 래리 커닝햄, 『클리블랜드의 커뮤니티 조직화』(미발간)에서 따 왔다.)

3부

행동의 기술

사무실에서 조직할 수는 없다.
- 마이클 자코비 브라운

이 책을 여기까지 읽었다면, 매우 축하한다! 여러분은 필요한 기술과 자원을 가지게 되었다. 이제 문제를 해결하고 세상을 바꿀 준비가 되었다.

안전벨트를 매자. 이제 변화를 만들어서 우리의 세상에서 약간의 개선을 이루거나 나쁜 일이 일어나지 않도록 막을 수는 있게 되었다. 이 장에서는 이 세상의 변화를 추진하기 위해 앞서 다루었던 기술과 조언을 어떻게 활용하는지 살펴볼 것이다.

그렇다. 행동하기 전에 계획하고 조직하는 것이 큰 도움이 된다. 하지만 '분석 마비'를 일으키고 싶진 않다. 모든 행동은 시기상조다. 모든 일이 완벽하게 해결될 때까지 기다린다면, 필요한 것을 얻기 위해 행동할 수가 없게 된다. 그래서 결코 행동하지 않는다면, 다음번에는 더 잘하는 법을 배우지 못할 것이다.

자, 가~즈~아!

10장

조직화 전략

대상자들과 의사소통하지 않고 프로그램
을 계획하고 관리하며 준비하고 시행하
는 것은 매우 비민주적이다.
또한 비참하리만치 터무니없는 짓이다.
　　　　　　　　　　　　　　　　　　　　　－ 사울 알린스키

전략,
그냥 일어나는 일은 없다

전략

전략은 전반적인 계획이나 경로다. 전략은 당신이 어떻게, 왜 일을 하는지를 규정한다. 조직 전략은 세상이 어떻게 작동하는지에 대한 몇 가지 기본 가정과 이론, 문제를 해결하고 사람들의 삶을 개선하는 가장 효과적인 방법에 바탕을 두고 있다.

문제란 '그냥 일어난다'는 뜻이다. 해결은 그렇지 않다.

사람들은 세상에서 많은 문제에 직면해 있다. 표준 이하의 학교, 환경 독소, 비싼 건강보험과 그에 상응하지 못하는 의료서비스, 열악한 대중교통, 적절한 임금과 좋은 일자리 부족, 불공정한 세금, 직장 및 이웃의 건강 및 안전 위험, 과다한 주택 과밀 등.

이런 문제들은 그냥 스스로 해결되는 게 아니다. 좋은 일들은 그냥 일어나지 않는다.

> 사장이 알아서 임금을 인상해 주기를 기다리고 있다면,
> 당신은 심판의 날까지 기다리게 될 것이다.
> — 우디 거스리

긍정적인 변화는 관용이나 자비로 인해 일어나지 않는다. 그러한 조건들이 사람들에게 얼마나 해를 끼치는지에 아무리 주장해봤자 다 쓸데없다. 문제는 사람들(그런 문제의 영향을 받는 사람들, 진행 중인 조직에서 함께 일하는 사람들)이 해결할 수 있는 힘을 가지고 있을 때 해결된다. 이것이 조직화 전략의 가정(assumption)이다.

이론(관찰 기반) : 힘의 불균형

조직 전략의 기본 가설은 힘의 불균형 때문에 세계에 문제가 존재한다는 것이다. 어떤 사람은 자신들의 삶에 영향을 미치는 많은 조건(사는 곳, 좋아하지 않지만 많은 시간을 소비하는 업무, 자녀 교육, 신체 안전, 여행 능력, 안전한 은퇴 준비 등)을 통제할 수 있는 힘을 가지고 있다. 다른 사람들의 삶(다른 사람의 직장 생활, 이웃, 학교, 환경 등)을 통제할 수 있는 권한을 가진 사람들도 있다. 이 힘은 의료, 교통, 주택, 교육, 난방 등 생활필수품에 대한 것을 통제하기 위해 확장된다. 그러나 대부분의 사람들은 자신의 삶에 영향을 미치는 많은 결정이나 비용에 대해 거의 통제하지 못한다. 그들은 생필품을 구입하기 위한 돈을 벌고자 노력하거나 자기 가족의 미래에 충분한 돈을 벌 수 있을지 걱정하는 데 많은 시간을 보낸다.

대부분의 경우 우리는 이 힘의 불균형을 받아들인다. 도시의 가난한 저소득층 엄마들은 자신의 다섯 살짜리 아이들을 교외의 숲이 우거진 좋은 유치원에 등록시키지 못한다. 아이들이 거기서 훨씬 더 나은 교육을 받을 거라는 걸 알고 있지만.

8살짜리와 한 방에 살고 있는 새로운 이민자들은 생활하기에 더 좋은 집을 가진 부자들의 비어있는 두 번째, 세 번째 집에 나타나지 않는다. 힘을 가진 사람들은 현 상황을 유지하기 위해 강력하게 힘을 발휘할 필요가 거의 없다. 힘을 가진 사람들이 이러한 불균형을 보존하기 위해 자신의 힘을 주장하는 유일한 시간은 사람들이 정상적인 방식으로 도전할 때이다. 예를 들어, 1963년 앨라배마 주 버밍햄에서 불 코너 경찰국장이 자유의 노래를 부르는 흑인 아이들을 경찰견과 물대포로 대응하라고 명령했을 때를 생각해 보자.

힘은 규칙을 만드는 데서 나온다. 규칙은 단지 '상황에 따르는 방식'이라고 가정하는 것이지, 신으로부터 부여되었다거나, 정의롭다거나, 옳다거나, 자연스러운 게 아니다. 그들은 단순히 자신의 이익을 위해 규칙을 수립할 수 있는 권한을 가진 일부 사람들일 뿐이다.

1975년 버몬트 주 러틀랜드에서 선출직 판사로 일했을 때, 나

스토리

학생 vs 대학

1968년, 젊은 시절 나는 이런 힘의 불균형이 분명히 시행되는 것을 보았다. 나는 컬럼비아 대학의 학생이었다. 우리는 베트남전쟁에 대한 태도와 공공공원에 대학체육관을 짓기로 한 대학 정책에 반대하기 위해 일주일간 연좌농성을 했다.

우리가 배운 것 : 대학 당국은, 피가 나게 때리고, 뼈를 부러뜨리고, 감옥에 던져 버리고, 법정에 끌고 갈 수 있는 경찰을 부를 힘을 가지고 있었다. 우리는 이 현상을 연구했고 그 이름이 '합법적 권위'라는 사실을 알게 되었다.

는 덜 극적이고 덜 폭력적인 방식으로 이 불균형을 보았다. 고객과 기업이 포함된 사건을 맡았을 때, '통일상법전(UCC)'의 규정에 따라 판결을 내리는 것이 내 업무였다. 법전으로 작성된 법이 사업주들의 이익에 편향되어 있다는 것이 곧 명백해졌다.

왜 조직을 하는가?

증조할머니가 20세기 초에 돌아가신 후, 수천 명의 다른 가난한 이민자들처럼 증조할아버지도 자주 실업 상태에 빠졌다. 그가 찾을 수 있는 유일한 직업은 피츠버그에서 석탄을 채굴하는 것뿐이었다. 살아남기 위해서 여섯 살짜리 아들을 유태인 고아원에 남겨둔 채, 그는 피츠버그로 갔다. 그의 여덟 살짜리 딸, 즉 나의 할머니는 낯선 사람들과 함께 일하면서 살았다(할머니는 항상 보드빌적인[20] 유머 감각을 유지하셨다. 어렸을 때 할머니에게 물었다. "할아버지가 피츠버그에 갔쩌?" 그러면 아주 멀리서 보이는 것처럼 대답했다. "어떻게 생각해? 피츠버그가 그에게 올 거라고?!").

유태인 고아원(부유한 유대인들이 불우한 사람들을 돕기 위해 마련한 곳)은 할머니 오누이를 먹이고 보호했다. 하지만 그것은 가정집을 대신하는 가난한 대체물이었다. 누구라도 여덟 살짜리 할머니에게 먹을 음식을 주면, 그 정도면 환영받을 만했다. 보통 아침으로 먹는 커피와 퀴퀴한 롤보다 더 좋을 것이다. 불우한 사람들을 돕는 것은 좋은 일이다. 그것에 아무도 토를 달지 않는다. 배고픈 사람들은 조직이 세워질 때까지는 기다릴 수가 없다.

하지만 더 효과적이려면, 사람들이 진정으로 필요로 하는 것을 얻기 위해서는 힘이 있는 조직을 가져야 한다. 조직이 제공할 수 있는 힘이 없다면, 할머니의 동생 같은 사람들은 고아원에 갇혀 지내야 하고, 할머니 같은 여덟 살짜리 아이들은 살아남기 위해서라면 어떤 음식이든 집이든, 일이든 해야 한다.

당시 실업보험과 사회보장제도가 있었다면 할머니의 아버지는 가족을 위해 집을 지켰을 것이다. 그러한 변화는 30년 후에 이루어졌으며, 그것도 수천 명의 실업자가 실업보험 및 사회보장을 위해 싸울 조직을 만든 후에야 이루어졌다. 수천 명의 사람들이 노동조합, 타운센드 클럽(사회보장의 선구자), 새로운 정치단체, 실업자위원회 및 기타 조직에 가입하여 연방 정부에 이러한 뉴딜 개선을 제공하도록 압력을 가했다.

강력한 조직은 '그냥 일어나는 게' 아니다

세상을 개선하는 데는 여러 가지 방법이 있다. 나는 효과적인 것은 조직화라고 생각하기 때문에, 한 가지 방법 즉 조직화 전략(세상을 변화시킬 수 있는 강력하고 지속적인 집단을 만드는 것)에 초점을 맞출 것이다.

문제가 해결되거나 세상의 개선은 강력한 조직에서 나온다. 이 책은 이 강력한 조직을 어떻게 구축할 것인가에 관한 것이다. 변화를 일으키는 효과적이고 강력한 조직은 '단지 일어난다'는 뜻이 아니다. 변화를 만드는 데는 조직자, 리더, 비전, 목적, 계획, 모집, 경험, 자금, 정보, 행동, 협상, 학습, 평가, 주의가 필요하다.

오늘 여기, 내일 여기

조직화 전략이란, 강력한 조직은 시간이 지나도 주변에 남아 있어야 하는 것임을 이해하는 것이다. 즉각적인 문제를 해결하기 위해서 단지 일시적으로 준비되는 것은 아니다.

힘없는 사람들에게는 항상 문제가 발생한다. 힘의 불균형은 언제나 존재한다. 어떤 사람들은 돈과 권력을 가지고 태어난다. 다른 사람들은 그렇지 않다. 세상은 더 좋아질 수는 있어도, 결코 완벽하게 정의롭지는 않다. 지속적인 조직을 가지고 있으면, 문제가 발생할 때 조직(사람들, 관계성, 상근자, 정보, 전화연락망, 경찰서장, 이메일 목록 등)은 즉시 활동할 수 있다.

조직을 만드는 것이 맨땅에 헤엄치기는 아니다. 없다. 당신은 이미 기술과 경험, 정기적인 후원, 상근자, 사무실, 컴퓨터 데이터베이스, 메일링 리스트, 네트워크, 관계성, 신뢰를 가지고 일을 하고 있고 문제를 해결할 수 있다. 또한 어떤 해결책이 잘 구현되도록 하기 위해서는 지속적인 조직이 필요하다. 악마가 당신을 괴롭히기 위해서 디테일을 가지고 돌아오는 건 아니다.

당신이 계획하거나 모색하는 해결책이 반드시 성공할 거라고는 결코 보장할 수 없다. 대부분의 해결책은 시간이 지남에 따라 예상치 못한 문제들을 겪는다. 처음부터 다시 조직을 구축하는 데 어려움을 항상 겪지 않고도, 문제를 해결하기 위해 조치를 취해야 한다.

너무 자주 너무 많이, 현재의 긴급한 특정 이슈에 너무 많은 에너지를 소비해 버린다. 특정한 문제를 해결하는 데 필요한 즉각적인 행동에만 집중하는 것은 쉽다. 하지만 장기적으로 조직을 유지하기 위해 자원을 계속 개발할 수 있도록 시간과 주의를 분산해야 한다. 그러면 오늘날의 문제뿐만 아니라 다음 문제, 다음 문제, 그 다음 문제도 해결할 수 있게 된다.

조직 전략은 조직을 구축하는 데 초점을 맞춘다. 즉각적인 문제, 심지어 중대한 문제도 있을 수 있다. 사실 대부분 조직은 '캠필드세입자협회'가 주택 매각 위협에 대해 대응했던 것처럼 매우 즉각적인 문제에 대한 반응으로 생겨났을 것이다. 조직 전략을 실행할 때, 전반적인 경로나 계획(전략)은 즉각적인 문제를 해결하는 데에 우선하고(당신은 확실하게 그렇게 한다!), 그러고 나서야 강력한 조직을 구축하기 위해 움직인다.

조직화에 대한 무시

또한 대중문화, 미디어, 공공 및 전문학교가 그것을 무시하기 때문에 커뮤니티 조직을 구축하는 전략을 강조하는 것이다. 경영학교 및 공공정책 학교는 관리자가 정부에서 권한을 행사하고, 분석 기술을 가르치고, 문제를 위에서 아래로 규정하는 정책을 개발하도록 교육한다. 고등학교와 대학에서 가르치는 '커뮤니티 서비스'는 문제를 해결하고 공동체 의식을 키우기 위하여 지속가능한 조직을 구축하는 대신에 자선단체(직접 서비스)를 제시한다. TV와 할리우드는 고독한 레인저, 남자영웅, 여자영웅, 정치인, 연설가 및 용감한 십자군의 작품으로 사회 변화를 묘사한다.

우리는 수만 명 앞에서 연설을 하는 마틴 루터 킹의 영화를 본다. 그 사람들이 어떻게 거기에 있는지는 우린 절대 보지 못한다. 버스와 이동식 화장실, 전화를 거는 장면도 없다. 기금을 모으고, 행진을 알리고, 음향 시스템을 구축하는 것, 수백만 번의 회의, 계획회의, 그리고 같은 날 동시에 모든 사람들을 데려왔던 조직화의 세부 사항 등은 결코 장면에 나오지 않는다.

　이 테스트를 해보라. 심리학의 아버지 지그문트 프로이트에 대해 들어본 적이 있는지 물어보라. 그런 다음 그룹 동역학의 아버지인 쿠르트 레빈에 대해 들어 본 적이 있는지 물어본다. 그리고 자신에게 물어본다. 왜 개인이 무엇을 했는지에 대해서는 수백 개의 잡지, 뉴스 기사 및 TV 프로그램이 있고 그래서 알고 있지만, 어떤 조직이 그것을 진행했는지에 대해서는 거의 없거나 모르는가?

톱다운으로 문제 해결하기

1990년 나는 하버드대학교의 케네디스쿨에서 열린 경력(Mid-Career) 프로 그램에 참석했다. 20년 이상 일한 후 1년을 쉬면서, 학교에 다니고 공부하 고 읽고 반성하는 것은 즐거웠다. 첫 수업에서 "예산이 부족한 중미의 의료 센터"에 대한 사례 연구를 읽었다. 이 사례에서, 진찰을 받기 위해 여성들이 긴 줄을 서서 기다리고 있었다. 강의실 뒤에서 나는 손을 들었다.

"제 생각에는, 스케줄을 재설계하는 가장 좋은 방법에 대해 어떻게 생각하 는지를, 줄을 서서 기다리는 여성들에게 물어보는 게 가장 좋을 것 같은데 요." 그것이 합리적으로 보였다. 20년 동안의 나의 커뮤니티 조직 경험과 일 치했고, 곧 집단행동에 관한 학문적 연구를 배우면서 알기 시작한 조직 이 론과도 일치했다. 교사(나중에 주요 정부 인사기관을 운영하게 된)는 "아니 오, 그건 잘못된 접근 방식입니다. 당신은 결정할 전문지식을 가지고 있지 만, 그건 당신이 해야 할 일이 아닙니다."

난 기절할 뻔했다. 잘못된 대답? 이 사람들은 그들이 누구라고 생각하는 것일까? 많은 베테랑 정부 관료들이 듣고 있는 이 수업의 누구도 내 접근 방식이 타당하다고 생각하지 않았다. 수업은 센터의 스케줄을 재배열하고 예산을 분석하는 방법을 논의하기 위해 계속 진행되었다. 줄을 서 있는 여 성들은 아무 상관이 없었던 것이다. 그 분석 도구는 문제에 가장 가까이 있 는 사람들의 말을 듣지 않고, 높은 곳에서 해결책을 찾을 수 있다고 가르쳤 다. 그렇기 때문에 많은 정부 서비스가 그들이 봉사하는 사람들을 위해 일 하지 않는 결과로 나타나는 것이 당연하다. 이 학교에서는 정부 관료들에게 그들의 거래(trade)를 가르쳤다.

조직화 전략의
기본 전제

> ### 전략으로서 조직화의 전제
>
> 1. 문제에 가장 가까이 있는 사람이 문제해결의 전문가들이다. 그들은 자신에게 가장 좋은 것이 무엇인지 알고 있으며, 어떤 해결책을 계획하고 실행하는 세부 사항에 대해 관여해야 한다.
> 2. 문제에 가장 가깝고 영향을 받는 사람들은 문제해결을 위해 강력하고도 지속적인 조직이 필요하다. 집단이 그들을 대표할 힘이 없다면, 정책과 개선의 계획과 실행에 효과적인 영향을 미칠 수 없다.

핵심 조직화 전략을 가진 조직은 회원이나 대중에게 서비스를 제공할 수 있다. 그들은 복잡한 관료주의 문제가 있는 회원들을 대표하여 옹호할 수 있다. 자신의 힘을 보여주기 위해 사람들을 동원할 수 있다. 그러나 이러한 모든 활동에서, 강력한 조직을 구축하고 리더를 개발하는 것이 근원적인 목적이다. 조직자는 이 렌즈를 통해서, 제공되는 모든 서비스, 옹호되는 모든 사람, 모든 동원을 안다.

어떤 특정한 활동이든 장기적으로는 리더를 개발하고, 더 강력한 조직을 구축하는 것, 즉 그 그룹의 힘을 키우는 것이 목적이다.

사례 연구

과외 프로젝트

스토리 : 지금 하고 있는 일을 왜 하는가?

나는 한때 인근의 저소득층 초등학교에서 과외 프로그램에 자원한 대학생들과 이야기를 나눈 적이 있다. 대학생 열 명이 테이블에 둘러앉았다.

"아이들이 또래 학년 수준의 독서에 어려움을 겪고 있다면, 그들을 위해 무엇을 할 겁니까?"

학생들은 모두 같은 말을 했다. 그들은 모두 경험 많은 독서 전문가가 아이를 돕기를 원했다.

"그래서, 당신은 이걸 왜 하는 겁니까? 나중에 지역 대학생이 당신 자식을 가르치기를 원해서 인가요?"

"아니오." 모두들 말했다.

나는 압박하듯 물었다. "그래서 이걸 왜 하는 건데요?"

긴 침묵이 흘렀다. 그들은 서로를 보고 다시 나를 보았다. 그에 대해 생각해 적이 없다고 했다. 나는 그들에게 과외의 목적이 무엇인지를 물었다. 침묵이 좀 흘렸고, 그들은 이런 방식으로 정말로 생각해본 적이 없다고 했다. 그들은 구체적인 목적이 없었다.

좀더 토론을 한 후, 내가 다시 돌아와서 자신들이 무엇을 하고 있는지에 대해서 이야기해 줄 수 있는지를 물었다. 그들은 도움이 될 만한 일을 하고 있었지만, 동기를 철저히 조사하지도 않았고, 목적을 명확히 하지도 않았으며, 목적에 도달하는 데 자신의 행동이 얼마나 효과적인지를 고려하지도 않았다는 사실을 깨달았다(그들이 무엇을 하든).

그 프로그램을 취소해야 한다는 건 아니다. 그들은 도움을 받는 사람들과 함께 받아들일 수 있는 확고한 목적을 향해 분명히 기여할 수 있는 일련의 행동을 구축해야 했다.

전략은 어떻게 선택하는가?

도움을 원할 때 전략을 선택하는 것이 불편하거나 불필요한 것처럼 보일 수도 있다. 아이들에게 책을 읽어주는 것이 아이들을 돕는다는 것은 명백해 보인다. 그러나 독서의 목적을 명확히 하지 않고서, 그 목적에 도달하려는 그 효과성을 평가하지 않는다면, 과연 얼마나 도움이 될까?

이렇게 물을지도 모른다. 과외 프로그램의 목적은 무엇인가? 아이들이 더 잘 읽을 수 있도록 돕는 것인가? 부유한 교외의 학교에 다니는 아이들의 수준을 파악해보려고? 학교를 개선하기 위해서? 효율성을 평가하려면, 먼저 목적을 명확히 해야 한다.

그 활동(교육) 속에 박혀있는 것은 세상을 개선하는 방법에 대한 전략이다. 이 경우 학생들은 문제에 가장 가까운 사람들(교사, 교장, 학부모, 심지어는 아이들 자신)에게 대학 지원자가 가장 유용할 수 있는 방법을 묻는 것이 아니라, 아이들에게 책을 읽어주는 해결책을 제시했다. 이 접근법은 성취도가 낮은 학교의 문제를 다루는 데 있어 학생들의 독서 능력을 키우는 것이 효과적인 방법일 거라고 가정한다. 하지만 그런가? 문제나 다른 가능한 해결책에 대한 조사는 없었다. 문제해결을 과외로 먼저 시도한 것이다.

같은 문제, 다른 해결책?

비효율적인 학교나 읽는 법을 잘 배우지 못하는 아이들을 다루는 다른 해결책들이 있다. 여기에는 교사 교육, 공립학교 자금지원 방식 변경, 다양한 학교 개발, 소규모 학교 설립, 학부모 참여 증가, 여러 교육 스타일 지원 및 다양한 학교 관리 기술 도입이 포함된다. 문제를 해결하기 위해 수년 동안 많은 자원봉사 시간을 프로젝트에 투입하기 전에, 학생들은 문제를 해결하기 위해 가장 효과적인 수단(전략)을 조사했을 것이다. 우리는 문제에 대한 최선의 해결책을 알지 못할 수도 있다. 그러나 이 문제나 어떤 문제에 대한 해결책은 그 문제에 가장 가까운 사람들의 적극적인 참여를 필요로 한다는 점은 알고 있다.

어떤 도시 학교에서 문제에 가까이 있는 두 사람에게 그러한 자원봉사자에게 집중할 것을 요청했을 때, 그들은 먼저 학교 건물을 개선해야 한다고 했다. 그들의 의견으로는, 이렇게 해야 자원봉사자들이 최선을 다할 것이라고 했다. 두 전문가는 또한 이 일을 어떻게 해야 할지 구체적으로 제안도 했다.

이러한 정보를 얻는 것은 어렵지 않았다. 나는 그들에게 전화를 걸어 회의를 요청하고 자원봉사자들에게 가장 도움이 될 만한 게 무엇인지를 물었다. 간단한 접근이긴 하지만, 자주 취하지 않는 방법이다.

스토리

행동하기 전에 물어보라

오버린대학에서 일하는 샤넬 두보프스키가 이 이야기를 들려주었다.

오버린대학의 일부 학생들은 지역의 소년소녀클럽을 돕고 싶어 했다. 그들은 함께 모여서 250개의 땅콩버터와 젤리 샌드위치를 만들었고, 그것을 클럽으로 가지고 갔다. 클럽에 도착했을 때, 그곳의 근무자들은 샌드위치가 필요 없다고 했다. 음식은 풍부했다. 단지 학생들이 와서 아이들과 실컷 놀았으면 좋겠다고 했다.

이 문제에 가장 가까이 있는 사람들이 전문가다. 하지만 가끔은 그들에게 물어보는 걸 잊어버리곤 한다.

무엇을 놓쳤는지 분석하기

사람들에게 친절한 행동을 한다면, 그것이 실제로 그런 것인지를 아는 건 불가능하다. 사람을 돕고 있다고 생각하는 이들이 있는데, 그 행동은 결국 그들이 돕고자 했던 사람에게 나쁜 것으로 밝혀졌다.

- 오엘 야코프(18세기)

조직은 세상을 개선하는 방법에 대한 퍼즐에서 빠진 부분이다. 좋은 정책이나 올바른 사람을 선출하는 데 너무 많은 집중을 하고 있다. 똑똑한 정책과 훌륭한 선출직 공무원은 확실히 도움이 될 수 있지만, 이것만으로 문제를 해결할 수는 없다. 놓치고 있는 지점은 그 문제에 가장 가까이 있는 사람들의 집단지성이다.

기업이 더 잘 알고 있다

일반적으로 공공정책 관리자들은 문제에 가장 가까이 있는 사람들을 무시하지만, 기업 세계에서 가장 우수한 관리자는 의사결정을 할 때, 문제에 가장 가까이 있는 사람들에게 직접 가져 오는 것이 중요하다는 점을 이해하고 있다.

스토리

스마트한 기업이 진짜 전문가를 안다

디트로이트에 있는 자동차 공장에서 주요 조립 라인 전체가 멈춰서는 일이 발생했다. 엔지니어와 관리자들이 몰려와 무엇이 잘못되었는지 알아내려고 애를 썼다. 아무도 기계를 작동시킬 수 없었다. 회사는 하루에 수백만 달러를 잃고 있었다. 컨설턴트에게 전화를 걸었고 그가 왔다. 큰 페인트통과 붓을 꺼냈다. 그는 조립부 전체에 노란색 선을 그렸다. "기계에서 직접 일하는 사람들만이 기계를 만지기 위해 선을 넘을 수 있습니다!" 관리자와 엔지니어들은 물러났다. 그러고 난 뒤 조립 라인 직원들에게 말했다. "여기 만 달러가 있소. 오늘 기계를 작동시키면 당신 것이오."

엔지니어와 관리자들이 지켜보는 가운데 노동자들은 몇 시간 만에 기계를 가동시켰다. 관리자들은 컨설턴트가 천재라고 생각했다. 그는 방금 수백만 달러를 저축했다.

세상을 개선하기 위한
다양한 전략들

조직을 이해하기 위해서 사회 변화를 위한 다른 관련 전략과 비교하는 게 도움이 된다. 다음은 다른 주요 전략에 대한 간략한 설명이다. 실제 조직에서의 이러한 전략은 서로 겹치고, 복잡하게 뒤섞여 있다. 정의(definition)는 실제 조직을 캐리커처하거나 우리가 어떻게 이해하는지를 제한하고자 하는 게 아니다. 정의는 공통 언어를 제공하기 위한 것이다. 전략의 기본이 되는 가정(assumption)도 핵심이다. 여기서 설명한 정의와 가정은 왜 특정한 전략을 사용하고 있는지, 함께 일하는 사람들에게 미치는 장기적 영향, 그리고 대안전략의 잠재적 효과에 대해 생각할 수 있게 한다. 또한 이 분석은 조직이 실제로 어떻게 행동하는지를 살펴보게 한다. 때로는 조직이 어떤 전략을 사용하고 있는지 이해하기 위해 약간의 분석이 필요하다. 가장 중요한 것은 조직의 실제 태도와 관행이다.

차이를 만들기 위한 몇 가지 기본 전략

서비스(Service)

서비스는 도움이 필요한 사람들에게 프로그램이나 직접적이고 즉각적인 도움을 제공한다. 당신이 무언가를 가지고 있고, 다른 사람은 그걸 가지고 있지 않다면, 당신이 가진 것을 줄 것이다. 돈, 책, 옷, 가구일 수도 있다. 빈 주차장을 청소하거나 노숙자 쉼터를 다시 칠하는 시간이 될 수도 있다. 아이에게 책을 읽어주고, 노인과 함께 앉아 있거나, 누군가에게 식사를 가져다주는 데 시간을 할애할 수도 있다.

서비스 전략을 구사할 때, 문제가 음식 부족이라면 해결책은 식품 저장실이나 주방의 수프이다. 만약 문제가 가난한 학교라면, 아이들을 가르치거나 교과서를 제공할 수 있다. 사람들은 부족한 것을 제공하기 위해 개인적으로 책임을 진다. 서비스 제공자는 일반적으로 문제에 가장 가까이 있는 사람들에게 솔루션을 요청하는 대신에 미리 설계한 솔루션을 제공한다.

　이 접근법의 장점은 즉각적인 필요를 충족시키는 것이다. 배고픈 사람들은 장기적인 해결책을 기다릴 수 없다. 반면 단점은 이것이 장기적인 해결책이 아니라는 것이다. 다음 날, 다음 주, 그리고 내년에도 문제는 여전히 똑같이 남아 있다. 또 다른 단점은 충족된 필요성이 실제 필요한 것이 아닐 수도 있다는 점이다. 소년소녀클럽에서 정말로 필요한 것은 남자아이들과 놀아야 할 튼튼한 사람들이었다. 그러나 그곳에 땅콩버터와 젤리 샌드위치를 가져갔다.

옹호(Advocacy)

　옹호는 도움이 필요한 사람들을 대신하여 잘 훈련된 전문가들이 일을 대신 처리하는 것을 의미한다. 로비스트들이 입법부에서 이것을 한다. 변호사 및 기타 전문가는 법원, 경찰서, 병원 및 정부기관에서 이 작업을 수행한다. 옹호자들은 자신의 의뢰인들이 관료들을 헤쳐 나가는 걸 돕기 위해서 종종 복잡한 규제와 법률의 그물망을 풀어낸다. 변호사는 일반시민보다 기업, 건물주 및 정부기관에 더 많은 영향력을 행사한다.

동원(Mobilizing)

　동원은 짧은 시간 동안 사람들(종종 많은 사람들)을 모아 의견을 표현한다. 시민권을 위한 1963년 3월의 워싱턴 행진은 효과적인 동원에 대한 미국 역사의 고전적인 사례이다. 백만의 행진, '어린이를 위한 표준' 대회 및 기타 행진, 철야, 집회가 최근의 예이다.

아이를 치료하는 한 가지 이상의 방법

보스턴 메디컬센터의 소아과 의사인 배리 주커먼은 수년간 아이들을 치료해 왔다. 많은 아이들이 천식과 같은 만성적인 문제를 반복해서 겪어왔는데, 원인은 아파트의 바퀴벌레와 곰팡이였다. 어느 날 변호사 친구가 그에게 물었다. "그런 것에 대한 법률은 없나?"

주커먼은 그에 대해 생각한 바가 없었다. 그는 치료사, 의사이지 변호사가 아니었다. 이 질문은 그를 '가족옹호프로젝트'로 이끌었다. 변호사(옹호자)가 의사와 간호사와 협력하여 곰팡이, 바퀴벌레 및 기타 건축 법규 및 공중보건 위반을 제거하고, 어린이와 그 가족의 삶을 개선하기 위해 법률을 사용하는 것이다. 때로는 법원이나 시 행정기관을 통해서 문제의 근원을 추구하는 변호사가 의사만큼 어린이를 치료할 수 있다는 사실을 발견했다.

지역사회 개발(Community Development)

지역사회 개발은 주택과 새로운 일자리를 창출하고 시장 경제의 불평등을 해결하기 위해 교육, 대출 및 기타 자원을 제공한다. 지역사회 개발 전략의 기본 가정은 자유시장이 많은 사람들에게 잘 작동하지 않으며, 오히려 협력 노력이 생활 조건을 개선할 수 있다는 것이다. 협동대출조합, 직업훈련 프로그램, 저렴한 주택 개발 및 소기업 대출이 이러한 전략의 예이다.

이 전략에 내장된 가정은 저렴한 주택과 최저생계를 보장하는 직업이 더 나은 삶의 중심이라는 것이다. 이 작업에는 저렴한 주택 또는 비즈니스 벤처를 창출하기 위해 시장 및 정부 기관을 조정하는 복잡한 비즈니스 전문가, 즉 고도로 훈련된 전문가가 필요하다. 주택 개발의 시간 민감성은 종종 리더십 개발 및 지역사회의 느린 참여 속에서 필요한 타임 라인과 서로 충돌한다.

선거 정치(Electoral Politics)

선거 참여는 모든 민주주의 국가의 소선을 개선하기 위한 공통된 전략이다. 이 전략은 선출직 공무원의 결정이 사람들에게 중요한 영향을 미친다는 가정에 있다.

미국의 선거 정치는 취임하는 사람에게 초점을 맞추고 있다. 개성, 카리스마, 전기가 중심 단계에 있다. 정당은 특정 선거운동 중에만 사람들을 참여시킨다. 강력한 정치조직이 없기 때문에 일반 시민이 의미 있는 의견을 내거나, 다음 선거 때까지 선출직 공무원에게 책임을 묻기가 어렵다. 점점 더 선거 승리의 열쇠는 조직 지원이 아닌 돈으로 되고 있다.

진보주의자들이 직면한 핵심 문제는 그들의 지지층 참여가 감소하는 것이다. 투표율은 떨어지고 소득 분배의 중간 이하인 사람들의 정치 활동이 감소하고 있다. 해결책은 워싱턴에서 더 나은 메시지를 만드는 것이 아니라, 효과적인 지역 동원에 있다. 가난한 사람들과 일하는 사람들이 정치에 대해 직접 참여하고, 배우고, 정치조직에 지속적인 방식으로 연결될 수 있는 기회가 강화되어야 한다.

— 폴 오스터맨, 『Gathering Power』(2002년)

오늘날 사람들은 활동에 참여하고 있다. 그들은 결정에 영향을 미치고 싶어 한다. 그저 앉아서 수동적으로 흡수당하고 싶어 하지 않는다. 그들은 참여하기를 원하고 정치 프로그램은 그 점을 깨달아야 한다.

\- 켄 멜먼, 2004년 조지 W. 부시 대통령선거캠페인 책임자

교육과 연구(Education and Study)

교육과 연구는 세상을 개선하는 다른 중요한 방법이다. 교육에는 일반 대중과 조직 구성원을 교육하는 것이 포함된다. 이 전략은 우리가 활동하는 더 넓은 그림과 변화하는 환경을 이해하는 것이다.

교육은 세상을 바꾸는 강력한 도구가 될 수 있다. 수업, 공개 강연, 대중광고 캠페인, 소규모 학습그룹 등이다. 지식은 힘이다. 힘의 불평등은 종종 의도적으로 잘못된 교육과 잘못된 정보를 통해 유지된다. 대부분의 학교는 학생들이 비판적으로 생각하거나 삶에 영향을 미치는 조건을 변경하는 방법을 알아낼 수 있도록 준비하지 않는다. 커뮤니티 봉사에 관한 많은 공립학교의 현재 관심은 종종 문제의 근본 원인을 분석하지 않고, 자선 활동에 중점을 둔다. 대부분의 사람들은 세계 또는 지역 사건에 대한 심층적인 이해를 거의 제공하지 않는 매스 미디어에서 뉴스를 얻는다.

자기 연구 또는 소그룹 연구는 건강관리, 교육 기금, 대중교통, 세금 및 가족에게 영향을 미치는 기타 분야의 복잡한 시스템을 이해하는 데 도움이 된다. 그것들을 어떻게 바꾸어야 하는지를 알기 위해 세부적인 것을 배운다.

전략적 가정

여기서 설명한 각 사회변화 전략은 사람, 그들의 발전, 힘, 그리고 우리가 세상을 어떻게, 무엇을 변화시키고 싶은지에 대한 암묵적인 가정이 있다.

서비스

서비스 전달은 적어도 사람들이 대부분 필요로 한다는 가정(assumption)에 의거한다. 서비스 조직의 전략은 서비스 공급자가 대상자들의 필요를 더 충족시킬 수 있다는 점을 전제로 한다. 그래서 서비스 전략은 서비스를 제공하는 것들을 구체적으로 드러낼 수 있으므로, '필요의 묶음(bundles of needs)'으로 제공하는 것을 쉽게 볼 수 있다.

필요와 자산

서비스 제공자는 일반적으로 적절한 서비스를 설계하기 위해 '필요 평가(needs assessment)'를 수행한다. 필요 평가는 '어려움에 처한' 동일한 사람들의 자원을 무시한다. 보다 균형 잡힌 접근법으로 동일한 사람들이 가진 자산, 강점, 자원을 결정하는 '자산 평가(assets assessment)'를 한다. '필요'만 바라본다면 커뮤니티의 중요한 자원은 간과된다.

예를 들어, 저소득층 지역에 대한 전통적인 '필요 평가'를 수행하는 대신 조직자 셰릴 바르도는 자산을 조사해서, 다음과 같이 보고했다.

> 그랜드대로는 시카고의 사우스사이드에 있는 36,000명의 가난한 아프리카계 미국인 커뮤니티이다. 실업률은 34%이고 아이들 82%는 빈곤선 아래에 살고 있다. … 최근 조사에 따르면 그랜드대로에는 320개 이상의 지역 협회가 있으며, 동네 생활을 개선하기 위해 함께 일하는 시민조직들이 있다. … 교회 핸드벨 합창단에서 어머니 지원단에 이르기까지, 노인 모임에서 지역의 우편노동자가 조직한 청소년 단체에 이르기까지.
>
> - 셰릴 바르도, 「자산 관리」

태도(attitude)와 가정은 중요하다. 사람들이 필요를 가지고 있다고 가정하면, 그 필요를 채우기 위한 서비스를 제공한다. 동일한 사람이나 커뮤니티의 자산, 자원 또는 재능에 초점을 맞추면 자산과 자원을 사용하고 강화하는 방법을 찾는다.

옹호

전통적인 옹호(advocacy)의 관점은 사람들이 스스로 말할 능력이 없다고 가정한다. 옹호자들은 그들을 대신하여 말한다. 이러한 가정을 가진 옹호자는 사람들이 자신을 위해 스스로 말할 수 있는 기회를 간과할 수 있다. 즉 사람들이 스스로 뭔가를 하기 위해 기관의 복잡한 규칙을 이해하고 탐색하는 방법을 배울 수 있다는 점을 잘 인식하지 못할 수도 있다.

또한 이러한 옹호는 문제에 가장 가까이 있는 사람들로부터, 정책과 규정의 영향이 어떠한지 직접 배우는 것을 방해한다. 특히 가장 믿을만한 출처(기관에 직접적으로 영향을 주는 사람들)의 정보를 직접 대면했을 때, 권위 있는 사람들이 자신의 행동을 배우고 변화시킬 수 있을 거라고 여기는 것은 비생산적이다.

동원

동원(Mobilizing) 전략은 많은 수의 사람들이 대중의 관심을 끌게 되면 당국이나 여론에 영향을 미칠 것이고, 그에 따라 동원자들의 목적을 더 발전시킬 수 있다고 가정한다. 동원은 일부 매우 효과적이다. 그러나 조직자가 자주 실수하는 것은 진정한 변화를 위해 필요한 여러 힘들에 끌려서, 행동으로 가득한 계획만으로 동원을 대체하려는 것이다.

목적을 분명히 하기

동원, 타이밍, 목적, 목표 등 모든 것을 분명히 해야 하고, 모든 관계자들의 동의를 받아야 한다. 왜 지금 이 동원을 하는가? 어떤 이들은 주지사의 마음을 바꾸는 것이 목적이라고 생각할지도 모른다. 다른 사람들은 그 목적이 여론을 바꾸는 것이라고 생각할지도 모른다. 다른 사람들은 이미 확신하는 사람들에게 영감을 불어 넣는 것이라고 생각할 수도 있다. 당신이 원하는 것이 무엇인지 모른다면 성공은 도저히 불가능하다. 동원 전략을 고려하는 조직은 목적

을 명확히 하고 가정에 의문을 제기해야 한다. 조직은 다음과 같이
물어야 한다.

이 동원의 목적은 정확히 무엇인가? 회원들에게 영감을 불어넣
기 위해서? 언론의 관심을 끌기 위해서? 새로운 지지자들을 끌
어들이기 위해서? 공무원에게 영향을 미치기 위해서? 이 동원
으로 의도한 결과를 만들어낼 수 있을까? 또는 이 단체는 항상
해온 일이기 때문에 동원했을까?

동원의 목적이 공무원에게 영향을 미치는 것이라면, 그 당시 공
무원이 대중의 압력에 얼마나 취약한지를 분석해야 한다. 정치행사
를 유치하려는 시장은 협약 결정이 내려지기 직전에 동원하기 쉽다.

다른 때의 동원은 영향력이 적을 수 있다. 선거 시기의 공무원
은 신뢰할 만한 상대가 없는 후보자보다 대중 동원의 영향을 더 많
이 받을 수 있다.

전략의 실제 복잡성

조직은 전략을 혼합한다

조직은 여러 전략적 요소를 섞어서 사용할 수 있다. 조직 전략

을 가진 커뮤니티 조직은 도시락 배달 서비스부터 의사에게 데려가기, 이민 비자 문제가 있는 회원에게 법률 조언하기 등을 제공할 수 있다. 이러한 활동은 상호 지원과 공동체 의식을 촉진한다.

일부 옹호자들은 사람들이 스스로 말할 수 있는 기회를 최대한 제공한다. 법률 보조 변호사는 이를 '꼭대기(top)가 아닌 꼭지(tap)에 있는(언제든지 이용할 수 있는)' 것이라고 불렀다. 이 주문은 변호사들이 자신의 역할을 고객을 교육하고, 권한을 부여하고, 대신 옹호하는 것이라는 사실을 기억하도록 했다.

조직은 주택 소유 상담을 제공할 수 있고, 각 참가자가 조직에 시간 또는 일을 기부하도록 모든 노력을 기울일 수 있다. 조직 전략을 가진 그룹은 서비스를 제공할 뿐만 아니라 회원들의 참여를 개발하기 위해 노력한다. 즉 모든 구성원이 받을 수도 있고, 줄 수도 있다고 가정한다.

서비스 기관 내의 조직화 요소

때로는 서비스 지향적인 기관 내에서 조직화 전략의 요소를 위한 공간이 있다.

예를 들어, 노숙자 쉼터에는 노숙자들의 리더십을 개발하는 프로그램이 있을 수 있다. 쉼터는 뉴스레터에서 자신의 이야기를 쓰는 법을 가르치고 격려함으로써 노숙자의 목소리를 키울 수 있다. 한 노숙자 쉼터는 노숙자가 쉼터의 서비스를 설계하는 데 도움이 될 수 있도록 '자문 패널'을 만들었다. 그렇게 함으로써 참가자들은 그룹 촉진, 협상, 그리고 다른 기술을 배웠다. 쉼터는 또한 노숙자를 그룹

옹호에서 조직화까지

강력한 조직은 효율성을 기준으로 시간이 지남에 따라 전략을 변경한다. 나는 한때 지역개발회사에서 일을 했는데, 그 회사는 몇 년 동안 옹호 전략을 이용해서 저소득층 지역의 비즈니스 구역을 개선했다. 이 그룹은 잘 교육받은 몇 명의 동네 리더들의 전문성과 시청과의 개인적인 접촉에 의존했다. 그러나 조직이 성장함에 따라 리더들은 지역에 영향을 미치는 많은 문제가 조직으로부터 영향을 받지 않는다는 사실을 깨달았다. 여성들이 빈 공간에서 강간당하는 사건이 발생했다. 버려진 건물들이 비즈니스 구역에서 불과 몇 블록 떨어진 거리에 흩어져 있었다. 메인 도로에는 새로운 건물이 있었고 오래된 건물 중 일부는 개조되었지만 주민들의 생활은 개선되지 않았다.

반성이 일어나면서, 이웃 주민들의 삶을 개선할 수 있으려면 더 많은 힘이 필요하다는 것을 깨달았다. 시청을 통해 이용할 수 있는 힘의 양은 잘 교육받은 몇몇 지역사람들의 접촉만으로는 충분하지 않았다. 그래서 조직에 더 많은 조직화 전략을 도입하기로 했다. 이런 움직임은 많은 새로운 주민들을 '꼭두각시 리더'가 아니라 멤버와 리더로서 조직에 끌어들이는 데 필요한 것이다.

변화와 혼합 전략의 한계와 과제

이러한 변화는 조직에 대한 새로운 방향뿐만 아니라 조직에 투입된 시간과 돈에 대한 상당한 투자가 필요하다. 옛 '리더—옹호자'의 입장에서는 이 새로운 전략이 조직에서 자신의 힘과 지위를 포기해야 하는 완전히 새로운 사고방식과 의지를 의미했다. 이는 새로운 조직 활동가에게 주택개발 근무자와 동등한 보수를 지불해야 한다는 것을 의미했다. 임금 인상이 없다면 조직화 작업은 덜 중요한 것으로 보일 것이다(실제로도 그렇다!). 새로운 건설을 위한 개발 협상을 마무리 할 필요성을 앞두고서, 이사회 구성의 변화와 제안된 개발 협상에 지역주민의 의견을 수렴하여 속도가 느려지는 등의 우선순위의 변경을 의미했다. 또한 이사회 회의 및 기타 회의에서 사용되는 문화, 의사소통, 언어 방식에 변화가 있어야 했다. 새로운 조직 구성요소를 추가하는 것 이상의 의미가 있었다. 전체 조직은 변화해야 했다. 쉽지도, 빠르지도 않을 것이다.

지역의 요구를 해결하도록 시청을 설득할 수 있는 소수의 지역 '옹호자들'의 옹호 전략에서 나온 덜 안정된 힘에 비해, 조직을 위한 급여지급은 투표를 한 많은 신입 멤버를 바탕으로 했기 때문에 더 큰 힘이었다. 확장된 지역 기반에서 성장한 새로운 힘은 결국 점점 더 큰 지역개발의 기회로 이어질 수 있다. 하지만 이것은 조직의 일상적 관행을 포기하는 대가를 치르고서 달성할 수 있으며, 결국 장기적으로는 이익이 될 것이다.

스토리

노숙자 쉼터의 조직자

아일라(가명)는 보스턴의 라틴계 여성들을 위한 임시 피난처에서 3개월 동안 조직자로 일한 후, 피난처에서는 스트레스가 독신 부모의 공통된 문제라고 지적했다.

아일라는 모든 사람들과 함께 그들이 공유하고 있다고 생각하는 문제에 대해 직접 이야기하기보다는, 그들이 해결책을 생각해내는 편이 낫다고 여겨서, 일단 몇 사람과 이야기를 나누고 나서 다른 사람들과 이야기해 볼 것을 요청했다. 이렇게 하면 사람들은 이것이 공유된 문제인지 다른 사람들이 그것에 대해 어떻게 생각하는지를 밝혀내기 위한 작업을 수행할 것이다. 아일라의 이러한 행동으로부터 여성들은, 자신의 우려를 해결하는 방법에 대해 자신들 스스로 아이디어를 생각해내는 게 중요하다는 점을 이해했다.

시간이 지날수록 아일라는 긴장했다. 그녀는 만연한 스트레스 문제에 대한 해결책 제시가 이루어지지 않을 수도 있을 거라고 여겼다. 2주 후, 여성들은 YMCA에 가서, 피난처 여성들을 위한 회원 할인 혜택을 요청하고, 운동을 하기 위해 Y에 가기로 결정했다. 운동은 스트레스를 줄이는 효과적인 방법이다. 그들은 아일라에게 이 해결책이 어떠한지와 그녀가 가서 이 요청을 YMCA에 해줄 것인지를 물었다. 그녀는 피난처 여성들이 말하고 싶은 것을 연습하도록 돕겠다고 했지만, 스스로 잘할 수 있기 때문에 그럴 필요가 없다고 했다. 그래서 (옹호자로서) 그들을 위해 말하는 대신, 아일라는 코치(조직자) 역할을 했다. 그룹이 대표자로 내세운 여성들을 도와서 YMCA의 회원 담당 관리자에게 해야 할 말을 연습했다.

아일라는 옹호자보다는 코치로 봉사함으로써 그룹 회원들이 자신이 원하는 변화를 달성할 수 있음을 이해하도록 했다. 만약 그녀가 그들을 위해 대신 말을 했다면, 아일라가 그것을 가능하게 한 것이지, 자기 스스로 그 목표를 달성할 수 없을 거라고 믿었을 것이다.

아일라의 조직화 결과로, 그룹은 YMCA 회원 자격을 확보했다. 이 여성들과 아일라는 여성들에게 새로운 기회를 창출하는 선례를 남겼다. 스스로 조직하는 힘을 가짐으로써, 자신의 삶과 다른 여성의 삶에 긍정적인 변화를 줄 수 있었다. (에밀리 위츠먼-로젠바움의 사례 연구에서. 이 사례의 다른 버전은 유대인 조직창립 뉴스레터에 실렸다.)

에 데려 와서 주 및 연방 주택 정책에 대해 교육하고, 주 대표 및 민간 서비스 기관 리더들과의 회의를 통해, 주택 정책의 변화를 옹호하기 위한 조직화 전략을 사용했다.

조직화 전략의 주요 목표는 리더를 계발하고, '조직의 철칙(스스로 할 수 있는 일을 절대 대신하지 마라)'을 실천하는 것이다. 서비스 중심 조직에서는 이런 종류의 리더십 계발을 실행할 수 있는 기회가 있을 수 있다.

이러한 조직화 전략의 사용은 한 명의 스태프가 그것을 사용할 수 있는 기술과 통찰력을 가지고 있었고, 조직이 그렇게 하는 걸 허용했기 때문에 서비스 조직 내에서 발생했다. 그러나 그것은 조직의 사명이나 일상 업무의 필수적인 부분이 아니었다. 이러한 '조직화'는 특별한 개인의 존재와 이 사람이 규범적 조직 관행 밖에서 활동할 수 있도록 허용하는 조직의 의지에 달려 있다.

더 깊이 들여다보기

조직의 실제 전략을 이해하려면 신중한 관찰이 필요하다. 조직은 조직화 전략을 사용하는 것처럼 보일 수 있지만, 신중한 검토를 통해 다른 일을 할 수도 있다. 회원 기반 커뮤니티 조직이 실제로는 상근자 중심일 수 있다. 내 동료 호러스 스몰은 이를 '꼭두각시 리더'라고 부르는데, 그런 것일지도 모른다.

어떤 조직이 실제로 어떤 일을 하고 있는지를 주의 깊게 살펴봐야 한다. 위에서 설명한 것처럼 회원 기반 커뮤니티 조직은 조직화 전략을 사용하는 것처럼 보일 수 있지만, 서비스 전략을 사용하는 것처럼 보이는 노숙자 쉼터가 더 실제적인 조직화를 수행하고 있는 것이다.

시대별 전략

나는 조직을 문제를 해결하고 세상을 변화시키는 가장 효과적인 전략으로 묘사하지만, 다른 전략들이 더 이해가 되는 때가 있다. 시간이 한 가지 요소이다. 배고픈 사람들에게 장기적으로 기아 문제를 해결할 수 있는 큰 조직을 만들 때까지 기다리라고 요청하는 사람은 아무도 없다. 누군가 추방당할 경우, 훌륭한 변호사를 고용하고 그 사람이 추방을 피할 수 있도록 고전적인 옹호전략을 사용하는 것이 합리적이다(나는 중산층의 믿음을 가진 이런 사람을 목격했

스토리

조직화는 겉모습 이상이다

지역사회 단체는 이슈를 해결하기 위해 모든 시의회 의원을 회의에 초대했다. 단 한 명만 초대에 응했다. 나는 그녀를 데려오는 자원봉사 운전사였다. 우리는 회의장에 도착해서 재빨리 건물 지하로 안내되었다. 회의 테이블이 있는 위층으로 안내되기 전에, 15분 동안 딱딱한 플라스틱 의자에 앉아 있었다. 그 그룹의 리더들은 의원 맞은편에 앉았다. 한 젊은이가 무리를 헤치고 달려가 리더들의 귀에 대고 속삭이고 종이를 나눠주었다. '리더들'은 의원에게 자신의 입장을 지지할 것인지를 물었다. "예, 아니오? 대답이 뭔가요?" 그들이 물었다.

의원은 그 이슈의 복잡성을 설명하려고 노력했다. 그녀가 설령 동의한다고 해도, 그들이 원하는 결과를 얻지 못할 것이라고 했다. 리더들은 그저 "예, 아니오, 대답이 뭔가요?"를 반복했다.

비우호적인 선출직 공무원이 질문을 회피하는 경우가 있다. 여기서는 그런 경우가 아니었다. 조직자는 방 안을 돌아다니며 회의를 조직하고 있었고, '리더'는 시의회가 어떻게 운영되고, 이 의원이 누구이며, 이슈가 무엇인지를 거의 또는 전혀 이해하지 못하고 있다는 것이 분명했다. 표면적으로 조직화 전략을 가진 회원 기반 조직인 이 그룹은 고전적인 직접행동(direct action) 전술을 사용하고 있었다. 하지만 리더들은 이끌고(leading) 있지 못한 게 분명했다.

다.). 어떤 사람은 엘살바도르에 있는 보건소를 재건하기 위해 수천 킬로미터를 날아가고자 수천 달러를 기꺼이 지불할 수는 있지만, 주지사에게 보험이 없는 이웃들을 위한 의료비를 지원해달라고 요청하고 싶지는 않았다. 그런 경우라면 사람들이 실제로 하려고 하는 바를 따라가야 한다. 엘살바도르에서의 동기와 노력을 지원하고, 엘살바도르에 있는 그 주간 동안에 그들이 성찰하고, 배우고, 계획하는 것을 도와주어야 한다. 그들이 중미에서 보는 것과 미국에서 볼 수 있는 것 사이의 연결고리를 만들 수 있도록 도와준다.

나는 이런 활동을 본 적이 있다. 여러 가지 '서비스 프로젝트'를 위해 저개발국에 간 사람들을 많이 알고 있다. 그들이 그곳에서 만난 것은 그들이 자라면서 믿었던 것과는 완전히 달랐다. 집으로부터 멀리 떨어져 있는 그 여행에서 배우고 반성할 시간을 가질 수 있었다.

그들은 가난한 사람들의 구체적인 조건을 바꾸도록 영감을 받았고, 자신의 정부에 대한 다른 견해를 가지고 돌아왔다. 때로는 집에서 멀리 떨어져서 봉사(그리고 학습)를 하고, 돌아올 때는 무엇을 할 수 있는지를 배운다. 하지만 이것은 누군가(바로 당신!) 서비스 프로젝트에서 진행되는 배움에 주의를 기울이고, 집중적이고 지속적인 후속조치 속에서 학습이 확장될 때에만 발생한다.

서비스를 넘어서고자 하는
서비스 조직을 위해

　일부 조직은 개인에게 서비스를 제공한다. 조직을 보다 폭넓은 도움을 주는 비전으로 옮기고 싶을 수도 있다. 어떻게 이 단체가 개인적인 도움을 제공하는 것 이상으로 더 많은 사람들을 도울 수 있도록, 자신의 공식 정책을 바꿀 수 있을까?

보다 폭넓은 비전을 수용하도록 서비스 조직을 돕기

　당신은 많은 질문을 함으로써 개인을 돕는 것에서 사람들을 돕는 것으로, 조직을 움직이기 시작한다. 이 변신에 어떻게 접근할 수 있는지를 다음 질문을 통해 제안한다. 새로운 방향을 파악하기 위해서는 그룹이 함께 성찰, 분석, 의사결정 과정을 거쳐야 한다(또는 기존 방향을 재확인해야 한다). 이 책에서 설명한 방법을 사용하여 이 과정을 수행할 수 있다.

　1. 기본적인 질문부터 시작한다.

　"우리 조직은 구성원(또는 고객client)에게 개별 서비스를 제공하는 것 이상을 하고 싶어 하는가?"

　이 질문은 당신이 누구이고, 무엇인지에 대한 핵심을 이루기 때문에, 충분한 시간을 할애해서 모든 관점이 드러나도록 해야 한다.

2. 첫 번째 질문은 다른 기본 질문의 맥락에서 논의되어야 한다.

"사람들의 삶에 영향을 미치는 조건을 바꾸는 것이 우리 조직의 사명과 일치하는가?"

조직이 서비스를 넘어서고 싶다면, 먼저 조직의 목적과 미션 작업을 명확히 해야 한다(필요하다면 미션을 수정할 수도 있다.).

서비스 범위를 넘어서서 확장하지 않겠다고 결심한다면, 그러면 상관없다. 집단은 자신의 조직에 속한 개인들을 돕고 싶을 뿐, 더 많은 활동을 할 시간과 관심, 자원이 없다고 단언하는 것이 좋다. 모든 조직은 효과를 내기 위해 경계를 설정해야 한다. 미션, 목적, 경계는 조직 구조의 중요한 부분이다.

3. 조직이 직접 서비스 제공을 통해 도달할 수 있는 것보다 더 많은 사람들에게 영향을 미치고 싶고, 생활 조건에 장기적인 영향을 미치고 싶다면, 회원과 리더는 더 깊이 파고들 필요가 있다. 어떻게 해야 더 효과적인 조직화를 하는지를 알아내야 한다.

"사람들을 위한 체계적인 변화를 만드는 데 장기적으로 어떤 강점과 기술이 있을까? 어떤 조직화 전략이 조직에 더 효과적일 수 있을까?"

예를 들어, 조직의 한 구성원이 직장을 잃고 실업수당이 바닥난 경우, 조직은 현재 수당 혜택이 끝난 모든 구성원에게 실업수당을 연장할 수 있는가? 주정부의 실업기금이나 정책을 바꾸는 데 도움이 될 수 있는가?

재산세 인상 때문에 한 노인부부가 자신의 집에 머무는데 문제가 발생했다면, 조직은 재산세 폭등에도 불구하고 모든 저소득층 거주자가 집에 머무를 수 있도록 정책을 개발할 수 있는가?

조직이 개인의 시급한 문제를 돕는 것에서부터 많은 사람들이 평생 개선에 관한 사안을 돕는 방법에 이르기까지 그 방법을 알아내려면, 다음의 핵심 질문에서 비롯하여 많은 질문을 해야 한다. 다음은 몇 가지 예이다.

- 어떤 문제나 불평등을 조직을 통해서 해결하고 싶은가?
- 이런 방식은 우리의 강점과 전문성을 어떻게 구축하는가? 과거에 우리가 해왔던 방식과 어떻게 연결되는가?
- 비슷한 상황에 처한 사람이 또 누구인가?
- 모든 사람에게 도움이 될 만한 것은 무엇인가?
- 우리 집단은 어떤 힘을 가지고 있는가?
- 이 특정 정책을 효과적으로 바꿀 수 있는가?
- 우리가 원하는 것을 성취하기 위해 누구와 함께 할 수 있을까?

4. 또한 서비스에서 장기적인 솔루션으로 전환할 경우 조직의 위험을 살펴봐야 한다.

"이 변화에서 우리가 잃을 수 있는 것은 무엇인가? 이러한 손실을 기꺼이 받아들일 것인가?"

다음 질문을 참조한다.

- 현재 조직에서 정치적 또는 정책 지향적인 영역에 진입하면 누가 패배할까?
- 지금 당장의 도움은 즉각적인 만족감을 주지만, 장기적인 캠

페인은 그렇지 못하는데 그것을 기꺼이 수행할 수 있는가?

• 자금 조달에 어떤 의미가 있는가? 그리고 그 변화를 관리할
수 있는가?

5. 답이 여전히 '예'이고 앞으로 장기적인 해결책을 제시하고자
한다면, 당신의 접근 방식을 계획할 준비를 해야 한다.

"보다 체계적인 방법이 어떤 효과가 있을까? 그래서 장기
적으로 어떤 변화를 만들어낼 수 있을까? 우리가 제공할 수
있는 가장 효과적인 도움은 무엇인가?"

답을 생각해내기 위해서, 이 질문을 다시 하위 질문으로 분류해
야 한다.

• 우리의 목적(goal)은 무엇인가?
• 우리의 구체적인 목표(objective)는 무엇인가?
• 그 문제에 가장 가까이 있는 사람은 누구인가?
• 어떻게 하면 그들에게 조언과 제안, 경험을 구할 수 있을까?
• 그들은 좋은 해결책은 무엇이라고 생각하는가?
• 그들은 우리가 무엇을 하길 바라는가?

일단 이 질문을 신중하게 다루고(이런 식으로 대대적인 변화를 겪
으면, 모든 질문을 처리하는 데 꽤 시간이 걸린다), 조직 전략을 조직의
업무에 통합할 준비를 한다. 이 모든 질문에 답하는 것의 강력한 이
점은 새로운 방향으로 '회원 주도성(member ownership)'을 만들어가
고 있다는 것이다. 또한 조직의 모든 관련자들에게 이 변화를 함께
추진하자고 요청하는 것이다.

서비스와 조직에 대한 개인적 고찰

이 연습은 자신의 동기, 조직의 초점, 조직의 구조와 문화에 내포된 운영 가치와 가정, 그리고 업무의 영향에 대해 생각하도록 하기 위해 디자인되었다. 각각의 질문에 대한 답을 비교하라. 순수한 서비스와 순수한 조직화 전략이 어떻게 동일한 질문을 다루고 있는지를 설명한다. 각 질문에 대해, 유사점과 차이점에 대해 비교한다.

여기에 쓰인 것은 지나치게 단순화되어 있으나 현실은 훨씬 더 복잡하다. 이 연습의 목적은 '서비스 대 조직화'의 측면에서 자신의 활동에 대해 생각하도록 하는 것이다. 따라서 둘 사이의 구별이 강조된다. 그 의도는 현실의 복잡성을 모두 설명하기 위해서가 아니라, 조직이 사용하는 전략에 대한 이해도를 높이는 데에 있다.

❶ 나는 왜 이 활동을 하는가?

서비스 : 개인적 성장만을 위한 것이다.

조직화 : 그룹의 일원으로 다른 사람의 리더십을 계발하는 것이다.

❷ 다른 사람에게 사용하는 기술(skill)은 무엇인가?

서비스 : 요령 기술 (독서, 컴퓨터 교육, 건강 교육 등)

조직화 : 비판적 사고, 그룹 프로세스, 정치적 인식, 협상, 전략, 캠페인 계획

❸ 나는 무슨 방법(method)을 사용하는가?

서비스 : 도움을 요청하는 사람들을 돕는 기관의 개인적 자원봉사자 또는 전문가

조직화 : 회원기반 조직 및 그룹을 조직화. 공적인 협상을 수행하기 위한 풀뿌리
　　　　리더십 계발 등

❹ 문제를 어떻게 확인하거나 선택하는가?

서비스 : 기관의 '필요 평가(needs assessment)'를 통해

조직화 : 커뮤니티와 개인 간 인터뷰에 의해 민주적으로 그리고 공개적으로 결
　　　　정되는 우선순위를 통해

❺ 누가 이 프로젝트를 '소유'(own)하는가?

서비스 : 기관 및 개인이 서비스 제공

조직화 : 회원 기반 커뮤니티 조직

❻ 프로젝트의 책임은 누구에게 있는가?

서비스 : 기관과 기금 제공자에게
조직화 : 지역사회 조직에게

❼ 나의 자기이익(self-interest)은 무엇인가?

서비스 : 사람들을 돕는 것, 개인의 기술 개발로 인한 좋은 기분
조직화 : 사람들의 리더십을 개발, 신념이나 분노로 인한 행동, 힘의 관계를 변화
　　　　시키는 것에 대한 좋은 기분

❽ 이 활동의 발전이 시민생활과 무슨 관련이 있는가?

서비스 : 약간의 개입이나 변화
조직화 : 비즈니스 리더 및 공무원(시의원, 시장, 상원의원, 경찰관 및 정부 관
　　　　리자 등)과의 '공적 관계' 개발을 포함하여 시민생활과 친밀하게 연결
　　　　된다.

* 부분적으로 캘리포니아 주, 산 라파엘의 민주주의예술연구소의 토론 툴을 바
탕으로 했다.

미니²¹ 테스트

내가 영어에서 가장 싫어하는 낱말은 '동정(sympathy)'이다.

- 미니 자코비

전략과 미니 테스트

세상을 더 나은 곳으로 만들기 위해 사용할 수 있는 전략에 대해 생각할 때, 나는 미니 테스트를 사용한다. "이게 할머니를 어떻게 도울 수 있을까요, 미니?" 집에서 이야기를 들려주는 할머니에 대한 사랑을 섞고, 어린 소녀나 젊은 여성으로서 더 나은 삶을 살 수 없었던 세상에 대한 분노를 섞는다. 그리고 할머니와 같은 처지의 사람들이 수천 명이 있다는 것을 알고 있다.

동정 sympathy

미니는 동정을 원한 적이 없다. 어머니가 돌아가신 여덟 살짜리 가난하고 불쌍한 소녀를 동정하기는 쉬울 것이다. 돈이 없었다. 낯선 사람들과 함께 살아야 했다. 가능한 한 적은 돈으로 무슨 일이든 부릴 수 있는 일손으로 대하는 사람들을 위해 일했다. 도대체 무슨 도움을 줄 수 있을까? 누가 도와줄 수 있을까? 실제로 그녀에게 도움이 되는 것은 무엇이었을까? 오늘이라면 나는 이렇게 물을지도

실제적 도움을 확인하기

이 연습은 누군가의 생활을 개선하는 데 항구적인 도움이 되는 것을 알아볼 수 있다. 더 나은 미래를 상상하기 위해 이미 보았고, 이미 알고 있는 것을 그리는 방법을 보여준다.

❶ 미니 같은 누군가를 생각해 보라. 그 사람을 도울 수 있는 가족도, 자원도 없다. 누구를 생각하고 있는가?

----

❷ 그 사람에게 가장 도움이 될 만한 것은 무엇인가? 때로는 역사가 오늘날의 전략을 설계하는 데 도움이 될 수도 있다. 과거에 (개인적 경험이나 역사적 경험에서) 효과가 있었다고 판단하는 것을 살펴보는 게 도움이 될 것이다. 아니면 새로운 아이디어로 답해도 된다.

미니의 아버지를 위한 실업보험이 있었다면 미니를 도왔을 것이고, 그래서 그가 직장을 잃었을 때도 집에서 살 수 있었을 것이다.

모른다.

"어떤 전략이 그녀에게 가장 도움이 될까? 아니면 현재의 그녀 같은 사람들에게?"

미니를 실제로 도운 게 무엇일까?

다시 그때로 돌아가서, 할머니를 괴롭혔던 구체적인 것들을 떠올려 보았을 때, 노동조합이 도움이 되었다는 것을 알 수 있었다. 노조는 시간 제한 없는 화장실 휴식을 보장했다. 더 나은 임금을 받도록 그녀(그리고 다른 많은 사람들)를 도왔다. 공장에서 최악의 상황을 막았다. 그것은 동정이 아니라 진정한 도움이었다.

사회 보장과 의료보험이 도움이 되었다. 그 덕분에 돈을 모으고 의료 혜택이 가능했다. 나이가 들자 공공주택은 그녀에게 안전하고 저렴한 아파트를 주었다. 다른 일들도 어렸을 때의 그녀에게 도움이 되었을 것이다. 친절한 선생님들이라면 도움이 되었을 것이다. 아버지에게 좋은 보수를 주는 직업이 무엇보다도 도움이 되었을 것이다.

오늘날 할머니 같은 사람들을 도울 수 있는 것은 무엇인가?

미니 테스트를 해보시라. 미니나 비슷한 처지의 사람들을 돕는 행동, 프로젝트, 캠페인, 입법, 조직은 어떤가? 그녀에게 무슨 말을 할까? 엄마 없이 떠도는 어린 소녀를 위해 무엇을 할까? 교육을 받고, 살 곳을 찾고, 안전한 일을 하고, 재능을 사용하고, 세상에서 존중받는 느낌을 가질 수 있는 방법을 찾는 젊은 여성을 위해 무엇을 할 것인가?

11장

행동하기, 문제 해결하기, 결과 얻기

건축가가 낡은 아치를 고치고 싶다면, 그 위에 놓인 무
게를 줄이고 각 부분을 더 단단히 결합시켜야 한다.
– 빅터 프랭클, 『죽음의 수용소에서』
(청아출판사, 2012년)

행동이란?

행동이란 무엇인가?

조직마다 흔히 '행동(action)'이라고 부르는 프로그램이 있다.

1. 포럼이나 패널 : 이것은 교육적인 성격이다. 전문가들이 어떤 주제에 대해 토론한다. 목적은 참석자들을 교육시키는 것이다.

2. 공청회(Public hearings) : 이것은 대중이 어떤 이슈에 대해 증언할 수 있는 기회이다. 공청회는 공무원이나 지역사회 단체가 소집할 수 있다. 청문의 과정과 결과 모두에 영향을 주기 때문에 이 공청회를 운영하는 사람이나 조직은 중요하다. 시간 제한과 증언자를 결정하는 것은 회의 장소를 마련하고 회의 의장으로 봉사할 사람을 선정하는 것과 마찬가지로 중요하다.

3. 연구 활동 : 정보를 얻는 행동을 조직할 수 있다. 이것은 유용하다. 조직 구성원은 문제에 대한 정보를 얻기 위해 조직적으로 움직인다. 이는 공중보건부를 방문하여 마을의 식수를 통제하는 부서가 어디인지, 납 허용치가 무엇인지, 주택당국의 책임자와의 미팅에서 유지보수 예산 결정이 어떻게 이루어지고 다음 예산회의에서 누가 참석할 것인지 따위

를 알아 낼 수 있다. 이러한 유형의 프로그램은 나중에 더 긴박한 행동을 취해야 할 때에 필요한 정보를 제공하기 때문에 유용하다. 또한 이러한 행동은 조직 구성원을 교육하고, 그들에게 영감을 주며, 동기를 부여하는 중간 단계 즉, 그룹 동원의 단계이다. 회원들은 그 문제에 대해, 그들이 싸우고 있는 기관에 대해, 그리고 연구 활동에 참여함으로써 행동을 수행하는 것에 대해 많은 것을 배울 수 있다.

4. **책임 회의(Accountability sessions)** : 이것은 신중하게 조율된 공개 협상 회의이다. 여기서는 일반적으로 회의에 참석하는 사람들의 생활에 약간의 개선을 가져오는 사안에 대하여, 그 권한을 가진 사람(개인individual)에게 구체적인 질문을 한다. 이 행동은 시장(mayor)에게 학교 용품과 교과서에 지원금을 요청하는 공개회의일 수도 있다. 아니면 1,000명의 사람들이 은행장에게 저금리 대출을 요청하는 회의일 수도 있다. 주제가 무엇이든, 필수 요소는 공공 분야에서 특정 개선을 위해 전달할 권한(힘)을 가진 개인에게 요청하는 명확한 의제이다.

공공 또는 기업 당국과의 대면 협상은 권력이 절대적이지 않다는 가정에 근거한다. 즉 이 책임 회의는 권력 있는 사람들이 영향을 받을 수 있으며, 특정 요청을 하는 사람들과 개인적으로 마주 대할 때, 행동이나 결정을 바꿀 수 있다고 가정한다. 또한 책임 회의는 많은 수의 조직적이고 훈련된 사람들이 요청을 할 때 권력 있는 사람들이 그러한 요청에 동의할 가능성이 더 높다고 가정한다. 이러한 접근법은 대중들이 권력 있는 사람에게 영향을 미치고, 조직의 힘은 회의에 모인 사람들의 수에 직접 비례한다는 명제(경험적으로 입증된)에 의존한다. 또한 그러한 회의는 참석하는 사람들에게, 자신의 생활과 관련 있는 결정에 영향을 줄 수 있다는 느낌과 자신의 행동력에 대한 자신감을 갖게 한다. 이것은 행동(action)의 중요한 목적인 그룹을 강화시킨다.

스토리

원하는 것을 요청하다

보스턴 공립학교 학생들은 몇 년 동안 더럽고 냄새 나는 화장실에 대해 불만이 많았다. 화장실에는 문이 없었다. 화장지도 없었다. 청소를 거의 하지 않았다. 학생들의 불만 목록 1위는 냄새 나는 화장실이었다. 그래서 '보스턴 청소년조직프로젝트'는 고등학생들을 조직하기 시작했다. 몇 주와 몇 달 간의 계획과 모집을 거친 후, 그들은 교회에서 개최된 회의에 장학사를 초청했다. 그 자리에는 50명이 넘는 학생들을 모였다.

장학사는 조교 두 명과 함께 왔다. 학생들은 질서정연하고 조직적이었다. 날짜, 시간을 제시했다. 학생들은 화장실 사용 경험을 발표하고 구체적인 날짜와 시간을 제시하며 화장실 개선을 요구했다. 장학사는 매우 구체적인 약속을 하지 않을 수 없었다. 특정 날짜까지 학교의 화장실을 고치는 것에 대해 그는 동의했다.

학생들의 연구와 질서 정연, 디테일에 대한 관심은 그들의 구체적인 요청과 많은 수의 학생, 성직자 및 기타 지역사회 구성원의 존재와 함께, 그들이 원하는 것을 얻었다.

책임 회의는 회원들에게 책임감을 갖게 한다

나는 최근 1,000명의 모임에 참석했다. 이 회의는 보험에 가입하지 않은 수십만 명의 사람들에게 건강보험을 마련하기 위한 주 법안을 통과시키고자 노력하는 단체가 소집한 것이었다. 계획은 건강보험 계획을 승인하는 안을 주 전체 투표에 부치는 것이었다.

투표가 성사되려면 무려 4만 명의 서명을 받아야 했다. 대회장 연단에 있는 리더들은 200명의 사람들에게 200개의 서명을 받겠다는 서약 카드에 서명하도록 요청했다. 그런 큰 회의에서 대회장에 있는 1,000명의 힘이 느껴졌고, 사람들은 한껏 고무되었으며, 큰 책임감을 가지게 되었다. 나는 카드에 서명했다.

다시 말하지만, 책임은 세는 것(counting)을 의미한다. 투표가 가능하려면 2만 명이나 2,000명, 심지어 3만 8,000명이 아닌 딱 4만 명의 서명이 필요하다. 그렇기 때문에 모든 노력을 다하여 200명에게 서명을 받겠다는 약속을 지키고 싶었다.

목적!

프로그램이나 행동이 무엇이든, 중요한 것은 행동의 목적이다. 행동의 첫 번째 규칙은 다음과 같이 묻는 것이다. 목적이 무엇인가?

이기는 것은 옳은 것 또는 의로운 것과 다르다

저렴한 주택 옹호자그룹은 임대료 인상에 화가 났다. 그들은 동정심 많은 시의회 의원들에게 찾아가서, 임대료 통제 규정을 작성했다. 11명의 의원 중 4명이 그들을 지지했다. 그들은 투표를 요구했고, 투표 결과 패배했다. 그들은 "부끄럽다, 부끄러워!"라고 소리쳤지만, 투표 결과 뒤집을 수는 없었다. 자신들이 옳다고 생각했고, 반대표를 던진 사람들은 틀렸다고 생각했다. 타협을 위한 협상에 시간을 할애하지 않았다.

목적을 명확하게 하고 서면으로 적어라. 너무 많은 집단이 특정한 행동을 취한다. 왜냐하면 항상 그렇게 행동을 했기 때문이다. 효과가 없을 수도 있지만, 습관은 더 이상 효과가 없을 때까지 남아있고 아주 천천히 사라진다.

'올바른' 사람이 된다는 것은 이길 거라는 뜻이 아니다. 승리는 옳은 것과는 다르다. 이 사례의 경우, 이기는 것은 그들이 가지고 있지도 않은 의원의 과반수가 필요했다. 어떤 사람들은 자신이 효과적이고 싶어 하는 것보다, 더 옳고 싶어 하기도 한다. 불행히도, 그들의 행동은 도시의 임대료 인상에 아무런 영향을 끼치지 못했다.

긴장과 행동,
그리고 변화

사회적 변화나 개선 프로젝트라면 행동이 필요하다. 행동은 긴장을 고조시킨다. 긴장이 고조되지 않으면 아무것도 변하지 않는다.

행동은 선거나 보이콧, 기자회견, 집회, 토론회 또는 사회 변화에 영향을 미치는 다른 활동, 권한을 가진 사람과의 만남일 수 있다. 조직자의 임무에는 리더에게 행동을 계획하고 수행하는 방법뿐만 아니라 행동을 평가하고 배우는 방법도 포함된다.

행동은 대립과 대면하길 요구한다

억압적인 사회 구조는 당국이 자비로 가장하고, 불평등 해소를 너무 복잡하게 정의하고, 아버지의 자비에 관한 동화 속에 진정한 이해 상충을 숨김으로써 부분적으로나마 유지된다. 따라서 조직자는 대립과 갈등을 추구한다. 조직자는 분쟁 상황에서만 문제가 명확해지고 실제 이익이 더 이상 위장되지 않는다는 것을 안다. 분쟁 상황에서만 강력한 거짓말의 수사학이 노출되고, 운동의 동원이 가능해진다. 조직자는 전면적 충돌이 아직 시기상조라는 점을 알고 있다. 즉 일부 회원들과 잠재적 회원들이 두려움에 빠진 나머지, 자신들의 "진정한" 이익에 반하여 권력 측을 선택하게 되는 극단에 빠지게 될 수도 있기 때문이다. 그리고 위기 상황은 즉각적인 결정을 내리기를 요구하기 때문에 결과적으로 의사결정에 참여하는 것이 좁아진다. 하지만 새로운 리더십은 여기에서 시험을 받는다.

— 리차드 로드스타인, 『What is an Organizer?』(1974년)

행동은 모순을 밝힌다

조직자들은 극적인 방식으로, 사람들이 어떻게 대우 받아야하는지에 대한 일반적인 가정과 그들의 현실 생활조건 사이의 모순을 확실히 드러낸다. 그래서 세입자들이 시청으로 아파트에 사는 쥐를 가져온 이유가 이것 때문이다. 정치인들이 필요한 서비스를 줄였을 때, 장애인들이 국회에 진을 치고 있는 것도 바로 이 때문이다. 시민들은 전국에서 오염된 식수 샘플을 의회에 가져온다. 사람들이 집에서 쥐와 함께 살거나, 기본적인 서비스에 접근할 수 없거나, 수도꼭지에서 오염된 식수가 쏟아져 나오는 것이 사회적으로 받아들여지지 않는다는 것을 알고 있다. 하지만 이런 조건들은 실제로 존재한다. 대부분의 사람들은 그런 조건을 직접 보지는 못한다. 행동을 통해서 눈으로 보여주고, 모순을 분명하게 드러내는 것이다.

행동은 학습을 위한 경험이다

사람들은 행동을 통해 배운다. 행동과 당연한 반작용이 없으면 어떤 상황도 개선되지 않는다. 사람도 변하지 않고, 배우는 것도 없다. 학습과 개인 성장은 조직 내에서 발생한다. 개별 회원은 조직의 다른 사람들을 가르치고 배운다. 그런 다음 조직 자체가 배우고, 이 학습은 조직의 규범과 문화의 일부가 된다.

조직자들은 사람들이 숨겨진 현실을 볼 수 있도록 학습 경험을

아프더라도 진실을 배운다는 것

나는 보스턴 외곽의 작은 도시, 말덴에 있는 프랭클린가 공공주택 개발의 저소득층과 함께 하는 빈곤퇴치 기관에서 새로운 VISTA(Volunteers in Service to America) 조직자를 훈련시키고 있었다. 시 정부는 이 지역에 기본 서비스를 제공하지 않았다. 이 공공주택 개발의 대부분의 사람들은 유권자 등록을 하지 않았다. 그 당시 유권자 등록을 하기 위해서는 시청에 가야하거나, 아니면 유권자 등록 담당자가 자기 지역에 오도록 요청하는 서류 양식에 20명의 서명을 받아야 했다. 양식을 얻기 위해 시청으로 갔다.

연방 정부의 통제로 인해 VISTA 자원봉사자는 유권자 등록을 원하는 사람을 직접 도울 수 없었다. 그러나 공공주택 거주자에게 관련법을 알리고, 유권자 등록 신청서를 어디서 얻을 수 있는지는 알려줄 수는 있었다. 공공주택 개발의 거주자 대표는 시청의 유권자 등록 담당자를 만나러 갔다. VISTA 조직자와 나는 길 건너편 커피숍에서 기다렸다. 세입자 대표는 나중에 커피숍에서 등록 담당자와 어떻게 만났는지 자세히 말해 주었다.

"안녕하세요." 그녀가 말했다. "나는 프랭클린가에서 왔어요. 유권자 등록 신청서를 원하는데요, 유권자 등록을 위해 누군가 내려왔으면 좋겠어요."

"아, 프랭클린가에 있는 사람들은 절대 투표하지 않아요. 시간 낭비하고 있네요. 절대 투표 안 할 거예요. 모두 게으르잖아요. 하루 종일 앉아서 술 마시고, 문제를 일으키고, 세금을 축내죠. 모두 소용없어요."

프랭클린가에서 온 여자는 깜짝 놀랐다. 그녀는 무슨 말을 해야 할지 잘 몰라서 간신히 등록 서류를 집어 들고 시청을 빠져나왔다.

나는 등록원이 이런 말을 할 거라는 걸 알고 있었다. 그래서 시청 건너편 가게에 자리를 잡고 있었던 것이다. 여성이 커피숍으로 들어왔다. 그녀는 완전 좌절했다. 그런 식의 말을 들어 본 적이 없었던 것이다. 무슨 일이 일어났는지, 왜 그런지를 살펴보는 데 한 시간이 넘게 걸렸다. 우리는 그 시청 직원이 그녀를 포함한 공중을 위해 일하고 있고, 실제로도 그녀는 직원의 봉급을 지불할 세금을 납부했다는 점을 지적했다. 아무도 그 따위 식으로 이야기할 권리가 없다고 말했다. 차츰, 세입자 대표는 우울해하기보다 분노가 치밀어올랐다. 그녀는 짜증이 나서 뭔가 하고 싶었다. 그래서 등록 서류에 20명의 서명을 모두 받고, 프랭클린가의 사람들이 투표하게 해서 등록 담당자에게 보여주기로 결심했다.

촉진한다. 이것은 대면 상호작용을 통해 가장 효과적으로 발생한다.

사람들은 감정에 영향을 끼치는 진실을 보여주기보다, 생각을 바꾸고자
분석을 하기 때문에 자신이 하는 일을 잘 바꾸지 않는다.
- 존 P. 코터, 「The Heart of Change」(2002년)

조직자들은 그런 대립을 추구한다. 경험상, 나는 그 등록 담당자가 공공주택에서 온 그 여성을 어떻게 대할지 잘 알고 있었다. 나는 그녀가 그런 식으로 대우받기를 바랐다. 그것이 그녀가 마땅히 대접받아야 할 방식이 아니라, 그것이 공무원이 보여주는 이미지의 현실이기 때문이다. 공식적으로 드러내지는 않지만 등록 담당 공무원의 실제 생각이 그러하다는 점이다. 내가 세입자 대표에게 "시청 공무원들이 당신을 별로 존중하지 않을 거예요!"라고만 말했다면 그 사실을 깨닫지 못할 것이다. 내가 그녀에게 말하는 것보다, 등록 담당자가 그녀의 면전에 대고 직접 말하는 것을 듣는 것이 전혀 다른 효과를 발휘한다.

행동을 위한 팁

행동과 반응

이 행동으로 프랭클린가의 공공주택 대표는 시청의 자비의 가면을 폭로한 다음, 리더십을 테스트할 수 있는 기회를 가졌다. 그렇게 불리는 것에 그녀는 어떻게 반응할까? 어떤 기분일까? 그녀가 무엇을 할 것인가? 그녀는 유권자 등록 담당자를 동네로 데려오기 위해 필요한 서명을 받았다.

습관적으로 행동하는 방식과는 다른 방식으로 배우고 발전하기 위해서는 개인적인 경험이 필요하다. 휴식을 취하는 신체는 계속 쉬고자 하는 경향이 있다. 아이작 뉴턴 경이 그것을 발견했다. 움직이는 신체는 계속 움직이려는 경향(관성의 법칙)이 있다. 뉴턴의 관성과 운동의 법칙을 이용해서 사람들을 움직이게 하고 계속 움직이게 한다. 우리는 변화를 만들고 배우기 위해 일상적인 일과를 벗어나 경험해야 한다. 그런 다음 시간을 들여서 그 경험을 평가하고 배우고 더 많은 행동, 우리의 생활과 지역사회의 개선, 더 큰 학습으로 나아갈 필요가 있다.

원하는 바를 물어보자

행동은 협상과 관련이 있다. 기금 모금에서처럼, 요청하지 않으면 받지 못한다. 질문은 당신이 요청하는 사람에게서 긴장과 반응을 불러일으킨다. 긴장과 반응은 변화를 위한 힘이 될 것이다. 반응이 아무런 행동이 아니더라도, 긴장만으로도 일종의 변화가 일어날 수 있다. 변화는 조직 내에서(변화를 가져오는 다른 행동을 위한 재구성) 또는 당신이 직면하고 있는 사람이나 기관에서, 또는 당신이 조직하고 있는 주변 커뮤니티에서 일어날 수 있다.

　이것이 뉴턴의 제3법칙(작용과 반작용의 법칙)이 들어선 곳이다. 모든 행동에 대해, 동등하거나 반대되는 반응이 있다. 반응을 원한다면 행동을 개시해야 한다. 원하는 것을 요구하면, 어떤 일이 일어날지 확신할 수 있다. 그 반응이 무엇인지 정확히 이해하는 데는 시간이 걸릴지 모르지만, 당신이 행동을 취하면 효과는 있을 것이라고 확신한다.

경험을 평가하기

　한 사람에게만 행동을 경험하도록 방치하지 마라. 비록 당신이 상대하는 사람과 직접 대면하는 사람이 몇 명밖에 없을지라도, 그것이 집단 경험인지를 확인하라. 행동에 앞서, 경험을 평가하기 위해 만날 시간과 장소를 확인하라. 우리는 프랭클린가의 리더가 겪은 경험이 힘들 것이고, 그 경험을 함께 평가하는 것이 중요하다는 것을 알고 있었기 때문에 커피숍에서 미팅을 준비했다. 우리는 먼저 그녀에게 기분이 어떤지를 물었다. 그런 다음 그녀가 우울해하기보다는 화를 낼 권리가 있음을 확인하고자 했다. 바라건대, 그녀가 행동하기를 바랐다. 이 경우엔 그녀가 그랬다.

정보와 행동

지식은 힘이다.
- 프랜시스 베이컨

'정보 + 사람'이 힘을 만든다

프란시스 베이컨 경에게 좋은 것은 지역사회 조직화에도 역시 좋다. 이 책에서 다룬 이야기를 주의 깊게 살펴보면, 조직자들은 자신의 힘을 키우고 싶을 때 다른 전략과 함께 정보를 사용하는 경우가 많다는 사실을 알 수 있다. 예를 들어 이스트보스턴에 있는 한 동네그룹이 주 행정기관에 가서 지역에게 혜택을 주기로 되어 있는 보조금을 받았다. 그들은 자신의 지역에 혜택을 주기 위해 쓰일 예산의 규모, 세부 항목, 기간을 발견했다. 이 정보는 사람들을 성공적으로 동원한 강력한 지역사회 조직과 결합하였고, 그렇지 않았다면 가질 수 없었던 힘의 원천을 제공했다.

올바른 정보는 행동을 이끈다

정보는 힘의 원천이지만, 단지 올바른 정보를 갖는 것만으로는 충분하지 않다. 힘을 이용하려면 정보를 이용해서 뭔가를 해야 한다. 그렇지 않으면, 당신이 옳겠지만 여전히 무력할 것이다.

최고 의사결정권자에게 주의를 기울이는 것

최근에 우리 집 바로 옆 블록에, 계획 중인 버스 주차장에 반대하려고 몇몇 이웃들이 모였다. 버스 주차장이 건강에 해를 끼칠 수 있고, 이웃들이 원하지 않는다는 것, 어린이들에게 위험할 수 있고, 소음과 교통이 평화를 깨뜨린다는 것 따위의 모든 종류의 논쟁을 시작했다. 그들의 주장은 흥미롭지만, 독선적인 프레임을 부채질하기도 했다. 그러나 아무도 추가 정보를 확인하기 위해 멈추지 않았다. 이 주차장을 찬성하거나 반대할 지역의 의사결정권을 누가 가지고 있는지, 어떤 종류의 정보가 의사결정권자에게 중요하거나 설득력이 있는지에 대한 것들이었다. 주차장에 대한 많은 정보를 가지고 있는 것만으로는 충분하지 않았다.

그래서 나는 시청에 전화를 걸어, 버스 주차장을 짓는 데 의사결정권이 있는 사람이 누구인지를 물었다.

답변 : 도시행정위원회의 지시 하에 운영되는 타운 매니저.

이제 우리의 활동에 대한 목표를 가지게 되었다. 우리는 흥미로운 논쟁을 많이 할 수 있지만, 변화를 원한다면 중요한 것은 타운 매니저나 도시행정위원회에 영향을 미칠 수 있는 것뿐이다. 그래서 다음 단계는 타운 매니저와 도시행정위원회가 우려하는 것을 알아내는 것이다. 공중 보건 이슈? 여론? 비용? 이 정보를 얻으면 행동 계획을 실행할 준비가 될 것이다.

'올바른' 정보는 무엇인가?

필요한 정보는 사례의 단순한 팩트 이상의 것일 수 있다. 조직화 과정에서 가장 먼저 묻는 질문은 다음과 같다. 누가 결정을 내릴 법적 권한을 가지고 있는가? 그 질문은 바로 두 번째 질문으로 이어진다. 누가 (또는 무엇이) 그 사람에게 영향을 미칠까? 그런 다음 그 사람이 결정을 내리는 데 어떤 과정을 사용할지 알아봐야 한다.

모든 종류의 정보를 수집할 수 있으며, 아마도 너무 많은 정보를 수집할 것이다. 인터넷을 통해 엄청난 양의 정보를 쉽게 이용할 수 있다. 어떤 이슈를 놓고 싸우고 있든 간에, 우선 정보의 기초만을 수집하는 것에서 시작해야 한다. 그런 다음 멈춰서 지금 어디에 있는지를 평가하라. 법적 권한과 의사결정권자에게 영향을 미치는 방법에 대한 질문을 해야 한다. 이제 어떤 추가적인 정보가 필요한지, 그리고 어떻게 정보를 이용해 행동을 형성할지 전략적으로 생각하기 시작할 때다. 정보를 갖고 나서, 다른 힘의 원천들과 연결하여 영향을 미칠 행동을 형성할 수 있다.

스토리

올바른 정보 얻기

몇 년 전 캘리포니아에서 최저임금 인상운동이 있었다. 조직자는 최저임금에 대한 법적 의사결정 권한을 가진 위원회가 3명의 위원을 보유하고 있음을 발견했다. 한 멤버는 인상에 찬성했고, 한 명은 반대했으며, 다른 한 명은 아직 결정하지 않았다.

이제 조직자는 행동을 안내하는 데 필요한 정보가 무엇인지 분명했다. 캠페인은 위원회에서 한 명의 투표자를 흔들어 놓을 수 있는 어떤 종류의 주장이 있는지를 알아야 했다. 경제적 논쟁이 그 사람에게 가장 큰 비중을 차지하고 있음을 발견했고, 많은 경제학자를 모집하여 그의 주장을 도왔다.

힘의 원천으로서의 정보

모든 종류의 정보는 힘의 원천으로서 유용할 수 있다. 매우 흔한 유형 중 하나는 누가 변화를 일으킬 권한이 있는지에 관한 것이다. 이것을 '의사결정권자 연구'라고 부른다.

지금 그룹이 직면하고 있는 한 가지 문제를 생각해보자.

----

❶ 무엇을 성취하고 싶은가?

----

❷ 누가 결정을 내릴 법적 권한을 가지고 있는가?

----

❸ 의사결정 과정은 어떠한가?

----

❹ 누가 의사결정권자에게 영향을 줄 수 있겠는가?

----

❺ 어떤 종류의 주장이 의사결정권자에게 영향을 미칠까?

----

❻ 당신이 원하는 변화를 제한하거나 지지하는 관련법은 무엇인가?

----

❼ 일반적으로 이루어지는 '관행'은 무엇인가?

----

❽ 그 관행 뒤에 어떤 특별한 역사가 있나?

----

❾ 지금 당장 그 질문에 자세히 대답할 수 있도록, 다음 세 단계를 적어보라.

a.
----

b.
----

c.

행동과 학습

조직자는 행동을 평가한다

'시민위원회', '건강복지협의회', 명예시민단 등의 네트워크에 의한 집단 요구들에 의해 상태가 더욱 나빠지고 있다. 이들은 아무도 위임을 하지 않았는데도 사람들을 대표하고, 다른 사람들이 그들의 이름으로 말하고 있다는 사실을 무시한다.

- 사울 알린스키

스토리

행동, 반응, 평가

행동을 취할 때, 반응이 없다

이 이야기에서, 정보를 가지고 있다는 것 자체로 길을 찾았다는 것은 아니다.

이스트 보스턴의 매버릭 스퀘어 주변에 사는 사람들은 동네에 도보 순찰대를 배치하기 위해 열심히 노력했다. 순찰대는 이웃을 알게 되었고 마약 판매자를 알아볼 수 있었다. 그는 루터교회의 돈 난스태드 목사와 근처 공공주택 개발지역의 일부 노인들과 함께 동네에서 마약 거래의 대부분을 제거했다. 그러고 나서 도보 순찰대원은 일에서 쫓겨났다. 그래서 이웃들은 행복하지 않았다.

정보도움 얻기

특별 보조금이 순찰대원에게 지급되었다. 동네 사람들은 경찰관이 없어진 이유를 알고 싶어 했다. 만약 특별 보조금이 순찰대원에게 지급된다면, 이 일을 떠맡게 되는 이유는 뭘까? 우리는 '연구 행동'을 하기로 했다. 즉, 보조금을 관리하는 기관을 방문하고, 그것을 해석하고, 보조금이 무엇을 의미하는지를 알아보기로 했다.

(돈 난스태드는 똑똑했다. 그는 먼저, 보조금이 어떻게 진행되고 있는지를 알고 있는 사람을 찾기 위해 보조금의 진행 상황을 모니터링 하는 기관에 전화를 했다. "저도 알고 싶어요!"라는 답변이 왔다. 돈은 상대방이 약간 짜증이 난 목소리로 들렸다. 그는 동맹을 찾을 수 있을 것 같았다.)

그래서 돈의 교회에 모여, 함께 지하철을 타고 주청사 사무실 건물로 갔다. 보조금을 내준 담당자를 찾았다. 그 기관의 담당자는 그들이 무엇을 하려고 하는지를 알았고, 동네주민들을 보고 기뻐했다. 지방검사가 보조금에서 요구하는 진행 보고서를 작성하지 않았던 것을 확인할 수 있었다.

우리가 카운터 주위에서 웅성거리자, 담당자가 보조금 신청서를 찾았다. 흑백으로 되어 있었다. 보조금에는 "매버릭 스퀘어의 도보 순찰대원에게 21,000달러를 지급한다."라고 적혀 있었다.

우리는 도보 순찰대원에게 필요한 보조금에 대한 정보로 무장한 채 이스트 보스턴 동네로 돌아왔다.

어떤 주정부 기관이 당신이 원하는 것을 주지 않았다고 해서, 다른 모든 주정부 기관들이 그럴 거라고 가정할 필요는 없다. 각 기관마다 다른 관료적 책임이 있다. 이 경우 다른 주정부 기관으로부터 원하는 것을 얻을 수 있도록, 한 주정부 기관이 시민들을 도왔던 것이다. 내부 경쟁이나 기관 간 분쟁이 있을 수 있으며, 이는 당신에게 유리하게 작용할 수도 있다.

원하는 것을 줄 수 있는 사람을 찾아 가라

지방검사 사무실이 보조금을 받았기 때문에, 우리는 다음 단계로 지방검사에게 왜 그 보조금이 지정된 곳으로 쓰이지 않았는지 물어보기로 했다. 검사와 약속을 잡으려고 했으나, 약속을 잡을 수가 없었다. 그 다음엔 어떻게 해야 할지 고민했다. 대부분은 순찰대를 잃은 것에 대해 지방검사에 항의하기 위해 시내로 가고 싶어 했다. 한 여성이 거절을 했다. 그녀는 지방검사를 화나게 하고 싶지 않았다. 그룹은 개별 회원들의 비공식적인 영향을 토대로 상황을 이야기하고 결정을 내렸다. 그들은 이 여성을 존중하고 적어도 당분간은 시내로 가지 않기로 결정했다. 돌이켜보면, 한 사람을 존중하려는 노력이 결과적으로 나쁜 결정으로 이어졌다. 변화를 조직할 때, 구성원들의 에너지 수준을 높게 유지하면서, 그들이 압도적으로 느낄 수 있는 행동을 취할 수 있도록 권한을 부여하는 것이 중요하다.

그동안에 지방검사는 새로운 동네 자문그룹을 설립했다. 사람들은 이것이 지방검사가 없어도, 동네와 연관이 있는 것처럼 보이게 하려는 것이라고 생각했다.

검사는 그룹의 구성원을 선택했고, 돈은 동네 거주자 15명 중에서 유일하게 포함된 회원이었다. 회의는 공개적이었다. 사람들은 종종 이런 회의에 참석했다. 의장은 그들이 말하는 것을 알아차리지 못했다. 때로 회의는 휠체어가 접근 불가능한 장소에서 열렸으며, 이는 노인 거주자에게 문제가 되었고 법 위반도 있었다. 주민들은 불평을 했다. 아무 일도 없었다. 그들은 상당히 낙담하고 있었다.

돈이 불만을 제기하자, 그들은 그를 쫓아내고 문 앞에 경비를 배치하여 그가 회의장에 오는 것을 막았다. (그런데도 그를 막지는 못했다. 경비원은 돈과 농구를 한 사이여서, 그냥 가볍게 손만 흔들고는 안으로 들어갔다.)

몇 달 동안 지방검사는 미팅 요청에 대한 응답도 없고, 결과도 없으며, 현장 회의에 참석하지도 않았다. 동네협회 회원들은 지방검사와 만나기 위해 다시 시내로 가기로 결정했다.

때론 빈손으로 오기도 한다

그들은 여진히 지빙검사와 약속을 할 수 없었기 때문에, 퀴퀴한 오래된 법원에 있는 그의 사무실로 갔다. 그들은 문을 두드렸다. "검사님은 바쁩니다. 약속하셨요?" 그들은 약속을 하고자 한다고 말했다. 그러자 그들을 홍보담당관에게 이야기하라고 했다. 그러면서 홍보담당관이 사무실을 나갔다고 말했다. 그래서 벤치에 앉아 기다렸다. 한두 명은 가끔 화장실이나 분수대에 가기 위해 움직였다. 그들은 홍보담당관이 거기에 있는지 다시 물었고, 사무실에 없다는 답변을 들었다. 그리고 복도로 나가는 문을 내다보니, 그 홍보담당관이 복도를 걸어 내려가 엘리베이터 안으로 사라지는 모습이 보였다. 그는 계속 그곳에 있었고 그들을 피하기 위해 다른 문으로 나갔던 것이다. 이 광경을 보고 미팅을 하지 않으리라는 것을 깨달았다. 그들은 한 시간 넘게 딱딱한 나무 벤치에 앉아 있었다. 그들은 떠나기로 했다.

나는 미팅 후에, 일어난 일에 대해 이야기를 나눌 커피 타임을 갖자고 했다. 무슨 일이 일어났든, 그 일에 대해 이야기할 시간이 필요했다. 우리는 법원 근처 식당에 가서 커피와 샌드위치를 주문했다.

평가 : 아무것도 없이 무엇을 해야 하나?

"기분이 어땠습니까?" 내가 물었다. "무례해요." 그들이 말했다. 어떤 사람들은 꽤 우울해하고 있었다. 그들은 자신을 도울 누군가를 만나려고 노력했으나 성공하지 못했다. "왜 그런 식으로 생각하세요?" "미팅이 이루어지지 않은 게 누구 잘못입니까?" "지방검사가 누구를 위해 일합니까?" "누가 월급을 지불합니까?"(답변 : 그들의 세금. 그는 적어도 이론적으로는 그들을 위해 일한다.) 그들은 우울해하기보다는 오히려 천천히 조금씩 화가 나기 시작했다. 나는 내가 부채질할 수 있는 분노의 불꽃을 찾아봤다. 이것은 "국민의 국민에 의한, 국민을 위한 정부"가 되어야 하는 것이 아닌가요? '지구에서 사라져버린' 것일까? 학교에서 배운 게 그거 아닌가? 하지만 여기서 무슨 일이 일어났을까? 천천히, 자신의 부적절한 점을 문제라고 보는 대신, 그들은 지방검사가 자신의 일을 하지 않는다는 사실을 깨달았다(적어도 그가 해야 한다고 생각하는 방식은 아니었다). 그는 자신이 직접 적은 보조금을 지키지도 않았고, 그걸 주민들은 자신의 눈으로 보았던 것이다. 보조금에 대한 지식과 그것을 보았을 때, 그들은 자신들이 옳았다는 것을 조금 더 확신하게 되었다. 숙제를 한 것은 엄청난 도움이 되었다.

무슨 일이 일어났는지 평가하는 데 한 시간이 넘게 걸렸다. 지하철을 타고 집으로 돌아갔더라면, 우리는 마치 실패했던 것처럼 입에 시큼한 맛을 남기고 떠났을 것이다. 그 대신, 무슨 일이 있었는지 평가한 후, 조직은 그들에게 아무런 문제가 없다는 것을 알았다. 특히 보조금이 특별히 필요할 때, 도보 순찰대에 제공되지 않는 시스템에는 뭔가 문제가 있었다. 그들은 도보 순찰대가 즉시 이기지 못했지만 더 많은 행동을 할 준비를 갖추었다.

행동 평가 방법

사람들이 어떻게 느꼈는지 물어보는 것부터 시작한다. 어떤 행동을 한 후에는 어떤 사람들은 그 행동에 대해 기분이 좋아질 것이고, 어떤 사람들은 그렇게 좋지 않을 것이다. 모든 사람이 어떻게 느꼈는지, 왜 그랬는지 탐구하라. 모든 사람이 대화할 기회를 갖게 하라. 감정부터 시작해서 사람들이 생각하는 것과 그 이유를 찾아야 한다. 당신의 임무는 그들이 자신의 감정을 살피도록 하고, 필요하다면 더 멀리 가도록 하는 것이다. 사람들이 자신의 경험에 대해 어떻게 생각하는지, 그리고 더 많은 행동을 취할 동기를 가지기를 바라면서 평가를 진행한다.

 빠른 팁

행동 평가를 위한 체크리스트

행동이 끝나면 보고와 평가를 함께 한다. 모든 사람이 기회를 얻을 수 있도록 모두 돌아가면서 발언한다. 아래 질문을 참고한다.

기분이 어땠는가?
무슨 일이 일어났나? (똑바로 이야기를 한다. 사람들은 종종 엉뚱한 이야기를 듣거나 보는 경우가 많다. 정확한 사실 기록과 누가 무엇을 말했는지를 기록한다. 누군가 잘못 들은 것이 있다면, 곧바로 정정한다.)
우리가 행동 계획을 가지고 있었나?
우리가 그 계획을 따랐나?

☐ 그래요, 좋아요! ☐ 아니오. 왜 그랬나요?

우리의 목적은 뭔가?
그 반응은 무엇일까?
우리가 목적을 달성했는가?
우리가 예상했던 반응을 얻었나?
우리를 놀라게 한 게 있나?
우리가 무엇을 배웠을까?

다음번에는 다른 일을 할 수 있을까?

더 필요한 정보는 없나?

이제 더 많은 정보가 도움이 될까?

다음 단계는 무엇인가?

다음 단계로 넘어가는데 도움이 될 만한 것은 무엇인가?

지금 기분은 어떤가?

행동에서 배우기

우리가 (지방검사를 만나러 가려는) 공적 행동을 취할 때, 어떤 반응(아무도 우리를 만나려 하지 않을 것이라는)을 맞이했다. 그 반응이 우리의 학습에 필수적이라는 것을 우리가 어떻게 이해할까.

우리가 지방검사의 관심을 받을 만한 가치가 없다는 사실을 알게 될까? 이 경우, 우리는 정부에게 보조금이 명시한 대로 동네의 도보 순찰대원에게 21,000달러를 지출하면 어떨지를 요청할 권리를 가지고 있는 것일까?

행동은 사람들의 삶을 개선하는 데 도움을 준다. 또한 사람들이 절망에서 벗어나 생활 조건을 바꿀 수 없다는 느낌을 벗어날 수 있도록 한다. 선천적인 무능력이나 객관적인 조건이 아니라 행동할 수 없다는 느낌 때문에 행동하지 못하기도 한다. 그래서 당신의 일은 사람들이 행동하도록 격려하는 것을 의미한다. 리더를 계발할 때와 마찬가지로, 리더가 자신의 능력을 발휘할 수 있는 능력과 자신감을 더 많이 계발할 수 있는 다음 단계가 무엇인지 생각해보자.

"이 행동에서 우리가 배운 것은 무엇인가?" 이런 질문을 할 시간을 지속적으로 가져야 한다. 행동 평가는 행동 자체만큼이나 중요하다. 평가와 학습이 없으면, 다음 작업을 계획할 수 있는 공통된 이해와 기초가 부족해진다. 평가는 개인 학습뿐만 아니라 그룹 학습도 제공한다. 그런 다음 그룹은 세계가 어떻게 작동하고, 그에 따

스토리

아무도 듣지 않을 때, 이야기하는 이유

도시 계획가로 일했던 데이비드 트리에이치가 이 이야기를 전한다.

그것은 새로 형성된 공공주택 세입자협회와 주변 커뮤니티 간의 첫 번째 회의로 주택 개발, 커뮤니티 교회 및 주변 근린 주거지역을 포함하는 '슈퍼' 블록의 미래를 논의하는 자리였다. 공공주택을 더 큰 지역으로 통합하는 것이 의제가 되었을 때, 지역 주민들은 차례로 일어서서 '그 사람들'에 대해 이야기했다. 주민들은 주택개발 거주자들이 "우리가 하는 것처럼 이 일에 신경 쓰지 않는다"라고 말했다. 그들은 공공주택에 살았던 사람들이 거리의 쓰레기와 주택의 폐허 상태에 책임이 있다고 말했다.

실망스럽게도 세입자 중 어느 누구도 응답하지 않았고 세입자협회 회원 중 누구도 발언하지 않았다. 공공주택 세입자들은 자신의 발만 쳐다보았고, 회의 내내 침묵을 지켰다.

그날 밤 나는 세입자들과 함께 협회 사무실에 앉아 물었다. "그 말을 듣고도, 어떻게 대답 한마디 하지 않을 수 있습니까?"

"우리의 말을 누가 들을까요? 무슨 권리로 우리가 얘기해야 했죠?"

그날 밤, 우리는 함께 진정한 일을 시작했다.

른 계획을 어떻게 세울 수 있을지를 학습한다. 행동과 평가, 학습은 더 효과적인 행동으로 이어진다.

　사람들은 다양한 방식으로 행동을 경험한다. 당신의 임무는 사람들이 세상을 변화시킬 잠재력이 있다는 것을 확인하는 것으로써, 그들이 취하는 행동(그리고 반응)을 이해하도록 돕는 것이다. 사람들이 더 효과적으로 더 강력한 방식으로 미래에도 계속 행동할 수 있도록 해야 한다.

행동은 대면 협상을 의미한다

　때로는 조직을 만들 시간이 없다. 늑대가 문 앞에 있으니 빨리 행동해야 한다. 어떻게 해야 하는지 아는 게 도움이 된다. 이 이야기는 당신이 원하는 것을 줄 수 있는 권한을 가진 사람들과 직접 대면 소통하는 일의 중요성을 보여준다.

스토리

직접 대면해서 질문하기

산업분야재단(IAF) 제휴단체인 보스톤 범종교조직(Greater Boston Interfaith Organization)의 조직자인 체리 안데스는 매사추세츠 주 프레이밍햄에 살고 있다. 그녀의 아들은 학교에서 독서 회복 프로그램의 혜택을 받았다. 시에서는 그 프로그램을 중단할 계획이었다.

교사들은 독서 회복 프로그램을 중단하기로 결정한 학교위원회 회의에 참석할 계획이었다. 하지만 교사들은 그 의제에 접근할 수 없었다.

체리는 프로그램을 어떻게 지속하는 할 수 있는지의 방법에 대해 교사들에

게 조언을 했다. 체리는 교사들에게 학교위원회 멤버들에게 직접 말하라고
했다. 그들이 결정에 영향을 미치고 싶다면, 방 안에 있는 것만으로는 충분
하지 않을 것이다. 체리는 학교위원회 위원들에게 가서 자신을 소개하고 독
서 회복 프로그램을 유지하도록 요청했다. 회의가 끝난 후 교사들은 학교위
원회 위원들에게 다가가 악수를 하고 자신을 소개한 뒤, 프로그램을 유지
해 줄 것을 요청했다. 학교위원회는 그 프로그램을 유지하기로 결정했다.

개인적인 접근 방식으로 그 프로그램은 유지되었다. 결과는 항
상 성공적이지는 않지만, 직접 대면하는 회의에서 성공할 확률은 높
아진다.

사회과학자들은 협상에서 개인적 의사소통의 힘을 알고 있다.

소수자들은 대면 소통으로 인한 최종 그룹의 의사결정과 다수의 사적
의견에 가장 높은 수준의 긍정적인 관심과 가장 큰 영향을 받았다.
- 말콤 글래드웰, 「티핑 포인트」(21세기북스, 2004년)

긍정적인 반응 : 또 다른 놀라움
때로는 어떤 행동에 대한 반응 때문에 놀랄 수도 있다.

이탈리아인을 사랑해요!,
당신의 힘을 과소평가하지 마라

1980년대 초, '리비어공정분배'(Revere Fair Share)[22]의 리더들은 공과금 비용 증가 때문에 좌절했다. 끝이 보이지 않을 것 같았다. 그들은 보스턴 외곽 몇 마일 떨어진 자신의 도시에서, 공공설비를 규제하는 주정부 기관인 공공설비부서(일반적으로 DPU, Department of Public Utilities라 함)에게 청문회를 요구했다. 그들은 지역 청문회를 요청하기 위해 모든 전통적인 의사소통 채널을 시도했지만 아무 소용이 없었다. 그들은 짜증이 나고 무력감을 느꼈다.

DPU 대표는 존 본솔이라는 남자였다. 그를 만난 적이 없었지만, 그들의 눈에는 신화적인 힘을 가진 것으로 보이기 시작했다. 몇 달 동안 간청을 했음에도 아무런 반응도 보이지 않자, 몇 명의 리더들(목수, 은퇴한 세일즈여성, 그리고 다섯 명의 다 큰 자녀를 둔 엄마 등)과 나는 DPU에 방문하기로 했다. 우리는 잃을 게 거의 없다고 여겼다.

우리는 지하철을 타고 보스턴 시내로 들어가, 엘리베이터를 타고 고층에 있는 주청사 건물의 DPU 사무실로 갔다. 사무실로 가서 존 본솔을 찾았다. 우리는 약속을 잡으려고 했지만 거절당했다고 설명했다. 접수원은 우리가 누구고 원하는 게 뭐냐고 물었다. 우리는 이야기했다. 그녀가 기다리라고 했다. 잠시 후 존 본솔이 나타났다. 우리가 짐작했던 대로 키가 3미터는 되지 않았다. 키가 작고 말랐다. 우리를 작은 회의실로 안내했다.

리비어에서 왔다고 했다. 그러자 자기가 이탈리아인을 얼마나 좋아하는지를 스스로 말하기 시작했다. (나와 함께 온 사람들은 아일랜드인이었지만, 리비어는 주로 이탈리아 커뮤니티로 유명했다.) 그는 이탈리아 인들을 얼마나 사랑하는지, 아내가 리비어 출신이고, 가스요금 증가에 대한 청문회를 위해 리비어에 오는 것이 얼마나 기쁜지 따위를 떠들어댔다.

마치 '오즈의 마법사' 같았다. 커튼 뒤에 있는 힘 있는 남자는 너무나 인간적이어서, 우리의 작은 집단을 어쩌면 두려워하는 것 같았다. 리비어에서 청문회 날짜를 잡았고 지하철로 집으로 돌아갔다. 임무 완수. 행동하지 않으면, 자신이 가진 힘을 결코 알지 못한다.

조직화에서 행동 평가까지

사례 연구

공유된 문제를 해결하기 위한 조직 만들기

소개 : 기본으로 돌아가기

이 사례 연구는 조직을 구축하는 기본 단계를 하나로 정리한다. 아이디어, 자기이야기하기, 다른 사람들의 이야기 듣기, 코어그룹 형성, 목적과 목표, 구조 개발하기, 자원 동원, 행동으로의 이동, 평가하기, 반영, 재평가하기 등. 이 이벤트는 1970년대 후반 버몬트 주 브래틀보로에서 일어났다. 나는 버몬트연맹의 조직자로 일하고 있었다.

스토리 : 강력한 세입자협회 창설

'마운틴 홈 모바일 홈 파크(Mountain Home Mobile Home Park, 이동주택 주차장의 이름)'의 세입자들은 문제가 있었다. 그들은 트레일러를 소유했지만, 트레일러가 주차되어 있는 땅은 임대를 했다. 그들은 땅주인이 공원 내의 도로와 공공시설을 유지할 것으로 기대했지만, 빗물이 도로를 침하시켜 수렁으로 만들었다. 전화선 몇 개가 너무 낮게 걸려 보행자를 때렸다. 도로는 엉망이었고 등급이 낮았다.

아이디어

데이브는 아내 베스와 함께 공원에 살았다. 그는 우리 사무실에 전화를 했고 나는 그들을 보러 갔다. 데이브가 커피와 먹을 것을 권했다. 그러고는 공원의 환경에 화가 나 있고, 다른 사람들에게 무슨 일이 일어나고 있는지, 특히 공원에 사는 많은 노인들이 신경 쓰인다고 설명했다.

그는 화가 많이 났다. 또한 유머 감각과 옳고 그름을 가지고 있었다. 땅주인이 공원을 유지하는 데 그렇게 신경을 쓰지 않으면서도, 임대료를 내야 한다는 게 그에게는 분명히 잘못된 것 같았다.

핵심 집단(코어 그룹) 개발

리더의 징후 인식

데이브는 마운틴 홈에서 몇 년을 살았고 많은 사람들을 알고 있었다. 그는 호감이 가는 친절한 사람이었고, 그의 집은 잘 정돈되어 있었다. 나는 그가 일을 계속 집중하고 자기가 하겠다고 말한 대로 할 수 있다는 것을 느꼈다. 정직하고 직설적이었다. 이야기를 나눌 때 그는 내 눈을 똑바로 쳐다보았다.

데이브는 다른 세입자들을 집으로 데려왔다. 그는 사람들과 연결되어 있고 다른 사람들은 그를 따라갈 것이라고 말했다. 사람들을 하나로 모으는 능력은 잠재적인 리더에게 중요한 지점이다. 그의 집이 엉망이 아니라는 사실은 그의 마음이 엉망이 아닐 가능성이 있다는 것이므로 안심이 되었다.

그가 초대한 사람들은 합리적으로 보였다. 합리적인 것을 원했다. 그들은 살 수 있는 곳을 위해 기꺼이 임대료를 지불했지만, 땅주인은 임대 만료 때까지 돌보지 않는다고 느꼈다.

주방에서의 긴 행진

첫 만남이 끝난 후, 데이브와 나는 공원에 있는 다른 사람들을 방문했다. 많은 사람들이 유지보수가 부족하다는 것에 대해 공감했다. 얼마 지나지 않아 우리는 마운틴홈세입자협회의 핵심 그룹을 구성했다. 트레일러에서 여러 차례 회의를 열었고 무엇을 해야 할지 알아내려고 노력했고, 공원의 여러 지역에서 무엇이 잘못되었는지에 대한 정보를 수집했다.

숫자는 영향력을 의미한다

땅주인이 듣게 할 수 있을 만큼의 세입자가 필요했다. 시간이 좀 걸렸다. 공원에는 수백 개의 트레일러가 있었다. 세입자 몇 명과 나는 공원으로 가서 다른 세입자들의 말을 듣고 그들의 불만을 듣고 협회에 가입하도록 했다. 우리는 회원 자격으로 10달러를 요구했고, 많은 주방에서 커피와 쿨에이드를 마셨다.

들어보라… 많은 사람들에게

많은 사람들의 말을 들었다. 어떤 사람들은 너무 두려워서 아무것도 하지 않았다. 어떤 사람들은 행동을 취해야 할만큼 상황이 그렇게 나쁘다고 생각하지 않았다. 어떤 사람들은 아무것도 할 수 없다고 생각했다. "항상 이런 식이었고, 한때 땅주인에게 말을 걸었는데, 아무 소용이 없었어요." 일부는 겨울에 플로리다로 떠났고 문제를 해결하는 데 별로 투자하지 않았다.

수십 명이 합류할 무렵에는 적어도 절반의 사람들이 조건을 개선하기 위해 뭔가를 하려고 노력할 것이라는 느낌이 들었다.

모든 사람이 필요한 건 아니다

모든 사람이 필요한 건 아니다. 지원이 많은 소수집단은 많은 일을 할 수 있다. 가입 및 조직 회원 명단에 이름을 올리고, 회비를 지불하는 데 동의하는 소수자들은 조직에 충분한 정당성을 부여한다. 모든 사람이 참여하도록 할 수는 없으며 모든 구성원이 행동을 취하는 것도 아니다. 그러나 연구를 수행하고, 권리를 알고, 신념을 위해 기꺼이 협상하는 조직화된 소수자들은 많은 일을 할 수 있다. 실제 협상을 하는 사람은 여섯 명뿐이지만, 땅주인은 그들이 다른 많은 사람을 대표한다는 것을 알고 있다. 조직(개인적 존재, 공중보건 및 건축법규에 대한 지식, 그리고 행동 의지와 함께)은 조직 대표에게 힘을 부여한다.

또한 행동은 새로운 사람을 모집하는 데 도움이 된다. 특히 문제에 대해 이야기하는 것보다 행동을 하는 것을 더 좋아하는 사람들에게 그러하다. 생활환경을 개선하기 위해 행동할 때, 원하는 모든 것을 얻지는 못하지만, 무언가를 얻을 가능성은 높다. 가입하지 않은 사람들이 당신이 무엇을 얻었는지 알도록 놔두면 된다. 이것은 조직의 힘을 그들에게 보여주고 그들이 가입하고 참여하도록 해야 하기 때문이다.

준비하기 : 길에 들어서기 전에 원하는 것을 정확하게 파악하라

몇 달 동안 집집마다 돌아다니며 세입자들의 문제를 듣고, 사람들을 참여시키고, 구체적인 개선 사항을 논의하기 위해 회의를 한 후, 마운틴 홈 그룹은 땅주인과 협상할 준비가 되었다고 느꼈다. 그들은 비서와 여러 번 이야기를 했고 마침내 공원 중앙에 있는 그의 사무실에서 미팅을 가질 수 있었다. 대부분의 세입자들은 응접실에 있었고, 유리창에 뚫린 구멍 사이로 비서에게 수표를 건네주기만 했었다.

그 팀에는 세입자 4명과 조직자인 내가 포함되어 있었다. 세입자팀은 마운팀 홈의 남성과 여성, 다양한 세대의 사람들, 다른 생활조건을 가진 사람들이 있었다. 데이브, 젊은 독신 여성, 결혼한 중년 여성, 그리고 더 나이 든 은퇴 여성 등.

모두들 긴장했다. 집주인이 어떻게 할 것인가? 공원에서 리더들을 쫓아내려고 할 것인가?

목적과 목표를 명확히 하라

마운틴 홈 세입자들은 땅주인이 공원을 고치기를 원했지만 모호한 요구(예를 들어, '공원을 고쳐 달라'는 식)는 도움이 되지 않는다. 세입자와 땅주인은 '개선'이 구체적으로 의미하는 바에 따라 다를 수 있기 때문이다.

또한 모호한 요구가 의미하는 바에 대해 세입자들 사이에서도 서로 다를 가능성이 크다. 원하는 것을 설정할 때는, 모든 모호함과 싸워야 한다. 특히 불필요하게 까다로울 수 있지만 모호한 목표는 조직 간의 미래에 불일치를 낳는다. 개선이 있을 수 있지만, 일부 사람들이 원하는 구체적인 개선은 아닐 수도 있는 것이다.

그렇게 되면 개선된 점을 얻었지만, 조직은 무너질 수도 있다. 개선은 다른 사람이 아닌 일부 사람들에게 도움이 될 수 있다. 구체적인 요구 사항을 문서로 작성하지 않으면 필요한 해결책을 얻을 수가 없다. 힐 로드에 배수로가 필요하다는 것을 알고 있다면, 도로의 낮은 지점에 철제 12인치 배수로를 묻고 3번 자갈로 둘러싸야 한다. 결과에 대해 논쟁하지 않으려면 필요한 만큼 구체적으로 해야 한다. 만약 '배수로'를 요청했는데, 물이 다시 찰 수 있는 6인치 배수관이 설치되었다면, 문제가 여전히 남는 것이다. 전화선을 걷어 올리길 원한다면, 그냥 '올리기'를 원한다고 말하지 마라. "시속 80마일의 바람에서도 견디도록 18피트까지 올려서 고정해주세요."

이 해결책들은 서면으로 작성해야 한다. 글쓰기는 기록을 남기고 오해를 피한다. 해결책을 요청할 때는 모든 사람이 원하는 해결책인지에 시간을 들여야 한다. 그룹의 규모가 작을 때는 사람들이 다른 사람들이 무엇을 의미하는지 잘 안다고 여길 수 있다. 해결책을 서면으로 작성하면 조직에 혼란, 분열 및 잠재적인 분쟁의 씨앗을 만들지 않는다.

배수로, 도로 사양, 공공시설 요구사항 및 기타 세부사항을 조사해야 할 수도 있다. 기술적인 세부사항을 마스터해야 한다. 그렇지 않으면 쓸모없는 배수관이 설치되거나 전화선이 다시 떨어질 것이다.

궁극적인 목적 : 조직을 만들기 위해

필요한 것을 정확히 얻고 싶어서, 그리고 조직을 만들고 싶어서 요청을 매우 구체적으로 한다. 원하는 개선사항이 충분히 구체적이지 않거나 개선사항이 일부 구성원을 만족시키지만 다른 구성원을 적대시하는 경우, 결과는 그룹의 분열로 나타날 수 있다. 따라서 몇 가지 개선점을 얻을 수 있지만 그 과정에서 조직이 깨질 수도 있다.

그것은 좋지 않다. 요구사항을 얻기 위해서뿐만 아니라, 이후 동의서에 대한 감시와 후속 조치를 취하기 위해서도 조직은 필요하다. 조직이 오랫동안 주변에 있어야, 후속 조치를 취하고 개선 사항이 올바르게 이루어지도록 보장한다. 장기적으로도 조직은 필요하다. 미래에 다른 문제들에 직면할 가능성이 있기 때문이다.

미팅 준비

미팅 전에 우리는 모든 사람이 뭐라고 할지 상세히 살펴보았다. 누가 먼저 시작할까? 누가 뭐라고 할까? 땅주인이 이런 말을 하면 어떻게 할까? 어떻게 반응할까? 우리는 데이브와 베스의 트레일러 소파에 앉아 협상 장면을 롤플레잉 했다. 나는 땅주인 역할을 했다. 우리는 잘못될 수 있는 모든 것을 생각하려고 노력했고, 각각의 경우에 무엇을 해야 할지를 계획했다.

학교 연극처럼

준비는 필수적이다. 협상이 마치 학교 연극인 것처럼 생각하라. 준비와 리허설 시간이 필요하다. 잘못된 방향으로 나아갔을 때 비상 계획을 세울 수 있는 모든 가능성들을 생각해 보라.

땅주인이 나를 '외부선동자'라고 부르며, 날 좋아하지 않는다는 걸 알고 있었다. 화가 나서 이 조직을 이끌었던 사람은 그의 세입자였지만(권위자들은 종종 '외부선동자'라는 악마에 호소한다. 힘과 돈이 없는 사람들에게는 외부의 도움을 받는 것이 나쁘다고 말한다. 그러나 힘과 돈을 가진 사람들은 일상적으로 외부 선동자를 고용한다. 그들을 컨설턴트, 변호사, 로비스트 또는 고문이라고 부른다. 그들은 돈을 잘 지불하면서 외부의 도움을 받을 때는 어떤 것도 나쁘다고 말하지 않는다.).

땅주인은 공원에서 나를 자주 보았고 세입자들에게 나에 대해 불쾌한 말을 했다. 나를 떠나라고 할지도 모르고, 내가 방에 있으면 그들과 얘기하지 않겠다고 협박할지도 모른다. 그것은 우리를 갈라놓을 수 있는 한 가지 방법이 될 것이다. 세입자들은 그것을 어떻게 처리할지 결정해야 했다. 땅주인이 요청하면 떠나겠다고 약속했다. 그리고 우리는 그들의 여러 요구들을 어떻게 처리할지 롤플레잉했다.

결과
협상회의
땅주인과의 만남이 있던 날, 모두 데이브의 트레일러에 모여 언덕을 내려가 사무실로 들어갔다. 비서가 약속이 있는지 물었다. 약속이 있다고 했다. 우리는 땅주인의 사무실로 안내되어 자리에 앉았다. 곧바로 땅주인이 내게 떠나라고 했다. 우리는 미리 계획했던 대로 했다. 나는 주차장 밖에서 기다렸다. 이럴 가능성이 높다는 것을 알았고, 주차장에서 미리 준비한 친구와 만났다. 그녀는 외부선동자인 나의 존재에 대해 계속 웃었다.

내부에서 협상팀이 서로 붙어 있었다. 그들은 땅주인이 여러 가지 구체적인 개선 사항에 서면으로 동의하도록 했다. 실제로 나중에 시 보건 및 건축 담당관이 트레일러 공원의 코드 및 규정 준수를 모니터링하고 있는지 확인했다. 다음 해 그들은 다른 트레일러 공원세입자협회를 만났고, 주 전역의 모바일 주택세입자협회를 조직했다.

아예 없는 것보다는, 빵 반 덩어리가 낫다
거주자들은 원하는 걸 모두 얻지는 못했지만, 일부 개선은 없는 것보다 낫다. 그리고 그들은 항상 더 많은 것을 위해 움직일 수 있다. 어떤 사람들은 '원칙'이라는 이름으로 타협을 거부한다. 하지만 어떤 원칙을 택할까? 무언가를 얻을 수 있을 때 아무것도 얻지 못하는 원리는 무엇인가? 배가 고프면 반 덩어리가 빵이 없는 것보다 낫다. 적어도 반 덩어리 덕분에 굶어 죽지 않을 것이다. 모든 태도와 무관하게 아무것도 얻지 못할 수도 있다. 그게 어떻게 도움이 되겠는가?

성찰
다른 사람들과 함께하라
마운틴 홈 세입자들은 다른 사람들과 함께, 혼자 할 수 없는 일을 하고 있었다.

트레일러 공원은 개선되었다. 내 역할은 그들이 땅주인과 협상하는 방법을 생각하고, 격려하고, 이웃이 협회에 가입하도록 하고, 법적 권리를 상기시키고, 함께 일하면 혼자 할 수 없는 일을 성취할 수 있음을 알 수 있도록 돕는 것이었다. 나는 그들을 위해 일을 대신 해주지는 않는다. 그들이 성공할 것이라는 보장은 없다. 내가 그들에게 줄 수 있는 유일한 보장은 그들이 아무것도 하지 않으면 아무것도 얻지 못할 것이라는 점을 알려주는 것이다.

나도 도움이 필요해

나도 도움이 필요했다. 내 친구가 주차장에 있는 동안, 나 없이 협상이 어떻게 진행될지 걱정해줄 사람이 있다는 것은, 혼자서 대처하는 것보다 훨씬 도움이 되었다. "자신이 할 수 있는 일을 다른 사람에게 대신하게 하지 마라." 나는 덧붙여 말했다. "자신이 할 수 없는 일을 다른 사람에게 하게 하는 것을 두려워하지 마라." 필요할 때 도움을 요청하라.

아이스크림을 잊지 마라

또한 사람들은 조직에서 즐거운 시간을 보내야 한다. 일과 문제, 회의 계획하기가 전부라면, 자신의 모임을 소집하고 싶어 하는 사람이 거의 없는 따분한 조직을 갖게 될 것이다. 코어 그룹은 회의가 끝난 후, 언덕 아래에 있는 아이스크림 가게로 갔는데, 특히 여름에는 그랬다. 아이스크림을 가지고 노는 것은 도움이 되었다. 사람들을 만나고 서로의 모임을 즐기는 것은 조직 과정의 일부이다.

---

22 리비어(매사추세츠 주의 도시)에서 지역 개발의 혜택에 대한 공정한 분배를 위해 활동하는 감시 단체(역주)

12장

커뮤니티 세우기

'조직화'는 관계를 구축하기 위
한 멋진 용어일 뿐이다.
　　　　－ 에르네스토 코르테스

커뮤니티 조직을 구축할 때, 당신은 공동체 의식을 개발하고 세상에서 개선을 이루기를 원한다. 이 두 가지 목표는 상호 의존적이다. 사람들은 소속감과 공동체감을 느낄 때 더 많이 드러날 가능성이 있다. 공통의 목적을 달성하는 것은 공동체 의식을 발전시킨다.

어떻게 커뮤니티를 육성할 수 있을까? 이 과정은 조직이 세상에 나가기 위해 노력하는 것 외에도 공동체 의식을 구축하려는 의도에서 시작된다.

스토리

원하는 세상을 지금 당장 만들자

이 이야기는 하나의 조직이 회원들을 어떻게 도왔고, 개인적인 필요를 인식하고, 공동체 의식을 개발하면서 세상에서 실제 문제를 해결하는 방법을 보여준다.

1970년대에 버몬트에 있는 한 단체에서 지역사회 조직자로 일하기 시작했을 때, 나는 공공요금과 세제 개혁을 주요 목적으로 삼았다. 나도 어린 아이가 있었기 때문에 부모들의 회의 참석을 어렵게 하는 보육이 얼마나 힘든지를 알 수 있었다. 그래서 단체 재정에서 아이 돌보미를 고용했다. 아이를 회의에 데려올 수 없는 간난 아이라면, 단체에서 베이비시터 비용을 지불했다.

그 조직은 국가 정책을 개혁하는 사업에 종사하고 있었다. 또한 회원들 사이에서 보살핌과 공동체 의식을 구축하는 사업에 종사했다. 보육비를 지불하는 것은 그 조직이 기본적인 사업을 하는데 도움이 되었다.

나에게
도움이 되는 조직

조직은 당신을 돕고, 당신은 조직을 돕는다. 조직은 중간에 당신을 만난다. 그 조직은 우리가 각자 서로를 도울 수 있도록 한다. 대부분의 사람들은 조직에게 제공할 무언가를 가지고 있지만, 때로는 현실 생활에서는 어려움이 있을 수 있다. 그래서 버몬트에서는 부모가 참여하지 못하게 하는 장벽을 세우고 싶지 않았다. 조직과 그 구성원 간의 관계는 양방향 도로이다. 조직이 개인을 돕는다는 것은 이러한 의미이다.

지역사회 조직은 회원 개인의 병원, 정부 기관, 공공서비스 또는 기타 대형 기관의 문제를 해결하는 데 도움이 필요할 때, 회원 개인에게만 맡기지 않는다. 사실, 개인이 그렇게 하는 것은 불가능하다. 고독한 개인은 대기업이나 기관에서 변화를 강요할 힘이 없기 때문이다.

지역사회 조직은 개인과 기관 간의 중재 조직이 된다. 그것은 기울어진 운동장을 바로 잡으려 한다. 정부 기관이나 공공서비스 회사에 대항하는 한 개인은 공정한 게임이 아니기 때문이다.

개인 안전에 대한 조직의 책임성

중재 조직의 기본 가치는 개인 안전에 대해서 조직이 책임을 가진다는 것이다. 조직은 사람들에게 혼자 힘으로는 스스로 제공할 수 없는 것을 제공한다. 조직의 존재는 개인의 문제에 대한 집단 책임성이 있을 때 의미가 있다.

우리는 빵만으로 살지 않는다. 또한 혼자 사는 것도 아니다. 다른 사람들의 관계와 지원 없이는 살지 못할 뿐더러 살 수도 없다. 이것이 표현하는 가치는 다음과 같다. "우리는 서로에게 책임이 있다."

조직의 주요 목적은 지역 학교를 개선하거나 저렴한 주택을 제공하거나 환경을 보호하는 것이다. 또한 멤버들은 새로운 아기를 가진 가족을 위해 집에서 조리한 냄비요리를 가져온다. 그들은 아픈 사람을 의사에게 데려다 준다. 사람들이 새로운 집으로 이사할 때 상자를 들고 나타난다. 그들은 생일, 결혼식, 새로운 직업, 졸업식에서 축하한다. 그들은 집주인에게 임대료를 지불하거나 부러진 치아에 대해 치과의사에게 돈을 지불해야 하는 직장을 잃은 사람을 위해 기부금을 모금한다. 그들은 동정심 때문에 이렇게 하는 게 아니다. 그 행동은 개인적인 관계에서 비롯된다. 언젠가 자신도 비슷한 위치에 있을 수도 있다는 것을 알기 때문이다.

커뮤니티 조직은
서로를 도울 때 강해진다

서로에게 봉사하기

친구는 서로를 아는 사람들이다. 그들은 자유롭게 도움을 주고받을 수 있다. 우리 시대에는, 전문화된 하인들은 서로 도와줄 친구를 알지 못하는 한계를 가진 사람들이었다. 반면에 친구들은 서로를 돕는 방법을 알 가능성이 있기에 해방된 사람들이다.

- 존 맥나이트, 『The Careless Society』(1995년)

많은 노조와 지역사회 단체들이 상호 책임을 수행하기 시작했다. 일부는 회원들이 이제 그들에게 서비스를 제공하는 상근자를 고용하기 위해 회비를 지불하도록 변경하였다. 회원들은 회비를 교환하여 봉사를 한다. 회비는 회원의 유일한 기여가 되었다.

조직이 조직화와 상호지원에서 서비스 성격으로 어떻게 쉽게 변화할 수 있는지, 그리고 새로운 리더를 개발하거나 공동체 의식을 구축하는 것을 어떻게 쉽게 멈출 수 있는지를 볼 수 있다. 우리는 기대하는 바가 무엇인지를 배웠다. 미디어는 우리가 소비하도록 장려한다. 우리 주변에서 보는 것이 모든 것이 다 그렇다. 시민 참여는 시간이 걸린다. 또한 공동체 의식과 상호 책임감(자기 집단의 필요와

타인의 필요를 우리가 소유한 같은 비행기에 두는 것)을 형성하려는 의도를 가지고 있다.

시민 참여에 대한 공적인 지원은 거의 없다. 시민 생활에 참여하기 위해 우리가 보는 유일한 광고는 매년 의례적으로 투표를 하거나, 자선 단체에 돈을 기부하거나, '가난한 사람들을 위해 봉사'하는 자원봉사를 포함한다. 우리는 시의회 회의에 참석하거나, 지역사회 단체의 위원회에 가입하거나, 공직에 출마하도록 권장하는 공공서비스 광고를 보지 않는다.

어떻게 하면 강력한 조직을 구성하여 회원들과 권력을 가진 사람들과 협상하고 상호 지원 커뮤니티를 만들 수 있을까? 이것은 우리가 가고 싶은 곳이 바로 여기라는 점을 알고, 회원들에게 이점을 알리고, 우리가 이 목표를 어떻게 하고 있는지 묻는 것으로 시작된다. 그것은 회원들에게 우리가 서로에 대해 신경 쓰고 있음을 알리는 많은 작은 행동으로 지속된다.

스토리

서비스와 커뮤니티 구축

집단이 아니라 고립된 상태에서 사람들은 균질화되기 쉽다.
– 로버트 벨라 외, 『Habits of the Heart』(1985년)

2년 동안 나는 신자들의 사회행동위원회 위원장을 역임했다. 교회에 있는 사람들이 도움이 필요할 때, 도움을 줄 책임이 있는 소위원회를 가지고 있었다. 이 사람들은 교외에 사는 신자들이었다. 대부분의 회원은 중간 또는 상위

소득이었다. 소위원회 코디네이터의 주된 불만은 "아무도 도움을 청하지 않는"다는 것이었다. 사람들이 아플 경우 라자냐 냄비요리를 배달할 누군가를 위해 신자들에게 전화하기보다는 피자나 중국 음식을 주문했다. 의사에게 태워다 줄 사람이 필요하면, 신자들 중 누군가에게 요청하기보다는 택시를 불렀다.

사람들은 '필요'를 찾아야 할 필요가 있다

몇 년 후, 우리 가족은 도움이 필요했다. 새로운 아기와 출생과정의 합병증으로 인해 생활이 어려워졌다. 직계 가족의 도움과 음식 주문에만 도움을 얻었다. 하지만 소위원회 코디네이터가 했던 불평이 기억이 나서, 도움을 요청하는 특별한 포인트를 만들었다.

아는 사람들과 모르는 사람들로부터 정말 많은 도움을 받았다. 사람들은 음식을 요리하고 배달했다. 쇼핑도 대신 해주었다. 우리는 사람들을 더 잘 알게 되었고, 다른 사람들의 요리 재능을 발견하게 되었다.

나는 도움을 요청했는데, 그 이유는 도움을 필요로 했기 때문이기도 하지만, 중요한 점은 돕는 행위, 즉 쓸모가 있다는 게 필요했던 사람들이 있다고 여겼기 때문이다. 쓸모 있어지는 것은 좋다. 그들은 필요하고 유용하기를 원했다. 우리는 세상에서 유용할 방법을 너무 자주 발견하지 못한다. 도움이 되는 게 기분이 좋아서 더 많은 사람들이 기분이 좋아지길 바랐다. 우스꽝스럽게 들릴지 모르지만 도움을 청하는 것은 우리를 도울 뿐만 아니라 그들 자신을 도왔으며, 신자들 사이의 공동체 의식을 구축하는 데 도움이 되었다.

우리의 연결에 대한 기억이 필요하다

조직 내의 누군가가 조직 구성원 자격으로 유용한 역할을 할 때마다 조직은 더욱 강해진다. 유용성과 우정의 유대감이 커진다. 지금 도움을 줄 수 있을지도 모르지만 나중에 도움이 필요할 수도 있다는 점을 상기시켜준다. 우리 서로가 연결되어 있다는 것을 알게 하는 것이다. 그러한 행동이 공동체를 만든다. 다른 사람의 집에 갈 때도, 한 번도 본 적이 없는 집을 찾아가기도 한다. 우리는 다른 사람들 없이도 잘 지낼 수 있다는 환상에 빠져 있다. 하지만 서로가 정말 필요하고 서로에 대한 책임이 있다.

개인적 필요와 조직적 필요 사이의 균형

진정한 지지는 무엇인가?

상호 지원과 공동체 의식을 어떻게 발전시킬 수 있을까? 이에 대한 한 가지 방법은 질문하는 것이다. "이 조직을 당신에게 도움이 되도록 만드는 데 필요한 것은 무엇인가?"와 같은 질문은 사람들이 필요로 하는 진정한 도움 목록을 작성하게 할 것이다. 이런 간단한 질문에 대한 답을 듣고, 질문할 시간을 갖는다면, 사람들은 서로 조직을 위해 일하도록 만드는 작은 일들을 말하게 될 것이다. 한 사람을 위한 시간을 관리하는 방법에 대한 추가 교육이 될 수도 있다. 또 다른 한 가지는, 그리 자주 할 수 없지만, 아이와 하루 휴가를 보내기 같은 것이다. 또 다른 것은 아이 돌봄을 위한 일정을 만들 수 있다.

균형

개인적 필요와 조직적 필요의 균형을 맞추어야 한다. 그러나 사람들은 조직 내에서 자신의 필요에 대한 지원을 받았다면, 조직 활동을 수행할 가능성도 커진다.

-- 연습하기

회원의 필요를 충족시키는 그룹을 육성하는 것

그룹에서 회원(또는 리더십위원회, 회원 소모임 등)을 모은다.

먼저 각 사람이 이 질문에 개별적으로 대답한다.
더 생산적이거나 헌신적인 회원이 될 수 있도록 하는데, 조직이 아직 접하지 못한 필요(needs)는 무엇인가?

그런 다음 그룹으로 돌아가서
큰 포스트잇 노트를 사용하여 그룹의 모든 구성원에게 위의 질문에 대한 답변이 무엇인지 적어달라고 요청한다. 포스트잇을 수집하여 벽의 큰 전지에 부착한다. 다른 사람들이 원하는 것을 볼 수 있도록 한다.
이제, 본 것에 대해 논의한다. 어떤 질문이든 명확하게 한다. 다른 사람들이 원하는 것을 하기로 약속하는지를 확인하라. 사람들이 원하는 것을 할 수 있도록 어떤 변화를 가져올 수 있는지를 확인한다.

칭찬 : 단순한 개념, 그러나 종종 간과한다

다른 사람을 지원하는 방법 중 가장 경시되는 것은 그들이 좋은 일을 할 때 칭찬하는 것이다. 월리 로버츠는 내게 이 이야기를 들려주었다.

스토리

도움에 대한 진정한 감사

"나는 지난 두 달 동안 우리 마을의 오래된 공장에 새로운 타운 오피스를 설치하기 위한 지원을 모으기 위해 열심히 노력해 왔다. 그곳은 건축위원회가 선택한 곳으로 흙길에, 아무것도 없는, 지랄 같은 곳이었다. 그렇지만 지지해주는 사람들과 함께 여기서 일하고 있다. 그들은 여러 번에 걸쳐, 했던 일의 여러 부분에서 나를 칭찬했다. 즉, 서명지 수거, 회의에서의 발언, 정보 조사, 지원 조직, 기금 마련 등. 많은 사람들은 칭찬을 받거나 인정받으려고 노력하지 않는다고 여긴다. 보통 우리가 하는 일을 믿기 때문에 그렇게 한다. 그래서 칭찬을받으면 아주 달콤하고 계속할 수 있는 힘이 된다. 그런 식으로 우리의 헌신과 일을 계속하겠다는 결심을 강화한다."

커뮤니티의 힘

커뮤니티와 상호 지원을 구축하기 위해, 조직은 조직 내의 개인들을 돕는 것 이상의 일을 해야 한다. 스스로를 공동체의 일부로 여기기 위해 모든 회원들은 여러 면에서 서로를 도와야 하고, 그러기 위해서 조직의 힘을 사용해야 한다.

커뮤니티는 동등한 교환을 바탕으로 상품과 서비스를 교환하

우리의 겹쳐진 자아를 발견하기

아이티 이민자들로 구성된 그레이터 보스턴의 간호 가사도우미들은 보수가 적고, 혜택이 거의 없으며, 교대 근무를 요청하는 것도 금지되어 있다. 긴급한 경우라도. 전국적 영리 체인인 요양원은 인력이 부족하다. 그레이터 보스턴 범종교기구(GBIO)는 노동자를 위한 근로조건 개선 캠페인을 시작했다. 그들이 봉사하는 노인 환자 중 많은 사람들이 교외에 사는 중산층 사람들의 부모 또는 조부모이다. 아이티 노동자와 중산층 가정 모두 더 나은 양로원과 더 나은 유급 양로원을 갖는 것이 서로에게 '자기이익'이다. 그래서 GBIO는 중산층 교외 주민과 도시 거주자, 아프리카계 미국인, 아일랜드 가톨릭, 개신교, 유대인을 모아 양로원 노동자(대부분 아이티인)를 만났다. 그런 다음 GBIO 회원 팀을 데려와 양로원 감독관 및 관리자와 만나 우려사항을 알리고 노동자에게 더 나은 근로조건의 보장을 요청했다. 그들은 주 검찰총장 사무실에 연락하여 우려사항에 대한 법적 제재를 요청했다.

그들은 서로 다른 경제적 필요와 배경을 가진 다양한 그룹들이며, 장기적인 상호 이익에 바탕을 두고 보살핌과 관심의 공동체를 구축하기 시작했다. 회의에서는 모든 배경을 가진 사람들이 자신의 이야기를 들려준다. 양로원의 아이티 노동자들은 자녀를 볼 수 없다는 것, 오전 5시에 일어나야 한다는 것, 두 번 근무해야 한다는 것, 밤 11시에서야 피곤한 몸을 이끌고 집으로 돌아가는 것에 대해 이야기한다. 아이들이 이미 잠들어 있을 때 이마에 키스할 수 있다. 교외의 신자들은 양로원 직원들에게 잘 보살핌을 받기를 희망하면서 양로원에 있는 부모에 대해 이야기한다. 사람들은 공감이 아니라 상호 이익과 서로의 이야기를 이해하는 데 바탕을 두고 상호 지원과 배려의 공동체를 천천히 구축한다.

는 사람들의 집단, 그 이상이다. 조직 안에서 공동체를 구축한다는 것은 개인의 필요를 지원하는 집단 이상의 의미를 갖는다. 공동체는 모든 사람이 자신의 선물을 사용할 수 있는 방법을 찾는다. 그것은 모든 사람을 위로한다.

사실, 우리가 필요로 하는 것이 무엇인지 결코 알지 못하기 때문에 공동체가 필요하다. 대부분은 자신의 개인적 자원만으로는 얻을 수 없다는 사실을 안다. 많은 사람들은 사랑과 존경에서 서로를 돕고 자신보다 더 큰 무언가의 일부를 느끼는 세상에서 살고 싶어한다. 그것은 강력한 조직이 구축할 수 있는 공동체의 종류이다.

4부

전망

13장 어디로 가야 하나?

겁이 많은 사람들은 거의 배우지 않는다.

- 옛말

이제 조직이 생겼다. 회원들의 생활에서 약간의 개선점을 얻었다. 공동체 의식을 발전시켰다. 이제 어떻게 하나? 어디로 가야하나?

여러 곳을 다 차지할 수 있다. 혼자 갈 필요는 없다. 다른 사람들이 전에 해본 것으로 당신은 몇 가지를 배운다. 다른 사람들이 요청할 때만 도움을 줄 수 있다.

이런 종류의 도움은 조직화의 행동과 같다. 기억할 점은 묻지 않으면 얻지 못할 것이라는 것이다. 그것은 기금, 이웃, 직장, 또는 다른 시스템의 개선을 위해 사용된다. 또한 특정 상황이나 문제를 해결하는 데 도움을 주기도 한다. 그러니 누구에겐가 도움을 청하는 것을 부끄러워하지 마라.

조직의 가능성과 약속은 우리 중 어느 누구의 비전도 넘어선다. 그것이 우리가 애초에 조직을 형성하는 이유이다. 우리가 세상을 어떻게 바꿀지 스스로 알아낼 수 있다면, 혼자만 세상을 바꿀 수 있다면, 조직이 필요 없을 것이다. 하지만 우리 스스로는 그걸 알아낼 수가 없다.

 이 책에서 소개한 조직에 대한 기본적인 접근 방식은, 즉 지난 30년간의 경험과 선배와 동료들의 지혜를 바탕으로 한 것이다. 포스트모던 시대라고 해서 쉽게 변하지 않는다. 그것은 오직 우리 자신의 창의력에 의해서만 제한된다. 한 가지 확실한 것은 세계는 강력한 커뮤니티 조직과 조직자의 노력이 그 어느 때보다 절실하다.

13장

어디로 가야 하나?

더 멀리,
더 넓게 살피기

아무리 재능이 있더라도 비전, 코어 그룹, 구조, 전략, 임무, 목적, 자원, 행동 등을 개발하는 데 아무리 성공해도, 상황은 변한다. 통제선 바깥에 있는 힘이 우리 조직에 영향을 미친다. 계속해서 행동하고 평가하고 배우면서, 집단과 사람들이 항상 가져오는 복잡한 내부 역학뿐만 아니라 외부의 정치 및 경제 환경의 변화에도 관심을 기울여야 한다.

지역을 너머

이는 당신이 상상했던 것보다 훨씬 더 큰 규모로 조직해야 한다는 걸 의미한다. 연방 및 주 정책은 도시 또는 마을의 학교, 공공 안전 또는 교통을 개선하려고 할 때 영향을 줄 수 있다. 저렴한 주택을 짓고 싶다면, 연방법이 구획을 설정할 수 있다. 펜실베이니아에서 공기를 마시면, 인디애나에 있는 발전소에 대한 연방 환경 규정이 당신에게 영향을 미칠 수 있다. 캘리포니아에서 전기 요금을 지불하면 워싱턴DC에서 만들어진 연방 규제 정책이나 휴스턴에서의 기업 탐욕이 청구서를 두 배로 늘릴 수 있다.

자유시장이 '자유'가 아닐 수도 있다

자유시장의 힘도 당신에게 영향을 미친다. 컴퓨터 기업은 세계 시장을 대상으로 운영된다. 그들은 인디애나 대신 인도에서 소프트웨어 엔지니어를 고용하고 뉴델리로 사업을 옮겨서 가격을 계산한다. 그들은 밀워키 대신 멕시코시티의 공장 노동자 비용을 계산하고 생산을 멕시코로 이전한다. 다른 곳에서 일을 더 싸게 할 수 있다면, 그곳으로 간다. 고속 인터넷 기술, 위성 통신, 항공 여행으로 기업은 가장 저렴한 노동력, 최고의 세금 거래 및 가장 제한적인 환경 규정을 찾을 수 있는 곳으로 이동할 수 있다. 미국 어디에서 살든 세계 시장은 당신과 당신의 가족에게 영향을 미친다.

자유시장은 효율적으로 생산하고 신제품과 프로세스를 개발할 수 있는 놀라운 힘을 가지고 있다. 우리가 감당할 수 있는 가격으로 우리에게 훌륭한 제품을 제공한다.

또한 시장은 덜 매력적인 결과도 가져온다. 그것은 부와 기회, 자유의 엄청난 불평등을 초래한다. 어떤 아이들은 엄청난 부와 기회를 가진다. 시장의 효율성은 시장과 가족 및 지역사회에 미치는 많은 영향을 고려하지 못한다. 시장은 또한 경제학자들이 '외부성'(오염이나 불평등 같은 것)이라고 부르는 것을 생산한다. 그런 외부효과는 머리 위에 떠오를 수도 있다. 일자리가 없어지고, 과밀한 학교, 오염된 공기와 물, 그리고 가족이나 이웃에 영향을 미치는 다른 문제들을 말한다.

커뮤니티 조직 임팩트

정부는 당신이 속해 있는 커뮤니티 조직 때문에, 당신을 보호한다
경제가 잘 돌아가고 있다고 생각한다면,
그렇지 않은 사람에게 물어보라.
- 범퍼 스티커

정부는 시장을 억제한다. 사람들은 정부가 독점과 기업을 규제하도록 강요하는 조직을 만들어서, '외부성'이 사람들을 해치거나 죽이지 않도록 했다. 그들은 정부가 시장 경제에서 거의 권력을 행사하지 않는 대다수에게 안전을 제공하는 실업보험, 최저임금 및 건강, 안전 및 환경 규칙을 수립하도록 강요했다.

이러한 개선은 권위 있는 사람들이 운이 나쁜 사람들에게 친절하기로 결정했기 때문에 발생하는 게 아니다. 사람들이 변화를 강요할 수 있는 충분한 힘을 가진 조직을 만들었기 때문에 그런 일이 일어났다. 그들은 가족과 지역사회에 대한 이러한 보호와 개선을 위해 정부를 압박했다.

지역적으로 행동하고, 글로벌하게 생각하라

오늘날 우리는 같은 도전에 직면해 있지만, 그 범위는 국제적이

다. 이것은 우리가 동네 곳곳, 주 전역, 전국, 전 세계 사람들과 관계를 발전시켜야 한다는 것을 의미한다. 빠르거나 쉽지는 않을 것이다. 물론 저렴하지도 않을 것이다. 형태와 구조는 아직 만들어지지 않았다.

이 책은 조직화의 기술, 방법 및 복잡성에 초점을 두었다. 모든 조직은 아이디어와 비전으로 시작한다. 이것이 우리가 시작하는 곳이다. 사람들은 자신의 즉각적인 욕구가 문 앞에 있을 때에, 세계적인 문제나 심지어 도시 전체의 문제로 시작하는 것은 거의 의미가 없다. 글로벌 문제를 해결하기 전에 도서관을 다시 열거나 독서 교사를 다시 불러와야 한다. 도서관이나 독서 교사들이 지금 당신이 할 수 있는 전부일지도 모른다.

하지만 당신이 직면한 문제들을 해결하기 위해서는 어느 시점에 이 도시를 가로질러, 주를 가로질러, 심지어 국경을 넘어야 할 것이다. 동네나 도시는 도서관을 계속 열어놓고 독서 교사를 더 늘리고 싶어 할 수도 있지만, 주와 연방 정부의 수입 삭감으로 도서관을 막을 수 있다. 결국에는 당신이 원하는 결과를 얻기 위해, 조직화된 사람들의 수와 조직된 돈을 가지고 있다고 상상해야 한다. 지금 해결해야 할 더 즉각적인 문제를 다루는 동안 더 큰 상황에 대해 계속 배워야 한다는 뜻이다.

증거는 푸딩 속에 있다

최근 미국에서도 많은 사람들이 지역 차원에서 조직을 시작했기 때문에 국가 정책의 많은 변화가 있었다. 연방법의 변경을 가져온 민권운동은 지역 버스 보이콧과 지역 백화점에 대한 연좌농성으로 시작되었다. 이것은 지역 이슈였다. 내슈빌 백화점에서 쇼핑한 흑인 부모는 원하는 것을 살 수 있었지만 앉아서 아이들과 휴식을 취할 수 없었다. 사람들은 매일 이런 문제들에 직면했다. 여러 곳에서 수년 동안 용감하고 조직된 행동으로 결국 연방법이 변경되었다.

이것은 실업보험의 발전의 사례이다.

기업의 독극물 투기로 인한 아이들의 건강에 미치는 영향에 대해 우려하는 어머니의 노력으로 '알 권리'법과 연방 수퍼펀드법(공해방지기금법)이 탄생했다. 저소득층 지역에서 약탈 대출을 중단하려는 지역 조직자들의 노력으로 결국 여러 소규모 지역단체들이 연방 '공동체 재투자법' 통과를 위해 모였다. 이 획기적인 국가 법안은 은행이 사업을 수행한 분야의 대출 관행을 공개하게 했다. 이러한 개선은 사람들이 어느 지역사회 조직의 힘을 초월한 법률의 변화가 필요하다는 것을 깨달았을 때 이루어졌으며, 시카고의 전국시민행동이 조직한 전국연합이 워싱턴DC에서의 싸움을 이끌었다.

1800년대 후반 중서부의 농민들이 철도의 가혹한 처사에 처해졌을 때, 그들은 '그랜지 홀(농민조합)'을 연방 정부가 철도를 규제하도록 압력을 가하기 위한 전국기구로 조직했다. 이러한 규제로 인해 농산물을 파산시키지 않는 가격으로 판매할 수 있었다. 철도는 이미 주 경계선을 가로질러 조직되어 있었기 때문에 농민들도 마찬가지였다. 시카고에 있는 한 회사가 소유한 보스턴의 건물을 청소하는 관리인이 공정한 임금을 원할 때, 그들은 같은 시카고회사가 소유한 뉴욕과 로스앤젤레스의 청소부들과 연결될 필요가 있었다.

'미친' 생각이 어떻게 규범이 되었나

1930년대에 브롱크스의 주부이자 지역사회 활동가인 로즈 체닌은 동네의 아파트 건물을 가가호호 방문했다. 문을 두드렸고, 세입자들이 집세에 만족하는지, 가족 중 누가 직장을 잃었는지를 물어봤다. 직장을 잃은 사람은 언제나 있었다. 그런 다음 하원의원에게 일하지 않는 사람들에게 돈을 지불하는 법안을 요청하는 청원서에 서명하도록 했다. '직업이나 돈'이 요구사항이었다.

대부분의 사람들은 그녀가 미쳤다고 생각했고, 그런 요구는 불가능하다고 생각했다. "정부가 일하지 않는 사람에게 돈을 지불하길 원하십니까?"라고 물으면 "그건 사회주의예요. 그들은 절대 그렇게 하지 않을 겁니다."라고 답했다. 그러나 로즈 체닌은 미국 정부가 실업보험 프로그램을 만들도록 강요한 실업자협의회를 구성했다. 오늘날, 실업보험은 미국에서 경제생활의 상식이다. 그것은 그 자체로 자연스럽게 또는 자비로운 정치인들의 친절로부터 일어나지 않았다. 그것은 로즈 체닌과 같은 수천 명의 조직자와 동네 리더들의 일상적인 방문 작업에서 비롯되었다.

킴 체닌, 『In My Mother's House』(1983년)

새로운 기술, 새로운 접근,
새로운 기회

인터넷 : 많은 것이 변할수록, 동일성을 더 많이 유지해야 한다

인터넷은 우리가 쇼핑하고, 소통하고, 정보를 수집하고, 심지어 날짜와 동료를 찾는 방법을 바꾸어 놓았다. 기본 단계와 기술이 변하지 않을지라도 조직을 구축하고 강화하는 방법의 일부 측면을 변화시키고 있다.

사람들은 당신을 신뢰하고 조직에 투자하기 전에, 여전히 당신의 눈을 마주하고 싶어 한다. 인터넷은 새로운 사람들과 접촉하는 데 도움이 될 수 있고, 전 세계의 모든 주제에 대한 정보를 제공할 수 있지만, 강력한 조직을 구축하기 위해서는 어느 시점에서는 앉아서 커피를 마셔야 한다.

사람들이 이웃과의 관계가 점점 더 줄어들고, 일상생활이 점점 더 혼잡해지고 스트레스를 받게 되면, 인터넷은 사람들이 '만나기' 위한 장소가 될 가능성이 높다. 교외와 쇼핑몰이 일상적 풍경이 되고, 자동차에서 많은 시간을 소비하기 때문에 사람들은 이미 마을 광장(더 이상 그런 장소가 있을지 모르지만)에서 서로 마주칠 가능성이 거의 없다. 인터넷은 서로 가까이 살지만 만나기가 어려울 수 있는 사람들을 위해 의사소통하고 공동의 이익을 조직할 수 있는 기회를 제공할 수 있다.

가상 접근이 아무리 많아도 제휴와 공통의 문제를 해결하려는 사람들의 욕구는 여전히 남아 있다. 인터넷은 사람들이 공통 관심사를 중심으로 모일 수 있는 새로운 방법을 제공한다. 우표 수집에 서부터 후보자 선출, 공직에 이르기까지 모든 것이 그러하다. 인터넷에서 만나면 사람들이 자동차와 집에서 나와 얼굴을 맞대고 만날 수 있다.

평등에 대한 공통된 우려, 공유된 문제를 해결하는 문제, 차이를 만드는 것에 대해 공통된 우려를 공유한 사람들은 인터넷에서 처음 만났을지라도, 여전히 조직자가 필요하다. 누군가는 회의를 운영해야 하고, 밤새도록 미루지 않도록 해야 한다. 누군가는 조직의 범주를 정하고 회비를 징수하며 그룹이 결정을 내릴 수 있도록 도와야 한다. 공동체의 일상적인 기회가 줄어들면서 공동체에 대한 욕구는 (증가되지는 않더라도) 남아있을 것이다. 물론 웹 사이트가 이것을 제공하는 건 아니다.

인터넷은 수천 개의 웹사이트가 꽃을 피울 수 있게 해 준다. 그것은 사람들이 많은 출처에서 정보를 수집하고 보급할 수 있게 해준다. 이메일 목록과 뉴스레터는 사람들이 전 세계 수천 명의 사람들과 빠르게 소통할 수 있게 해준다. 모든 메시지가 읽히고 소화된다는 의미는 아니지만 잠재력이 있다. 이제는 두 명(또는 세 명 또는 네 명 이상)이 국내외에서 서로 의사소통하는 것이 훨씬 쉽다. 인터넷은 훨씬 더 많은 청중과의 앞뒤로의 의사소통을 가능하게 하며, 아마도 공동 목적의 커뮤니티일 수도 있다.

인터넷은 광범위한 기반 통신이 즉각적으로 필요하다는 느낌이 있을 때 가장 효과적으로 사용된다. 다가오는 대통령 선거, 임박한 전쟁, 많은 사람들의 관심을 끌기 위한 또 다른 위기에서 인터넷의 잠재력은 가장 잘 드러난다. 2004년 대통령 선거 경선에서 하워드 딘은 인터넷을 능숙하게 사용했다. 그것은 사람들이 인터넷을 통해 연결하고, 돈을 기부하고, 전국 선거운동에 참여하는 것을 도왔다.

하지만, 이것은 인터넷보다 더 많은 것을 필요로 했다. 지지자들을 자극하기 위해 과거 방식의 '하우스 미팅'을 능숙하게 사용했다. 딘 캠페인 가까이 있던 관찰자가 지적했듯이,

민주당 후보 지명을 위한 딘 캠페인이 주로 인터넷 부채질 현상이라는 개념은 뉴햄프셔의 거실에서 볼 때는 터무니없다. 여기서는 일종의 텐트촌처럼 펼쳐지며, 개별 영혼을 한 번에 하나씩 자기편으로 끌어들이고 있다.

- 한나 로진, 워싱턴 포스트지, 2003년 12월 9일자

선거운동은 점점 희미해지지만, 커뮤니티 조직은 여전히 계속 된다

선거가 끝나고 유급 직원이 떠나면, 선거운동에 의해 조직된 그러한 '만남'이 지속될 가능성은 거의 없다. 다른 선거운동은 공통의 목적, 후보자를 중심으로 사람들을 모았다. 선거 승리 후에, 몇몇은 후보자가 고용을 하여, 연결되기도 한다. 패자는 다른 후보와 다시 연결되는 별도의 방식을 사용한다. 선거일 이후까지 계속 연결되지

는 않으며, 따라서 선거운동은 진행 중인 조직을 거의 유지하지 못한다.

인터넷과 이메일의 과부하로 인해, 개인적 대면 커뮤니케이션이 중요해질 수 있다.

> 우리는 입소문의 시대에 들어가려고 한다. … 역설적이게도… 정보에 대한 무한한 접근은… 우리를 매우 원시적인 종류의 사회적 접촉에 점점 더 의존하게 할 것이다. 우리가 알고 신뢰하는 사람들에게서 정보에 대한 많은 요구를 갖게 될 것이다.
> — 말콤 글래드웰, 『티핑 포인트』(21세기북스, 2004년)

만약 인터넷이 선거운동 기부금을 모으거나 선거운동 기간이나 그 이후에 사람들을 만나고 참여하게 만드는 더 효율적인 방법이 된다면, 우리의 문제를 해결하기 위해 개별 후보자들보다 조직이 더 필요할 것이다. 현재 존재하는 조직은 수년 전에 우리 도시에서 흔했다. 선출직 공무원이 지속적인 선거를 보장하는 광대한 네트워크('기계')에 의해 통제권을 유지했다. 그들은 여전히 일부 도시와 카운티에 존재한다. 그들의 유산과 영향은 시민생활에 영향을 미칠 가능성을 엿볼 수 있게 해준다.

지역사회 조직은 선출직 공무원에게 책임을 묻는다

그러나 오늘날 선출직 공무원은 대규모 기부자의 돈에 접근하여 사무실에 머물 가능성이 높아, 잠재적인 반대자를 두려워할 수 있다. 선거운동에 참여하는 사람들이 증가하면 새로운 의사소통 수단을 제공하는 새로운 기술 이상이 필요하다. 또한 새로운 조직과 아마도 새로운 종류의 선출직 공무원이 필요할 것이다.

이 새로운 공무원은 자신을 대표할뿐만 아니라 그의 유권자들에게 책임을 지고 경청해야 한다. 선출된 리더들은 아이디어를 구하고, 교육하고, 시민들을 적극적으로 참여시켜야할 것이다. 공무원이 풀뿌리 공동체 조직의 일부가 될 경우 모든 수준에서 시민 참여를 강화하기 위한 더 큰 노력을 해야 한다. 후보자와 공무원은 자신의 권력을 쌓는 대신 풀뿌리에서 리더십을 개발하는데 더 오래 헌신해야 한다. 이런 종류의 공무원의 유산은 단절된 공무원의 결정에 따라 권한이 없는 유권자가 아닌 변화를 일으킬 수 있는 강력한 조직에서 볼 수 있다. 변화를 옹호하기 위해 지역사회 단체와 협력하는 선출직 공무원인 이러한 유형의 시민 참여는 문제를 해결하고 세상을 변화시키기 위해 필요한 리더십 유형이다.

지역사회 조직이 후보자를 모집하고, 그에 대해 책임을 지며, '선출된 공무원'이 동일한 견해를 채택한다면, 이것은 가능하다.

스토리

풀뿌리 조직에 대한 선출직 공무원의 책임성

코네티컷 시민행동그룹(CCAG)과 입법선거행동프로그램(LEAP)은 1980년대에 이와 같은 일을 했다. 그들은 공직에 출마할 후보자들을 적극적으로 모집했다.

이 후보자 중 한 명인 도린 델비앙코는 공개 포럼에서 'CCAG가 소유한 것의 전부'라고 자랑스럽게 선언했다. 대부분의 후보자는 결코 그러한 선언을 하지 않을 것이다. 이 경우, 이 특별한 관심사는 부유한 기부자 집단이 아니었다. CCAG는 여성이 리더십 기술을 개발하도록 도왔고, 그녀가 공직에 출마하도록 격려했던 광범위한 시민집단이었다. CCAG와 LEAP은 그녀를 책임지고 나서, 그녀는 그것을 환영했다.

당사자 커뮤니티

진정한 민주주의는 1, 2년에 한 번 투표하는 것보다 더 많은 것을 의미하며, 우리가 선출하는 사람들이 그 일을 하기를 희망한다. 문제에 가장 가까이 있는 사람들이 해결책을 계획하고 실행해야 한다는 이론을 믿는다면, 문제에 가장 가까이 있는 사람들은 정보, 자원 및 풀뿌리 조직이라는 힘을 가지고 있어야 한다. 정부 관료와 전문가들은 좋은 정책을 제정함으로써 엄청난 도움을 줄 수 있지만, 높은 곳에서 우리의 모든 문제를 해결해 줄 수는 없다.

우리가 직면한 문제를 해결하고자 할 때 조직이 필요하다. 조직의 필요성을 이해하고, 조직을 구축하려는 기술, 인내심, 헌신을 가지고 있으며, 자신의 행동을 성찰하고 그로부터 배우려는 의지를 가졌을 때 생기며, 리더가 필요하다.

개인이 아무리 똑똑하거나 부자가 되더라도 혼자서는 성취할 수 없는 것들이 많다는 걸 안다. 대부분은 혼자 가고 싶지 않다. 우리는 공동체를 찾고 있다. 우리는 의미를 찾고 있다. 우리는 가족과 친구들의 생활을 개선하고 싶어 한다. 이를 위해 지역사회(커뮤니티) 조직을 만들어야 한다.

창의적 그룹으로 문제를 해결하고
세상을 바꾸기 위한 개인 가이드

초판 1쇄 2019년 10월 30일
지은이 마이클 자코비 브라운
옮긴이 위성남
펴낸이 권경미
펴낸곳 도서출판 책숲
출판등록 제2011 - 000083호
주소 서울시 용산구 후암로 40길 2
전화 070 - 8702 - 3368
팩스 02 - 318 - 1125

ISBN 979-11-86342-27-5 03300

이 도서의 국립중앙도서관 출판시도서목록(CIP)은 서지정보유통지원시스템
홈페이지(http://seoji.nl.go.kr)와 국가자료공동목록시스템(http://www.nl.go.kr/kolisnet)에서
이용하실 수 있습니다.(CIP제어번호: CIP2019039905)

*값은 뒤표지에 있습니다.
*잘못 만든 책은 구입하신 서점에서 바꾸어 드립니다.
*책의 내용과 그림은 저자나 출판사의 서면 동의 없이 마음대로 쓸 수 없습니다.